ZWISCHEN DEN FRONTEN

PETER BRENDT

ZWISCHEN DEN FRONTEN

(4)

Weltbild

Weltbild Taschenbuch

Besuchen Sie uns im Internet:
www.weltbild.de

Der Autor

Peter Brendt, gebürtiger Westfale halbamerikanischer Abstammung, wuchs im Badischen auf. Nach dem Abitur ging er zur Marine und diente dort zunächst als Navigator, bevor er zu den Tauchern wechselte. In dieser Eigenschaft arbeitete er auch immer wieder im Rahmen der NATO mit der US Navy zusammen. Nach einigen Jahren als Waffentaucher und in Sonderkommandos nahm er seinen Abschied und wandte sich der Informatik zu, der er fast zwanzig Jahre treu blieb, bevor er sich endgültig auf das Schreiben und verschiedene Forschungen konzentrierte. So hat er unter anderem an (Tief-)Tauchexpeditionen zu U-Boot-Wracks des Ersten und Zweiten Weltkriegs teilgenommen, nach versunkenen Templer-Schiffen des Mittelalters gesucht und die ägyptische Wüste auf dem Rücken eines Kamels (das mehr vom Reiten verstand) nach Priestergräbern durchkämmt. Peter Brendt ist Mitglied der *ITW,* der *International Thriller Writers.* Er lebt inzwischen in den USA.

Als der Herbst 1940 anbrach, hatte der U-Boot-Krieg einen ersten Höhepunkt erreicht. Englands Geleitzüge liefen Spießruten durch einen von den Wölfen beherrschten Atlantik. Selten, nur sehr selten hatte ein Konvoi das Glück, unbemerkt durchzukommen; es wurde zur Normalität, die Hälfte der Schiffe zu verlieren. Und mit diesen Schiffen gingen unvorstellbare Werte unter: Nahrung, Öl, Waffen und Menschen. Unersetzliche Dinge für eine Insel, die von dem Nachschub abhängig war. Noch nie war England so dicht daran gewesen, einem Aushungerungskrieg zu unterliegen. Die Seemacht Großbritannien, die ihre Kriege seit Jahrhunderten durch Blockaden und Aushungerung zu gewinnen pflegte, war nun selbst belagert, und alle Gegenmaßnahmen hatten sich bisher als wirkungslos erwiesen.

Aber ohne Wissen der Engländer begann der Wind bereits zu drehen. Am 17. September wurden die Pläne für eine Invasion Englands letztmalig, dieses Mal auf unbestimmte Zeit, verschoben. Der Führer hielt stattdessen die Lage im Osten unter Beobachtung, und unbeachtet von der Marine, die in die Planungen nicht involviert war, wurden bereits Truppen verlegt und reorganisiert, nicht nur für einen Überfall auf Russland, nein, auch für einen weiteren neuen Kriegsschauplatz: Nordafrika.

Denn der Verbündete Italien zeigte sich weitestgehend unfähig, seine eigenen begonnenen Eroberungsfeldzüge durchzustehen. Deutschland wurde gezwungen, seinen Feldzug auf neue Gebiete auszudehnen, um Italien zu unterstützen. Italien, das nach Anzahl der Truppen und vor allem, soweit es Luftwaffe und Marine betraf, Deutschland auf dem Papier weit übertraf, befand sich in einer verzweifelten Situation. Wie verzweifelt, wurde der deutschen Führung erst klar, als Mussolini die Karten auf den Tisch legte. Die Engländer waren dabei, die Italiener aus Nordafrika zu vertreiben. Und die italienische Flotte, eine der kampfstärksten ihrer Zeit, hatte zwischen der Force H in Gibraltar und der Force N in Alexandria jegliche operative Bewegungsfreiheit verloren. Als die Engländer im Oktober 1940 Kreta besetzten, schien sich ein »Fall Norwegen« zu wiederholen. Nur waren dieses Mal die Briten im Vorteil. Der »weiche Unterleib« Europas stand offen, und Deutschland wurde durch die britischen Ambitionen plötzlich zum Handeln gezwungen.

Für die U-Boote im Atlantik war das alles weit weg. Aber mit der Verlegung der ersten Boote ins Mittelmeer wurden im Atlantik die Wölfe rar. Ersatz waren italienische U-Boote, die von Supermarina – im Gegenzug für die Hilfe im Mittelmeer – Dönitz unterstellt wurden. Aber die erwiesen sich aus vielen Gründen einmal mehr als nutzlos. Für eine kurze Zeit schien es, als würde den Booten an der Schwelle zum Sieg die Luft ausgehen. Es war die goldene Zeit, allein, es fehlten die Boote. Und im Oktober, als plötzlich mehr Boote denn je im Operationsgebiet standen, waren die meisten davon italienische Boote und Besatzungen, nicht gebaut und nicht ausgebildet für dieses Kampfgebiet. Nicht wenige in der Marine kannten die alte Regel: Der Kampf ist gewonnen, wenn die Fahne der eigenen Infanterie über den Zinnen des Gegners weht. Aber »der Seelöwe«, die Invasion Englands, schien sang- und klanglos gestorben zu sein. Später würde man in Geschichtsbüchern schreiben, es war die Zeit, in der Deutschland den Krieg verlor, lange vor Stalingrad.

Prolog

Das weite Meer schien einsam und verlassen, bis auf die beiden Schiffe, die auf parallelen Kursen durch die See pflügten. Das Schiff an Steuerbord war offensichtlich das schnellere. Noch hing es etwas achteraus. Aber als es vor drei Stunden in Sicht gekommen war, war es beinahe sechzehn Meilen entfernt gewesen. Nun hatte sich der Abstand auf gerade einmal drei Meilen verkürzt. Schon drehte das Schiff, in dessen Gaffel die norwegische Flagge flatterte, etwas nach Backbord weg, um dem anderen Schiff nicht zu nahe zu kommen. Auch der Brite, denn das war das vordere Schiff, drehte seinerseits nach Steuerbord ab, um den Abstand zu vergrößern. Getreu den Regeln der Admiralität für alleinfahrende Schiffe. Denn hier, weit weg vom kriegsgeschüttelten Europa, war die U-Boot-Gefahr gering. Hier waren es andere Gefahren, die den Kapitänen schlaflose Nächte bereiteten. Raider – so nannten die Engländer die deutschen Hilfskreuzer. Nur wenige an der Zahl, aber getarnt als Schiffe verbündeter oder neutraler Nationen, fielen sie über harmlose Frachter her, verminten Häfen und kämpften ihren eigenen Krieg.

»Er dreht ab, Herr Kapitän!«

Der Kommandant nickte und lauschte kurz den Entfernungen, die vom versteckten E-Messer auf dem Brückendach ausgesungen wurden. »Fünfundvierzig-Hundert … Vierundvierzig-Hundert!«

Ein letztes Mal ließ der Fregattenkapitän den Blick über das Deck gleiten. Zwei Ladeluken, Ladebäume, alles sauber verzurrt und verlascht. Jeder Zentimeter ein Handelsschiff. Jeder Zentimeter eine Täuschung. »Enttarnen! Felix, lassen Sie unsere Flagge setzen!«

Der Zweite tippte kurz an die Mütze und gab die Befehle durch ein Sprachrohr weiter.

Die holländische Flagge verschwand an der Gaffel, und mit blitzartiger Geschwindigkeit entfaltete sich eine andere Nationale. Eine rote Fahne. Der weiße Kreis mit dem schwarzen Hakenkreuz wurde vom Wind steif ausgeweht und ließ keine Zweifel. Ein Rumpeln hallte über die See, als sich in der glatten Bordwand große Klappen öffneten und die Rohre von Geschützen ausschwenkten, als wollten sie den Gegner erschnüffeln.

»Setzen Sie Signal, und morsen Sie ihn an: Stoppen Sie sofort, funken Sie nicht, oder Sie werden beschossen.*«

Sekunden vergingen quälend langsam. Dann zeigten sich erste Reaktionen. Die Rauchfahne des Briten verfärbte sich dunkler, und auf dem Achterdeck wurden winzige Gestalten sichtbar, die an das einsame Geschütz rannten.

»Er …«

Der Kommandant hob abwehrend die Hand. »Ich sehe es. Funkt er?«

Der Zweite beugte sich über ein Sprachrohr. »Funkraum, was macht er?«

»Er beginnt zu funken. 600-Meter-Welle. S/S Aruba Bay. Er sendet RRRR** und seine Position.«

»Danke!« Der Zweite Offizier richtete sich wieder auf. Sein jugendliches Gesicht starrte den Kommandanten an. »Er funkt, Herr Kapitän!«

»Also gut! Feuer frei für einen Warnschuss vor den Bug!«

---

* Tatsächlich enthielt das damals gültige internationale Signalbuch das Signal »K« – »Stoppen Sie sofort, funken Sie nicht, oder Sie werden unter Feuer genommen.« Das Signal stellt also nichts anderes als die damals übliche Einleitung zu einer Untersuchung durch ein Kriegsschiff dar.

** RRRR steht für Raider Raider Raider Raider, also einen Angriff durch eine Überwassereinheit. SSSS dagegen warnt vor einem U-Boot-Angriff.

Augenblicke später donnerte aus dem vorderen Geschütz ein Abschuss. Eine fedrige Einschlagsäule stieg vor dem Bug des gejagten Schiffes in die Höhe. Aber der Brite machte keine Anstalten, aufzugeben. Auf dem Achterdeck hatten die Seeleute endlich die Persenning von dem einzelnen alten Geschütz gezerrt und schwenkten das Rohr aus. Und immer noch jagten die zirpenden Morsesignale aus der Antenne und führten jeden Kreuzer auf die Fährte des deutschen Raiders.

»Keine Reaktion, Herr Kapitän!«

Ein Seufzer entfuhr dem Fregattenkapitän. »Er will es nicht anders. Steuerbordbatterie Feuer frei!« *Batterie! Drei alte Fünfzehnzentimeter auf jeder Seite, das ist alles, was man uns mitgegeben hat!* Aber trotz dieses trüben Gedankens wusste er genau, was die schweren Granaten in der ungepanzerten Hülle und den Aufbauten eines Handelsschiffes anrichten konnten.

Die drei deutschen Geschütze und das einsame britische Geschütz feuerten beinahe gleichzeitig. Niemand bekam mit, wohin die Zehnzentimetergranate des britischen Schiffes ging. Wahrscheinlich ohnehin weitab. Im Gegensatz dazu erfreuten sich die deutschen Artilleristen einer, wenn auch etwas primitiven, Feuerleitanlage, zweier versteckter Entfernungsmesser und der größeren Reichweite. Wassersäulen sprangen um das britische Schiff in die Höhe, beinahe so hoch wie die Mastspitzen reichten.

»Deckend!«

»Sehe es!« Der Kommandant hielt das Glas unverwandt auf den fliehenden Frachter gerichtet. »Mumm haben sie ja!«

»Frachter funkt immer noch!« Der Zweite Offizier lauschte in das Sprachrohr. »Dampfer Aruba Bay, sechstausendzweihundert Tonnen!« Er schüttelte den Kopf. »Andere Schiffe haben den Ruf aufgenommen und wiederholen ihn.«

»Erst müssen wir den Dampfer mal haben.« Der Kommandant verzog das Gesicht. »Haben die Funker Kriegsschiffe entdeckt?«

»Bisher nicht!«

Wieder erzitterte der Rumpf unter der Wucht der eigenen Abschüsse, und eine Korditwolke wurde vom Fahrtwind achteraus geweht. Der Kommandant fasste das Glas fester. Wie ein rotes Auge glühte ein Einschlag in den achteren Aufbauten auf. Durch das starke Glas konnte der Fregattenkapitän Männer sehen, die durch die Luft gewirbelt wurden. Das Geschütz auf dem Achterdeck des Briten ragte nutzlos in die Höhe.

»Ein Treffer, halleluja, ein Treffer!« Der Zweite Offizier schien bereit, auf der Brücke einen Freudentanz zu veranstalten. »Ein Treffer!«

Der Kommandant räusperte sich. »Ein Treffer, schön. Aber funkt er noch?«

Aber die britischen Funker blieben an der Taste. Sie funkten, als zwei weitere Granaten in die Aufbauten fuhren, sie funkten, als die Schlagseite des waidwunden Schiffes immer weiter zunahm, und sie funkten, als Granaten die Dampfrohre im Maschinenraum zerrissen und die Aruba Bay hilflos liegen blieb. Sie funkten immer noch, als die Besatzung Boote aussetzte. Erst als das getroffene Schiff sich herumwälzte, endeten die Morsesignale für immer. Aber zu diesem Zeitpunkt wiederholten bereits ein Dutzend Schiffe und Landstationen die verzweifelten Hilferufe des Dampfers.

Als sich die Nacht über die Karibik senkte, schlich sich der Hilfskreuzer von dannen wie ein ertappter Mörder. Kein Kriegsschiff hatte auf die Notrufe der Aruba Bay geantwortet. Kein rasend schneller präziser Rhythmus, der einen Marinefunker verraten hätte, war im Äther zu hören gewesen. Aber der Kommandant wusste, dass sie irgendwo waren, die Tommykreuzer. Dass sie irgendwo versuchen würden, ihn zu stellen. Nahe, sehr nahe, sonst hätten die Funker der Aruba Bay nicht gefunkt, bis sie beinahe schon bei lebendigem Leib geröstet worden waren.

Bis dass der Tod euch scheidet …

Als die ersten Takte des Hochzeitsmarsches erklangen, wandte Jens den Blick vom Altar zum Eingang der Kirche. Ulrike erschien ihm strahlend schön an diesem Morgen. Eine Erscheinung in reinem Weiß. Er räusperte sich mühsam. Noch sah man nichts. Ulrikes Vater hatte die ganze Sache durchgezogen, so schnell es ging. Das Geld hatte ihm offensichtlich weniger wehgetan als das, was die Leute möglicherweise reden würden. Ein bitterer Gedanke, auch an diesem sonnigen Morgen.

Ulrikes Vater führte die Braut nach vorn und legte ihre Hand in die seine. In seinem Gesicht zuckte keine Miene. Ohne ein Wort wandte er sich ab und kehrte zu seiner Frau zurück. Er hätte sein Missfallen auch mit Worten nicht deutlicher ausdrücken können. Was also sollte er sagen?

Jens spürte die Bewegung neben sich mehr, als dass er sie sah. Daniel Berger, Bordkamerad, Freund und – ein völlig ungewohntes Bild – glatt rasiert und ohne ölige Hände. Überhaupt waren ein paar von der Besatzung gekommen, ein paar alte Schulkameraden, ein paar Freundinnen seiner Mutter. Aber nur wenige Verwandte von Ulrike, kaum Freunde ihrer Eltern. In kleinem Rahmen, das hieß übersetzt, den Skandal niedrig halten.

Aber seine Kameraden waren gekommen, wenigstens diejenigen, die einen Abstecher nach Hamburg möglich machen konnten. Dörfler war zusammen mit einer jungen Frau erschienen, Kuppinska, Daniel Berger sowieso, der war ja sein Trauzeuge. Der kleine Hänisch hatte sich ganz hinten in die Ecke gedrückt. ›Nicht auffallen‹ war anscheinend seine Lebensdevise. Lauer hatte Mohr gesehen, den Maschinenmaat. Franke, der Steuermann, und Oberbootsmann Volkerts saßen in der dritten Reihe und harrten der Dinge, die da kommen würden. Vorgesetzte und Bordkameraden von seinem Boot, U-68, der Seekuh. Sogar der Kommandant und der IWO hatten sich hinten in der letzten Reihe versteckt. Nur …

Er spürte den leichten Druck von Ulrikes Hand auf seinem Arm und blickte ihr in die Augen. Das war ihr Moment, ihr Tag. Der Rest, die Welt, der Krieg hatten zu warten.

Der Pfarrer vor ihnen beobachtete den kurzen Blickkontakt durch den Schleier und lächelte. Er hatte viele Paare in seinem Leben getraut. Bei manchen hatte er ein gutes Gefühl gehabt, bei anderen weniger. Doch wissen konnte man es nie. Diese jungen Leute lebten in schweren Zeiten, sie würden es nicht leicht haben. Aber … Er lächelte erneut. Dieses Mal hatte er ein gutes Gefühl. Mit der Routine von dreißig Jahren Seelsorge wandte er sich an die Zuhörer: »Liebe Gemeinde, wir haben uns hier zusammengefunden, um …«

Für Jens verwischten sich die Worte. Während der Pfarrer predigte, dachte er an die Zukunft. Eine Zukunft, die im Ungewissen lag. Denn er war U-Boot-Fahrer, und wenn eines sicher war, dann, dass dabei gar nichts sicher war. Unsicher warf er einen kurzen Seitenblick auf seine Ärmel. Er war jetzt Offiziersanwärter! Das hatte der Kommandant angeleiert. Monate des Lernens und des Drills lagen vor ihm, aber auch Monate, in denen er nicht raus musste. Das Beste, was in Kriegszeiten passieren konnte. Ulrike würde sich wenigstens keine Sorgen machen müssen, ob sein Boot noch schwamm.

Draußen vor der Kirche in Barmbek begannen die Sirenen zu heulen. Der Pfarrer blickte kurz auf und runzelte die Stirn. Dann sprach er etwas schneller weiter …

Der Angriff traf einen anderen Stadtteil. Während die Bomber nach getaner Arbeit wieder abdrehten, endete die Zeremonie in der Kirche in unziemlicher Hast. Der Krieg war näher gerückt, es war der dritte Angriff auf Hamburg seit Mai. Später würde man in der Zeitung lesen können, dass ein Bomberverband von etwa dreißig Maschinen bei Tag einen Terrorangriff geflogen hatte. Nur die Hälfte der Tommies sei wieder nach England zurückgekehrt, der Rest Opfer der Luftwaffe geworden. Was nicht in der Zeitung stand, waren die eigenen Verluste. Aber auch das war Krieg.

Die Hochzeitsgesellschaft fand sich nach der Zeremonie im angemieteten Lokal zum Essen und zu feuchtfröhlicher Feier ein. Aber nur wenige von Jens' Bordkameraden konnten lange bleiben. U-68 war repariert und wurde ausgerüstet. Für die Männer wurde es Zeit, zurückzukehren zu ihrem blutigen Handwerk.

Mit einer Mischung aus Freude und unterschwelliger Enttäuschung nahm Jens die Glückwünsche entgegen. Nicht nur die zu seiner Hochzeit. Auch zu seinem neuen Rang. Offiziersanwärter. Jetzt, in Kriegszeiten, würde es höchstens ein halbes Jahr dauern, bis er auf irgendeinem Boot als Fähnrich auftauchen würde. Aber es würde nicht U-68 sein. Die Wege trennten sich. Doch wie es so ist in der Marine, irgendwo würde man sich wieder begegnen. Nur diejenigen, die draußen blieben, traf man nie wieder.

Zurück an Bord

Rudi Schneider musterte die Männer vor sich mit finsterem Blick. »Ihr seht aus, als hättet ihr die Nacht durchgesoffen!«

»I wollt, es wär so!«

Der IWO setzte zu einer scharfen Erwiderung an, konnte aber ein zerknautschtes Grinsen doch nicht unterdrücken. »Ich weiß, Dörfler! Aber kein Grund, sich zu bewegen, als würdet ihr auf dem Zahnfleisch robben, also los, los!« Der Oberleutnant schüttelte den Kopf. »Ich habe ja selbst auch in dem verdammten Zug gesessen!«

Alois Dörfler runzelte die Stirn. Eigentlich sollte der neue Maat übernehmen, aber der war so rot, mit dem konnte man heizen. Mit einem Schulterzucken deutete er eine Ehrenbezeugung an und wandte sich um. »Also, Männer, pack mers! Macht's amal a Kett'n!«

Rudi Schneider zog sich ein paar Schritte zurück, behielt die Männer aber im Auge. Zu viele neue, entschied er. Ein neuer Maat, der sein bisheriges Marineleben größtenteils in einer Versorgungseinheit zugebracht hatte. Drei neue Seeleute, Ersatz für Lauer und zwei andere, die versetzt worden waren. Der Menschenhunger der Marine war unersättlich, und erfahrene Männer wurden überall gebraucht.

Er rückte sich die Mütze etwas verwegener zurecht. Es war eine Zeit schneller Beförderungen, wie er ja am eigenen Leib erfahren hatte. Aber sich Lauer als *erfahrenen* Mann vorzustellen, fiel ihm immer noch schwer. Er grinste erneut. Hier waren sie nun. In Brest, dem Haupthafen der französischen Marine. Nur, dass die Deutschen jetzt hier waren. Die Besatzer, die Boches! Er war, wie die meisten, erst am frühen Abend des Vortages angekommen, nach zwei Tagen Bahnfahrt, die ihm genau wie den anderen Männern immer noch in den Knochen steckten. Missmutig ließ er den Blick über das weite Hafenbecken und die langen Außenmolen gleiten. So weit er sehen konnte, erstreckte sich das Grau der Biskaya vor ihm. Hinter ihm, genauso grau, wachte die alte Festung Brest auf ihrem Hügel über den Hafen. Sie hatten Flakschutz, sogar schwere Artillerie hier, aber die Boote an der Pier erschienen ihm immer noch nackt und ungeschützt. Die Tommybienen würden bis hier nicht einmal vierzig Minuten brauchen. Es war nur eine Frage der Zeit, bis sie es versuchten. Und selbst wenn nicht, es gab genügend andere Probleme, soviel hatte er bereits mitbekommen. Die Gestapo rannte herum wie ein Bär mit wundem Hintern, weil immer noch Flugblätter mit dem Aufruf zum Widerstand kursierten. Bisher war ja noch nicht allzu viel passiert, aber auch das war nur eine Frage der Zeit. Der Hass war zu groß.

Dörfler hatte seine eigenen Probleme. Der neue Maat, Zenker war sein Name, hatte keine Ahnung, aber dafür war er offensichtlich stark wie ein Bulle. Der Bayer unterdrückte ein Seufzen und starrte den Unteroffizier an, der ohne erkennbare Mühe eine große Kiste angehoben hatte. »Verzeihn's, Herr Maat, aber mit dem Ding kommen's ned durch des Kombüs'nluk!« Er schüttelte den Kopf. »Wos is'n des überhaupt?«

Der Maat setzte die Kiste wieder ab. »Dosenbrot steht drauf.«

»Dann mach mer amal auf und schaff'n de Büchs'n einzeln aufs Boot!« Der Obergefreite angelte nach einer Brechstange. *Wos zum Deifi is los mit dera Marin'? Und wo im Himme' is der Bootsmann!* Er blickte kurz zu den Seeleuten, die etwas ratlos herumstanden. Kuppinska war der Einzige, der nicht ganz hilflos wirkte. »Tripper, mach scho amal de andern Kist'n auf! Wir ham ja ned den ganz'n Tag Zeit!«

»Zwei Umschläge?« Korvettenkapitän von Hassel sah seinen Flottillenchef überrascht an.

Korvettenkapitän Rieger nickte etwas unsicher. »Der eine

mit den normalen Einsatzbefehlen. Planquadrat, Zeiten, das übliche.«

Von Hassels Augen glitten über die Uniform seines Vorgesetzten. U-Boot-Kampfabzeichen und EK I, aber zu früh zum Flottillenchef gemacht, um das begehrte Ritterkreuz zu erringen. Fünfzigtausend Tonnen, normalerweise. Von Hassel unterdrückte ein Lächeln. Davon war er weit entfernt, aber bei zwei Sondereinsätzen von drei Feindfahrten war das kein Wunder. Er verdrängte den Gedanken. Nicht so wichtig. »Und der zweite Umschlag?«

Rieger warf einen Blick auf den zweiten Umschlag. Ein dickes Ding, gleich mehrfach versiegelt. Jemand hatte mit großen roten Buchstaben »Sternenhimmel« auf das Kuvert geschrieben. Darunter stand kleiner und säuberlich getippt: »Nur bei Empfang des Schlüsselwortes öffnen!«

Der Flottillenchef verzog das Gesicht. »Vom BdU-Stab. Ich weiß auch nicht, was drin ist.« Er lächelte flüchtig. »Sie wissen, wie das ist.«

»Sie haben auch einen?« Der Kommandant von U-68 zog eine Braue in die Höhe. »Da bahnt sich was an.«

Sein Vorgesetzter griff in eine Seitenschublade seines Schreibtisches und brachte zwei Schnapsgläser und eine Flasche Aquavit zum Vorschein. »Beutestück aus Norwegen.« Er griente. »Die Norweger glauben doch glatt, dass ihr Sprit besser wird, wenn sie ihn einmal über den Äquator und zurück schippern.«

Vorsichtig goss Rieger die Gläser ein, während er weitersprach. »Sie haben recht damit!«

»Wie viele Boote haben solche Befehle erhalten, oder ist das auch geheim?«

»Alle Typ IX-Boote.« Die Stimme des anderen Kapitäns klang belegt. »Nur unsere Flottille.«

Nur die siebzehnte also! »Wir haben nur vier Typ IX-Boote. Hentrich, Berger, Assmann und mein Boot.«

»Richtig!« Rieger schob eines der Gläser über den Schreibtisch. »Warten wir es ab. Vielleicht kommt das Stichwort auch gar nicht.«

Von Hassel sah ihn zweifelnd an. »Etwas viel Vorbereitung für nichts.«

»Den Seelöwen hat man auch lange vorbereitet.« Rieger zuckte mit den Schultern. »Gekommen ist das Stichwort trotzdem nicht.«

Der Alte griff nach dem Glas. »Na, dann warten wir es mal ab.« Die beiden Männer kippten ihre Schnäpse. Dann nickte von Hassel. »Also, auslaufen morgen früh mit der Morgentide.« Etwas leiser setzte er hinzu: »Auf ein Neues.«

»Na, das ist ja mal was ganz Neues!« Lieutenant-Commander Keith Frazier studierte die Befehle mit plötzlich erwachtem Interesse.

»Dachte mir, dass Ihnen das gefallen würde, Keith!« Commander Smith, Kommandant seiner Britannischen Majestät Sloop Farlane, grinste breit. »Dieses Mal geht es ganz über den Atlantik. Nach Halifax, den Konvoi abgeben und dann bis New York. Überholung bei unseren amerikanischen Freunden.«

»Komisches Gefühl, die Amerikaner sind ja nicht im Krieg.« Frazier erwiderte das Grinsen. »Eigentlich müssten sie unsere Schiffe internieren und nicht reparieren. Aber einem geschenkten Gaul schaut man ja nicht ins Maul.«

»Eben!« Smith griff nach ein paar anderen Unterlagen. »Brambleberry und Sorceress sind zurück, das bringt uns wieder auf unsere volle Stärke. Auf dem Papier.«

Farlane, Sorceress, Henbane, Brambleberry und seine eigene Goosefoot. Fünf kleine Schiffe, etwa dreihundertfünfzig Männer. Es erschien viel, hier im sicheren Hafen von Liverpool, aber draußen auf dem Atlantik waren sie nichts als ein Punkt in der endlosen Weite.

Frazier blickte auf, als sein Vorgesetzter sich räusperte. Jetzt kam es. Smith erwiderte den Blick. »Sie bekommen sechs zusätzliche Seeleute und einen Unteroffizier.« Der Escort Group Chef zögerte. »Ich kann Ihnen auch einen neuen Ersten besorgen.«

Frazier verzog das Gesicht. Jason Philipps, sein Erster, war nach einer Geleitfahrt mit schweren Verbrennungen ins Lazarett gekommen. Damals, vor ein paar Wochen, hatten viele nicht mehr daran geglaubt, dass er es überhaupt überleben würde. Aber der Lieutenant hatte sich durchgekämpft. Narben würden ihn sein Leben lang begleiten. Narben im Gesicht, und Narben auf der Seele. Frazier hatte Philipps im Lazarett besucht, sooft es zwischen den Geleitfahrten möglich gewesen war. »Die Ärzte sagen, Philipps könne demnächst entlassen werden.«

»Die Ärzte sagen auch, dass er untauglich ist.« Smith zögerte. »Er hat einen Antrag gestellt, in den aktiven Dienst zurückzukehren. Auch wenn ich es nicht verstehe.« Smith schüttelte sich unwillkürlich. »Er hat genug für sein Land gegeben. Brennendes Öl, mein Gott.«

Fraziers Stimme klang heiser. »Sie verstehen nicht. Er hat keine Familie, kein Leben außer seinem Beruf. Vor dem Krieg war das der Journalismus, dann die Navy.« Er wartete einen Augenblick ab. »Er hat nichts anderes.«

Smith beugte sich vor. »Wollen Sie ihn zurück?«

»Wollen?« Frazier sah seinem Vorgesetzten in die Augen. »Sofort, und mit Handkuss.«

Der Commander lehnte sich zurück und nickte. »Gut, ich sehe, was ich tun kann!«

Auslaufend Brest, Seetag 1

Wegtreten, klar zum Auslaufen!« Die Stimme des Kommandanten klang scharf. »Und dass mir keiner Mist baut!«

In die Männer kam Bewegung. Mit der Geschwindigkeit von Karnickeln verschwanden sie durch die engen Luks im Inneren des Bootes. Einzig ein paar Männer um Bootsmann Volkerts blieben zurück auf dem schmalen Deck, um die Leinen loszuwerfen.

Heinz-Georg von Hassel stieg die Klampen zum Turm empor und quetschte sich zwischen die Männer der ersten Seewache. »Dann wollen wir mal!« Er wandte sich mit einem knappen Lächeln um. »Rudi, bringen Sie uns raus hier!«

Der IWO tippte an seine Mütze. »Jawohl, Herr Kap'tän!« Ruhig beugte er sich über das Sprachrohr. »Maschine Achtung!« Ein kurzer Rundblick, dann beugte er sich über die Brüstung des Turms. »Bootsmann, alle Leinen los bis auf Vorspring.«

Der Kommandant lehnte sich gegen den UZO-Sockel. Es war kein ganz einfaches Manöver, aber Brest war überfüllt. U-Boote, Minensucher und seit Neuestem auch Schnellboote, die Nacht für Nacht ausliefen, um sich mit den britischen MTBs und MGBs im Kanal hitzige Gefechte zu liefern. Brest summte und brummte vor Aktivität, aber von Hassel wusste, dass das alles nur ein Teil des Bildes war. Andere Häfen wie St. Nazaire und Lorient wurden bereits jetzt, genauso wie Brest, zu U-Boot-Stützpunkten ausgebaut. Aus der Sicht der U-Boot-Waffe war Brest nur zweitrangig und wäre vielleicht nicht einmal in Betracht gezogen worden, wenn es in Lorient genügend Raum gegeben hätte. Aber die Stützpunkte an der Atlantikküste verkürzten den Weg in den Atlantik um rund tausend

Meilen. Das war so viel wert wie zwanzig oder dreißig zusätzliche Boote.

Die Diesel sprangen mit einem Husten an, und eine graublaue Abgaswolke stieg über das Deck. Rudi Schneider plierte zu den nächsten Booten hinüber. »Steuerbord langsam zurück!« Er schüttelte den Kopf und grinste seinem Kommandanten mutwillig zu. »Sieht aus, als ob der Herr Assmann noch nicht ganz wach ist.«

»Na, na, IWO!« Aber dann erwiderte der Alte das Grinsen doch. Vier Boote der Flottille liefen an diesem Morgen aus, und wie üblich hatten die Besatzungen es beim letzten Landgang noch mal kräftig krachen lassen. Nicht nur die Seeleute. Auch die Offiziere hatten sich in einem der requirierten Hotels, die unter dem euphemistischen Begriff »Truppenbetreuung« liefen, nochmal kräftig einen auf die Lampe gegossen. Noch immer glaubte von Hassel einen Nachgeschmack von Champagner zu spüren. Aber Assmann hatte sich beinahe bis zur einseitigen Gesichtslähmung volllaufen lassen. *Assmann ist fertig!* Aber der Gedanke war frei von Mitleid. Ein Fakt, den man konstatierte wie das Wetter. »Der hat gestern ziemlich was geschluckt.«

Rudi Schneider nickte. »Machen wir mal schön langsam.« Er warf einen Blick auf das Boot vor ihnen. Eine Seekuh, wie sie selbst, Typ IXB. Weiter vorne an der Pier löste sich bereits Dieter Hentrichs Boot, U-122, dicht gefolgt von Bergers U-114. Vier große Langstreckenboote. Es war Hentrichs zweite Feindfahrt als Kommandant, aber Assmann und Berger waren wie der Alte selbst schon von Anfang an dabei gewesen. »Steuerbord fünfzehn!«

Langsam begann der Bug von der Pier wegzuschwenken wie eine Türangel, während die Vorspring sich straffte. Seeleute eilten nach achtern, um noch mehr Fender auszubringen. Von Hassel zählte im Geiste die Sekunden mit, aber der IWO kam ihm zuvor. »Diesel stopp, Ruder mittschiffs.« Beinahe gelangweilt sah er zu, wie Assmanns Boot langsam Vorwärtsfahrt aufnahm. Sekunden verstrichen. Endlich gewann das andere Boot genügend Abstand. »Beide Maschinen langsam voraus!« Zögerlich löste sich das Boot endgültig von der Pier. »Vorspring ein!«

Heinz-Georg von Hassel spähte zu den Außenmolen voraus, die sich wie zwei Arme von beiden Seiten um die Bucht schlossen. Draußen konnte er bereits das Grau des Atlantiks erkennen. Die Biskaya war bekannt für ihr stürmisches Wetter. Doch heute war es ruhig. Strahlender Sonnenschein ließ die weite Wasserfläche glitzern wie geschmolzenes Quecksilber. Ein Boot nach dem anderen strebte in Kiellinie der Ausfahrt zu. Hentrich, Berger, Assmann und am Ende von Hassels Boot. *Vier Boote, vier versiegelte Umschläge!* Der Alte verzog das Gesicht. Für den Augenblick hatten sie lediglich Befehl, in den ihnen zugewiesenen Planquadraten zu patrouillieren und Handelskrieg zu führen. *Vielleicht kommt das Stichwort ja wirklich nicht.*

Signal vom Sperrbrecher: »Folgen in Kiellinie!«

Von Hassel nickte. »Hängen Sie sich an.« Schon konnte er den ersten Atlantikschwell fühlen, der das schwere Boot langsam auf und ab wiegte. Sie waren zurück.

Zwei Stunden später wurde der Sperrbrecher entlassen, und die Boote schickten sich zum Prüfungstauchen an. U-68 verschwand als letztes Boot unter der Wasseroberfläche.

Im Inneren der Zentrale herrschte die übliche Spannung. Das Schweigen wurde nur von den gelegentlichen Befehlen des Leitenden unterbrochen. »Aufkommen, vorne, hinten Null!«

Das Boot vollführte eine letzte kurze Nickbewegung. Der Methusalem wandte sich um. »Sechzig Meter, Herr Kap'tän!«

Korvettenkapitän von Hassel nickte kurz und schob sich die Mütze etwas bequemer nach hinten. »Zentralemaat, fragen Sie mal in allen Abteilungen nach, wie es aussieht.«

Leutnant Wellenberg, der IIWO, blinzelte kurz. »So lange, wie das Boot in der Werft war, sollte es doch eigentlich in Ordnung sein?«

»Da gehen wir aber lieber auf Nummer sicher.« Von Hassel grinste etwas müde. »Wer weiß, was die Werftgrandies dieses Mal wieder verbockt haben.«

»Und wenn nicht die – es gibt einen Haufen französischer Arbeiter in den Werften.« Rudi Schneider löste sich von seinem gewohnten Platz am Kartentisch. »Mit Ihrer Erlaubnis gehe ich mal durchs Boot, Herr Kapitän!«

»Tun Sie das, Rudi!« Der Alte wandte sich zu Wellenberg um. »Sie übernehmen die Zentrale, Herr Wellenberg.«

Leutnant Wellenberg legte kurz die Hand an die Mütze. »Jawohl, Herr Kap'tän!« Er zögerte kurz. »Was machen die anderen Boote?«

Der Kommandant zuckte mit den Schultern. »Weiterlaufen ins Operationsgebiet, wie wir auch. Es war ja nie geplant, zusammen durch die Biskaya zu laufen.«

»Stopfbuchsen dicht! Wellenabdichtungen dicht!« Nach und nach liefen die Meldungen der einzelnen Abteilungen ein, während das U-Boot mit kleiner Fahrt unter Wasser dahinkroch. Alles schien in Ordnung zu sein.

Heinz-Georg von Hassel lauschte den Meldungen mit unbewegtem Gesicht. Endlich nickte er. »LI, bringen Sie uns tiefer.«

»Wie viel tiefer?« Oberleutnant Wegemann sah seinen Kommandanten fragend an.

Der Alte lächelte knapp. »Hundertfünfzig für den Anfang?«

»Hundertfünfzig Meter, jawohl, Herr Kapitän!« Der Leitende wandte sich um. »Vorne oben zehn, hinten oben fünf!«

Der Zeiger des großen Tiefenmessers begann zu wandern. Der viel genauere Papenberg hatte bereits die Grenze seines Messbereiches erreicht. Tiefer, immer tiefer, drückten die Tiefenruder das Boot in die See. Ein Zittern ging durch den Bootskörper, und eine kleine Wolke Farbteilchen rieselte von der Decke.

»Neunzig Meter gehen durch!« Die Stimme des Leitenden klang angespannt. Neunzig Meter, das war die Tiefe, die die

Werft noch garantierte. Aber die Seekuh konnte mehr, viel mehr.

Stahl knirrschte gequält, als die Röhre sich dem zunehmenden Druck anpasste. Ein Geräusch, das durch Mark und Bein ging. Die Gesichter der Neuen nahmen einen ungesunden grünlich fahlen Farbton an.

»Tiefer, gehen Sie auf zweihundert, LI!« Auf von Hassels Gesicht war keine Regung abzulesen. »Das kann das Boot ab!«

»Hundertzwanzig Meter gehen durch!« Die Stimme des Signalmaats wurde zu einem heiseren Flüstern.

Der LI konzentrierte sich auf sein Tauchmanöver. »Zweihundert Meter, jawohl!«

Wieder knirschte der Stahl, dieses Mal lauter und protestierender. Hundertzwanzig Meter, das erzeugte einen Druck von zwölf Tonnen pro Quadratmeter Bootsfläche. Das Gewicht von etwa zehn Volkswagen. Und das Boot sackte weiter in die Tiefe, wo der Druck nach wie vor zunahm. Die Männer griffen nach Halt, aber der Kommandant stand weiterhin ungerührt neben dem Sehrohr.

Der LI wandte kurz den Kopf. »Außenbordsverschlüsse prüfen!«

»Hundertfünfzig Meter gehen durch!«

Von achtern erklang ein Ruf. »Steuerbord vordere Stopfbuchse macht etwas Wasser. Abgasklappe Steuerbord macht etwas Wasser.«

»Festblasen!« Von Hassels Stimme schnitt scharf durch die Spannung. »LI, überprüfen Sie das. Funker ans GHG!« Er grinste leicht gezwungen. »Also *etwas* Wasser?«

Der LI verzog das Gesicht. »Mit Ihrer Erlaubnis sehe ich mir das selber mal an, Herr Kap'tän!«

»Tun Sie das!« Von Hassel wandte sich suchend um. »Herr Wellenberg, die Zentrale gehört ganz Ihnen! Ich höre mir mal an, was die Funker haben.«

Im Funkschapp saß Funkmaat Rückert am Horchgerät. »Ich

kann eines der anderen Boote hören, getaucht und ein Stück vor uns, Herr Kap'tän. Ansonsten Schweigen im Walde.«

»Sehr schön. Das Gerät ist also in Ordnung?«

Der Obermaat griente etwas gequält. »Soweit ich das jetzt sagen kann, ja!«

Im Geiste setzte der Kommandant einen weiteren Punkt auf seine Liste. Steuerborddiesel, Abgasklappe, Wellendichtung, Horchgerät. Das war nicht die komplette Liste, aber es waren die kritischsten Punkte. U-68 war so etwas wie ein glückhaftes Boot, aber keiner zweifelte daran, dass es auch so etwas wie ein Montagsboot war. Das Horchgerät war allerdings besonders schwierig zu überprüfen, denn eigentlich konnte man nur dann völlig sicher sein, dass es wirklich funktionierte, wenn man etwas hörte, von dem man auch wusste, dass es da war, und vor allem wo genau. »Sie haben sich das Ding vor dem Auslaufen angesehen?«

Rückert nickte. »Druckdosen fest verschraubt. Sah alles in Ordnung aus. Das andere Boot ist etwa zwei Meilen vor uns und läuft halbe Fahrt.«

»Könnte hinkommen!« Von Hassel lächelte kurz. »Immerhin ein gutes Zeichen, dass Sie das reinbekommen. Ist ja nicht gerade laut, so ein U-Boot.« In seinem Kopf entstand ein Bild. Zwei Meilen vor ihnen und getaucht. Nicht Assmann und Berger, die würden versuchen, die Biskaya so schnell wie möglich hinter sich zu bringen. Weg aus der Reichweite der Tommybienen. Wieder spielte das Lächeln um von Hassels Lippen. Es musste Hentrich sein. Eile mit Weile, erst einmal das Boot gründlich prüfen. Ein paar Stunden länger machten keinen großen Unterschied, vor allem, wenn sie dadurch noch wertvollen Brennstoff sparten. Mit einem unklaren Boot draußen im Atlantik zu stehen, wäre viel schlimmer.

Er sah auf die Uhr. *Knappe acht Stunden bis zur Dämmerung.* »Lauschen Sie etwas herum, vielleicht erwischen Sie ja was.« Der Kommandant rückte seine Mütze wieder zurecht. »Ich bin wieder in der Zentrale.«

Auch Oberleutnant Wegemann war wieder in die Zentrale zurückgekehrt. Missmutig blies er die Backen auf. »Die Stopfbuchse macht ein paar Tropfen. Aber die Abgasklappe müssen wir neu einschleifen, wenn wir wieder oben sind.«

Der Alte sah ihn ausdruckslos an. »Einschleifen? Der Bock läuft ja noch nicht lange.«

»Irgendein Trottel hat den Diesel in der Werft laufen lassen und vergessen, die Abgasklappen einzuschleifen.«

»Also schön, wir gehen hoch auf hundert Meter. Das sollte für den Augenblick reichen.«

Der Methusalem zuckte mit den Schultern. »Müsste klargehen, Herr Kap'tän.«

»Gut, dann soll der Smut sich mal an die Arbeit machen, wir bleiben erst mal getaucht.« Von Hassel sah den Leitenden fragend an. »Ich nehme an, die Klappe können Sie auch heute Abend reinigen!?«

»Kein Problem, Herr Kap'tän!«

Nach einer Weile kehrte wieder Ruhe im Boot ein, und die Backschafter machten sich daran, das Mittagessen aufzutischen. Es kreisten bereits die ersten Krüge mit Kujambelwasser. Gerhard Kupinska, an Bord bekannt als der Tripper, obwohl dieser in der Zwischenzeit ausgeheilt war, runzelte die Stirn. Viele Neue. Von den Alten waren nur noch Berger, Dörfler, Maat Mohr und der kleine Hänisch da. Der Rest war grün wie Gras, frisch von der Ausbildung. Aber er verkniff sich jeden Kommentar und brummte nur: »Lang mir mal den Senf rüber!«

Alois Dörfler, zum Messeältesten aufgerückt, beobachtete die kurze Szene von dem begehrten Platz bei den Torpedorohren aus. Er grinste in die Runde. »I mog amal wiss'n, warum wir 'taucht san.«

»Und so tief?« Einer der neuen Seeleute sah Dörfler fragend an.

Mischke, Mischka? Dörfler versuchte sich an den Namen zu

erinnern. Mischka! »Des Boot kann tiefer, mach d'r da mal koane Sorg'n. Aba bei dem Schneck'ntempo braucht's Tage, bis wir aus dera damischen Biskaya raus san.«

»Oh …« Mischka sah den Bayern unsicher an. »Ist das gut oder schlecht?«

Daniel Berger, der Maschinist, unterdrückte den Impuls, die Augen zu verdrehen. »Schlecht, denn hier fliegen die Tommies herum. Oder gut, denn solange wir getaucht sind, können die uns nichts tun.«

Auch in der Offiziersmesse war die ungewöhnlich lange Tauchfahrt Gesprächsthema. »Sie wollen bis zum Abend im Keller bleiben, Herr Kap'tän?« Der LI versuchte, seiner Frage einen möglichst beiläufigen Ton zu geben.

Von Hassel blickte auf. »Ja, wenn nicht weitere kleine Schäden auftauchen.«

»Wir machen nur vier Knoten über Grund bei diesem Tempo.« Rudi Schneider angelte nach den Bratkartoffeln.

Von Hassel nickte gemütlich. »Ja, schnell sind wir nicht. Aber hier unten sind wir sicher vor Bienen und den britischen U-Booten.«

»U-Boote?«

Der Kommandant nickte. »U-Boote. Soll ja schon vorgekommen sein. Die Tommies sind ja nicht blöde, die wissen, dass wir hier durchkommen müssen. Drei Stützpunkte entlang der Atlantikküste, das ist nicht gerade ein Hexenwerk, die zu überwachen.«

Der IWO runzelte die Stirn. »Ich habe nichts davon in den Berichten gelesen.«

»Da steht auch nichts darüber drin.« Nachdenklich ließ von Hassel den Blick über die Back gleiten, bevor er sich für einen Nachschlag Rotkohl entschied. »Heute sind allein aus Brest vier Boote ausgelaufen. Das werden sich die Tommies nicht entgehen lassen. Irgendwas werden sie versuchen.«

»Woher sollen die Engländer denn wissen, dass gleich vier

Boote ausgelaufen sind?« Leutnant Wellenberg blickte verdutzt von einem zum anderen.

Der Methusalem verzog das Gesicht. »Spione, woher sonst? In den Werften arbeiten jetzt Tausende von französischen Arbeitern. Die können sich doch genau ausrechnen, wann die Boote fertig sind und wieder auslaufen.«

»Also Spione?« Wellenberg machte ein ungläubiges Gesicht. »Aber die müssen ja nach England funken, und dann kriegt die Abwehr sie doch?«

»Vielleicht!« Von Hassel schüttelte den Kopf. »Vielleicht auch nicht. Vorsicht ist die Mutter der Porzellankiste.«

Rudi Schneider nickte ernst. »Wär ja auch ärgerlich, herauszufinden, dass die das wirklich hinkriegen. Nicht wahr?«

Die Seekuh brach erst am Abend wieder durch die Oberfläche und ging mit der Fahrt hoch. Während die Batterien geladen wurden, trieben die Diesel das Boot mit großer Fahrt nach Westen, immer weiter nach Westen, hinaus in den Atlantik. Um Mitternacht, als die Funksprüche auf der Wiederholungsfrequenz empfangen wurden, brachte Funker Olm einen Zettel in die Kommandantenkammer. Kurze Zeit später hatte sich der Inhalt bereits im ganzen Boot herumgesprochen. Kapitänleutnant Assmann war einem Viererfächer ausgewichen und warnte vor einem britischen U-Boot, das an den Auslaufkursen von Brest lauerte. Hatte der Alte also doch mal wieder richtig gelegen.

Auslaufend Liverpool

Alle Leinen ein bis auf … was zum Teufel ist das?« Lieutenant-Commander Keith Frazier beugte sich über die Brückenreling. Unten raste ein Humber mit halsbrecherischer Geschwindigkeit die Pier entlang, immer darum bemüht, nicht über eines der vielen Kabel zu fahren, den allgegenwärtigen Kisten auszuweichen und der drohenden Kaimauer nicht zu nahe zu kommen. Gleichzeitig hupte der Fahrer wie ein Wilder und gab Lichtzeichen.

»Ich glaube, der will zu uns, Sir!«

Frazier betrachtete die Szene unruhig. Schon warfen die anderen Schiffe die Leinen los, und nun das! »Ich glaube, Sie haben recht. Da will jemand zu uns. Lassen Sie die Gangway auf jeden Fall nochmal ausbringen. Mal sehen, wer es da plötzlich so eilig hat.«

Der Humber, eine grau gestrichene Dienstlimousine, die schon einmal bessere Tage gesehen hatte, kam mit quietschenden Reifen zum Stehen, gerade als der Zweite die Gangway noch einmal ausbringen ließ. Die Fahrertür öffnete sich, und eine erstaunlich kleine Wren kam zum Vorschein, die Mütze in Verhöhnung jeder Kleidervorschrift keck auf dem Blondschopf.

Aber Keith Frazier hatte wenig Interesse für die junge Frau übrig. Aus dem Fond kletterte ein Mann, die Offiziersmütze immer noch vorsichtig unter den Arm geklemmt, statt sie auf dem Kopf zu tragen. *Philipps! Jason Philipps!* Der Kommandant beugte sich noch etwas weiter über die Brückenbrüstung. »Maxwell, jemand soll ihm mit dem Seesack helfen!« Mit beinahe jugendlicher Aufregung winkte er dem Offizier zu. »Jason, kommen Sie rauf hier!«

Jason Philipps stakste unsicher die Stelling empor und grüßte zur Flagge hin, bevor er sich umwandte und außer Sicht verschwand. Augenblicke später hörte Frazier ihn schon die stählernen Stufen zur Brücke emporsteigen. Er wandte sich um.

Das Gesicht des Offiziers war auf einer Seite feuerrot und wirkte entstellt. Frazier, obwohl er den Anblick kannte, denn er hatte seinen Ersten ja bereits in Haslar besucht, musste sich zwingen, nicht zu genau hinzusehen. »Jason, willkommen an Bord!«

Lieutenant Philipps nahm Haltung an und setzte die Mütze vorsichtig auf, bevor er seinen Kommandanten grüßte. »Melde mich zurück an Bord!«

»Gerade rechtzeitig, Jason!« Frazier reichte ihm die Hand. »Wie geht es Ihnen?«

Die Augen des Lieutenants schienen zu funkeln. »Etwas mürbe, die Ärzte wollten mich eigentlich noch nicht ...« Er brach ab. »Wenn Sie und Commander Smith sich nicht für mich stark gemacht hätten, hätten mich die verdammten Knochensäbler wohl in ein Betreuungsheim für altes Eisen abgeschoben. Bin froh, wieder hier zu sein, Sir!«

Der Kommandant lauschte den Worten seines Ersten nach. Etwas Vertrautes hatte in ihnen mitgeschwungen und gleichzeitig etwas Neues. Die Narben gingen tiefer als nur bis zur Haut.

Frazier schüttelte ihm die Hand. »Wir sind froh, Sie wieder hier zu haben!« Er sah sich kurz um. »Wir unterhalten uns später, Jason.« Ein Grinsen flog über sein Gesicht. »Die anderen warten schon, und trotzdem hat Smith kein Signal gesetzt. Wusste er, dass Sie kommen?«

Philipps blickte zum Führungsschiff. »Er hat heute Morgen um sechs im Lazarett angerufen, um nochmal Dampf zu machen.« Beinahe zärtlich strichen seine Hände über die Brückenreling. »Lassen wir den Chef nicht länger warten, Sir!« Das Lächeln, das sich auf dem verbrannten Gesicht ausbreitete, sah erschreckend aus. Aber alle, die in diesem Moment auf der engen Brücke waren, vom Kommandanten bis zum Seemann an den Sprachrohren, wussten, dass es von Herzen kam. Jason Philipps war heimgekehrt.

Nur Minuten später hatte sich HMS Goosefoot von der Pier gelöst und nahm die Position am Ende der Kiellinie ein. Eine Stunde später waren die Schiffe bereits wieder damit beschäftigt, den nächsten Geleitzug mit Flüchen und wütenden Signalen in Position zu treiben. Es ging wieder hinaus. Ein Geleit von vielen.

In der Karibik

Das Schiff in den Farben einer holländischen Reederei pflügte immer noch mit ungefähr sieben Knoten durch das blaue Wasser. Hier, in der Karibik, etwa einhundertzwanzig Seemeilen westlich von den britischen Grenadines entfernt, war noch kein Anzeichen des nahen Herbstes zu bemerken, der auf der Nordhalbkugel bald in den kalten Winter übergehen würde. Die Anzeichen würden auch ausbleiben. Winter in der Karibik bedeutete lediglich, dass die Temperaturen statt heiß nur gemäßigt sein würden. Und nun, da die Hurrikansaison sich langsam, aber sicher dem Ende näherte, schien das Meer eher mehr bevölkert zu sein mit Schiffen als weniger, wie es in europäischen Gewässern zur gleichen Jahreszeit war. Eine andere Welt, eine Welt voller Leben, aber auch voller Beute. Der Salamander, kunstvoll getarnt mit einer Decksladung und einem zweiten Schornstein, der allerdings nur Attrappe war, glich seinem Vorbild, dem norwegischen Dampfer Storwanger, aufs Haar genau. Und es gab viele norwegische Schiffe, die nun, nachdem Norwegen von den Deutschen besetzt war, unter britischer Charter liefen. Eine vertrauenerweckende Tarnung also, und damit genau das, was der Salamander brauchte. Denn der Hilfskreuzer gedachte, sich seinen Teil dieser Beute zu holen.

Fregattenkapitän Werner Vogel warf nur einen kurzen Blick auf die Karte. »Der Bursche wird von Trinidad kommen. Öltanker.«

Sein Zweiter Offizier hielt das Glas unverwandt auf die ferne Rauchfahne gerichtet. »Ein Tanker, das ist Edelwild. Wenn nur nicht …«

»Vergessen Sie es, Felix. Der Tommykreuzer kann schon tausend Meilen entfernt sein.« Der Kommandant lächelte, obwohl ihm bei dem Gedanken an den Kreuzer nicht ganz wohl war. *Genausogut kann der Bursche auch gleich hinter dem Horizont lauern.* Aber diesen Gedanken teilte er seinem jungen Zweiten nicht mit. Irgendwann, heute, morgen, nächsten Monat, würde die Silhouette eines Kreuzers an der Kimm stehen. Weil es einfach unvermeidlich war. Aber der Tanker war zu wertvoll, um ihn laufen zu lassen. »Wir schnappen uns den fetten Brocken. Geben Sie Alarm! Auf Gefechtsstation, aber noch nicht enttarnen!«

Als Leutnant Felix Hartmann den Alarmknopf drückte, geschah äußerlich gar nichts. Auf dem Salamander wurde Alarm grundsätzlich nicht durch die lauten Alarmklingeln ausgelöst, obwohl diese wie auf jedem Kriegsschiff überall installiert waren. Aber Alarmklingeln konnte man man bei Nacht meilenweit über die See hören. Da konnten sie auch gleich mit Blaskapelle und Reichskriegsflagge herumfahren.

Aber im Inneren des Schiffes erklang das Poltern von Stiefeln auf den Niedergängen, Männer drängten sich auf ihre Gefechtsstationen, sei es auf dem Brückendach hinter dem getarnten Entfernungsmesser oder tief unten in den Munitionsmagazinen. In den Aufzügen begannen die ersten Granaten und Kartuschen nach oben zu fahren. Minuten nachdem der Leutnant den Knopf gedrückt hatte, war Schiff 19, der Handelsstörkreuzer Salamander, bereit zum Gefecht. Was auch immer hinter der Kimm hervorkommen würde, wenn sie erst einmal den Tanker angegriffen hatten.

»Entfernung jetzt Hundertzwanzig-Hundert!«

Fregattenkapitän Vogel bedachte den kleinen Lautsprecher, aus dem die Meldungen des E-Messers drangen, mit einem säuerlichen Seitenblick. Hundertzwanzig-Hundert, also zwölf Kilometer oder sechseinhalb Seemeilen, das lag noch etwas über der äußersten Reichweite der Hauptwaffe des Hilfskreuzers.

»Der muss uns doch sehen, Herr Kap'tän?«

Vogel griente. »Müsste, aber bisher tut sich nichts.« Er warf einen letzten Blick über sein gefechtsklares Schiff. Wie immer war von außen nichts zu sehen. Noch nicht. »AK voraus, Felix!«

Das Klingeln des Maschinentelegrafen klang durch die Brücke. Tief unten in den Maschinenräumen begannen die Motoren, energischer zu dröhnen, die beiden Schraubenwellen schneller zu drehen. Die großen Schrauben schickten sich an, den über hundertfünfzig Meter langen Schiffskörper zu beschleunigen. Aber Schiffe sind keine Rennautos. Es würde mindestens fünfzehn Minuten dauern, bis die Kraft der Dieselmotoren den Salamander auf seine Endgeschwindigkeit von siebzehn Knoten beschleunigt hatte.

Auf der Brücke sah man die ersten Minuten beinahe gar nichts, wenn man auf die See blickte. Erst als sich langsam, beinahe schleichend, die Entfernung zu der Rauchfahne vor ihnen verringerte, entspannten sich die Offiziere etwas.

Eine Entspannung, die von kurzer Dauer war. Die Rauchfahne wurde dichter. Felix Hartmann hob das Glas. »Er legt nach, ich glaube, er ... ja, er dreht nach Steuerbord! Er hat uns gesehen.«

Der Kommandant wirbelte herum. Seine Augen suchten den Brückenmaat. »Fragen Sie im Funkraum nach, ob er funkt!« Dann nickte er seinem Zweiten zu. »Halten Sie einen Strich weiter nach Backbord!«

»Backbord?«

Vogel nickte. »Ja, Backbord!« Er lächelte spöttisch. »Er soll glauben, wir fahren nach den gleichen Anweisungen wie er.«

Leutnant Hartmann nickte. »Verstehe, Herr Kapitän!« Mit einem Lächeln wandte er sich zum Rudergänger um. »Sie haben den Kommandanten gehört. Backbord zehn!«

»Meldung aus dem Funkraum. Er funkt nicht!«

Werner Vogel spürte, wie der kurze Moment der Unsicherheit verging und die Routine zurückkehrte. Die Tommies wurden immer gewitzter. Allein laufende Schiffe drehten bei Insichtkommen anderer Schiffe immer etwas von den Neuankömmlingen weg. Soweit jedenfalls die Theorie. Nicht alle Kapitäne scherten sich um die Anweisungen der Admiralität. Der hier hielt sich an die Vorschriften, aber er tat auch buchstäblich keinen Schritt mehr.

Minuten vergingen und reihten sich zu einer halben Stunde. Die beiden Schiffe liefen auf abliegenden Kursen, aber der Abstand verringerte sich trotzdem, ganz einfach, weil der Salamander viel schneller als der schwer beladene Tanker war. Das Manöver des gejagten Wildes hatte sich für den Hilfskreuzer sogar noch als Vorteil erwiesen, denn statt von achtern aufzulaufen konnte er in aller Ruhe bis auf die gleiche Höhe ziehen. Fregattenkapitän Vogel hatte nur sechs Geschütze an Bord, aber die waren in den Seiten montiert. Ein Gefecht nach rechts voraus war schon allein deswegen unmöglich, weil keines seiner Geschütze diesen Winkel bestreichen konnte. Den Gegner genau an Steuerbord zu haben, war günstiger, viel günstiger, erlaubte es doch, drei Geschütze einzusetzen.

»Er funkt immer noch nicht.«

Vogel nickte. »Frage: Abstand?«

»Abstand ist Sechzig-Hundert, Herr Kap'tän!«

Der Kommandant blickte kurz durch sein Glas hinüber zum anderen Schiff. Der Rumpf lag tief im Wasser, der Tanker musste schwer beladen sein. Die ganz nach achtern versetzten Aufbauten, so typisch für Tanker, ließen das Schiff irgendwie unbalanciert erscheinen, verletzlich. Er senkte langsam das Glas. »Der Funkraum soll scharf aufpassen. Es geht los! Enttarnen!«

Das Rumpeln des Enttarnmanövers endete so abrupt, wie es begonnen hatte. Der Erste Offizier des Hilfskreuzers, Kapitänleutnant Jakob Schwiering, hörte die Gesprächsfetzen aus den Sprachrohren mit. Seine eigene Gefechtsstation lag tief unter der Wasserlinie in der Schiffssicherungszentrale. Weit weg von der Brücke, nur für den Fall … man sollte niemals alle Eier in einen Korb tun. Sein Verstand sagte ihm, es sei die logische Rollenverteilung. Trotzdem wäre er lieber oben auf der Brücke gewesen, hätte etwas gesehen. Stattdessen saß er hier, zwischen Telefonen und Sprachrohren, die ihn mit allen Teilen des Schiffes verbanden, und umgeben von einer Gruppe Heizer und Seeleute, deren Aufgabe es im Falle eines Treffers sein würde, das Schiff notfalls mit bloßen Händen zusammenzuhalten. Die unsicheren Blicke der Männer verrieten ihm, dass auch sie sich einen anderen Posten hätten vorstellen können.

»Geschütz I soll ihm einen Schuss vor den Bug setzen.« Die Stimme des Kommandanten klang undeutlich aus dem Sprachrohr. Wahrscheinlich stand er ein paar Schritte weg, als er den Befehl für den AO gegeben hatte.

»Es geht los, Männer!« Einmal mehr ließ Schwiering den Blick über die Männer gleiten. Äxte, Hämmer, alles lag bereit. Das Werkzeug der Schiffssicherer.

»Iss'n Tanker, Herr Kaleun!« Einer der Männer zwang sich zu einem Grinsen. »Der wird sich nicht gerade mit uns herumschießen wollen!«

»Warten wir es ab, Koch!« Der IO dankte wieder einmal seinem guten Namensgedächtnis. Es war so einfach, die Männer für sich zu gewinnen. So schrecklich einfach, sie dazu zu bringen, ihre Knochen hinzuhalten.

Als der Schuss endlich fiel, klang es im ungepanzerten Rumpf so, als hätte Salamander selber einen Treffer erhalten. Der dumpfe Abschuss pflanzte sich über die Stahlplatten fort und war überall noch deutlich zu spüren. Ein harter Schlag, gefolgt von einem dumpfen Grollen.

Mein Gott, wenn wir das so fühlen, wie muss es dann erst da sein, wo das Ding einschlägt? Schwiering räusperte sich. »Jetzt haben wir die Hosen runtergelassen. Mal sehen, was er sich einfallen lässt.«

Aus den Sprachrohren drang unverständliches Gemurmel. Dann hörten sie ganz deutlich die Stimme des Zweiten. »Er funkt, RRRR Tanker Crystal Sea.«

Der Kommandant schien etwas zu erwidern, aber sie hörten nur das »Jawohl, Herr Kap'tän« des Zweiten. Dann folgten die Befehle für die Steuerbordbatterie.

Der Kapitänleutnant blickte auf die Anzeigegeräte. Salamander hatte leicht den Kurs gewechselt und nahm Fahrt weg. Also ein laufendes Gefecht. *Gefecht! Pah, was mag der haben, eine alte Zehnzentimeter!* Aber Schwiering wusste, dass er sich selbst belog.

Funk war es, was sie töten konnte, sicherer als jede Granate, die der Tanker abschoss.

»Was machen die da oben?« Koch blinzelte unruhig. »Verzeihung, Herr Kaleun!«

Für die Männer tief unter der Wasserlinie, sei es in der Schiffssicherung oder in den Maschinenräumen, schien es eine Ewigkeit zu dauern, bis die Geschütze wieder donnerten. Aber in Wirklichkeit waren es gerade einmal knappe zwanzig Sekunden gewesen, seit die Befehle gegeben worden waren. Dieses Mal waren es drei Fünfzehner, die beinahe gleichzeitig feuerten. Der Rumpf des Salamander begann zu schwingen wie ein leeres Ölfass, und Schwierings Zähne schlugen hart aufeinander.

Und wieder ertönte das urweltliche Grollen. Aus dem Brückensprachrohr drang eine aufgeregte Stimme: »Liegt deckend!«, gefolgt vom sachlich ruhigen Brummen des Kommandanten. »Danke, ich sehe es! Funkt er noch?«

»Er besetzt sein Geschütz!«

Wieder donnerte die Steuerbordbatterie los, und der ganze Schiffskörper vibrierte unter den eigenen Abschüssen. Der IO hörte etwas über Funk, konnte aber nicht verstehen, was gesprochen wurde. Wahrscheinlich funkte der Tommy also noch. *Verdammte Scheiße!*

Ein Schlag wie mit einem gigantischen Schmiedehammer traf den Salamander. Für einen Augenblick schien die Zeit stillzustehen. Schwierings Augen glitten über das große Paneel mit den schematischen Skizzen des Schiffes. Der Hilfskreuzer war getroffen. Wie schwer und wo, konnte er noch nicht sagen, aber es war Zeit, an die Arbeit zu gehen.

Aus dem Sprachrohr erklang die Stimme des Kommandanten. »Schadensmeldungen!«

Schwiering beugte sich vor. »Ich habe selber noch keine Meldungen, Herr Kap'tän! Wir wissen noch nicht einmal, wo es eingeschlagen hat.«

»Steuerbord, irgendwo achtern!«

Der IO warf einen weiteren Blick auf die Pläne. Achtern, da lag nicht viel, was man treffen konnte, ohne Schaden anzurichten. »Wir kümmern uns drum!« Aber Salamander lief nicht aus dem Ruder und wurde auch nicht langsamer. Schwiering winkte ein paar der Männer zu sich. »Schadensaufklärung Steuerbord achtern! Ich klemme mich an die Telefone!«

Die Männer verschwanden durch das Schott. Der Kapitänleutnant griff nach dem Telefon. *Komisch, sollte doch jemandem aufgefallen sein, wenn es irgendwo eingeschlagen hat.* Aber natürlich gab es Räume, in denen im Augenblick kein Mensch war. Farblasten, Verpflegungslasten … *die Medikamentenlast!* Im Achterschiff lagen unter anderem das kleine Schiffslazarett und die wenigen Freizeiträume, eine Idee des Kommandanten. Vielleicht irgendwo dort.

Am anderen Ende meldete sich endlich eine Stimme. »Schiffslazarett, IO, was haben Sie für uns?«

»Nichts, haben Sie was für uns? Irgendwo da achtern sollen wir einen Treffer kassiert haben?«

Oberstabsarzt Willems räusperte sich trocken. »Also nicht hier, das hätten wir bemerkt. Ich schicke mal unseren Sanmaat in die Freizeiträume. Da ist ja derzeit keiner.«

»Tun Sie das, ich habe selber ein paar Mann nach achtern geschickt, die sich umsehen sollen. Und sagen Sie mir Bescheid.«

Oben auf der Brücke hatte sich der Treffer angefühlt wie ein Hammerschlag. Aber der Salamander zog weiter gehorsam seinen Kurs, während die Granaten der Steuerbordbatterie den

Tanker Stück für Stück zerschlugen. In den Aufbauten brannte es, und aus aufgerissenen Zellen lief Öl und ließ einen breiten schillernden Streifen auf der See zurück. Aber noch hatte das Öl nicht Feuer gefangen. Noch nicht.

»Er hat aufgehört zu funken.«

»Danke, Felix!« Vogel studierte das Schiff durch sein Glas. Das Heck lag bereits tief im Wasser, aber noch immer knallte das alte Geschütz auf der Back trotzig seine Herausforderung heraus. Trotzdem, es konnte nicht mehr lange dauern. »Signalmeister, signalisieren Sie ihm, er soll stoppen und Boote aussetzen.«

Die Morselampe begann in einem schnellen Stakkato zu klappern. Aber vom anderen Schiff kam kein einzelnes Lichtzeichen als Bestätigung. Wahrscheinlich waren auf der Brücke schon alle tot. Der Kommandant des Hilfskreuzers schloss für einen Augenblick die Augen, aber das Donnern der eigenen Geschütze konnte er nicht einfach ausblenden. Es war so einfach, sich vorzustellen, was sich auf dem Tanker abspielte, das Entsetzen und das starre Festhalten an den Befehlen, die Mischung aus Trotz und Furcht.

»Ein Treffer!« Felix Hartmann klang heiser. »Schauen Sie sich das arme Luder an!« Es klang fast, als würde er schluchzen. »Schauen Sie sich nur das arme Luder an!«

Werner Vogel öffnete die Augen. Mindestens eine, vielleicht zwei Granaten waren in das Achterschiff gegangen und hatten das Geschütz mit Männern, Bereitschaftsmunition und dem altmodischen Splitterschild einfach über Bord gerissen. Der Tanker konnte nicht mehr funken, und er konnte sich nicht mehr wehren. Tief lag das Schiff im Wasser, und Öl lief aus großen gezackten Löchern, so als würde der Dampfer bluten. »Feuer einstellen!«

Aus den Sprachrohren drang das Zwitschern der Pfeifen. »Halt, Batterie halt!«

»Er macht kaum noch Fahrt!« Der Zweite starrte zu dem waidwunden Schiff hinüber. »Sollen wir Boote aussetzen?«

Der Kommandant räusperte sich. »Nein, Felix! Der Bootsmann soll eine Wache mit Seitenwaffen aufziehen lassen.« Er maß die Entfernung zu dem Tanker mit den Augen. »Wir gehen längsseits und nehmen sie auf.«

»Jawohl, Herr Kap'tän!« Hartmann salutierte. »Wache mit Seitenwaffen.«

»Kümmern Sie sich selbst darum, Felix!« Der Fregattenkapitän wandte sich zum Rudergänger um. »Steuerbord zehn! Wir gehen um ihn herum und legen uns Steuerbord an Steuerbord!«

Ausbildung in der Heimat …

Jens fühlte sich genau wie die anderen Offiziersanwärter. Müde und zerschlagen. Wie jeder Marinesoldat hatte er eine infanteristische Grundausbildung erhalten. Aber nun, in der Offiziersausbildung, wurde das Ganze noch erheblich erweitert. Nicht, dass es einen Sinn gemacht hätte, denn auf einem U-Boot gab es keinen Raum für Kampfbahnen, große Schwenksterne am Hang und Robben im Schlamm.

»Er hasst uns!«

Jens blickte auf, als einer der anderen Offiziersanwärter die Feststellung traf. Müde winkte er ab. »Er hasst jeden.« Er zögerte kurz. »Ein verdammter Etappenhengst, der nichts Besseres zu tun hat.«

Die Rede war von Kapitän zur See Artok. Wobei der Kapitän die See wohl schon seit dem letzten Krieg nicht mehr gesehen hatte. Parteimitglied schon seit den Tagen des Marsches auf die Feldherrnhalle in München, hatte er es auch jetzt wieder geschafft, sich einen gemütlichen Druckposten zu ergattern. Und das Kommando über eine Ausbildungseinheit gab ihm offensichtlich genug Raum, seinen sadistischen Neigungen nachzugehen. »Großer Schwenkstern … am Hang!«

Schwenksterne, das waren die Leidenschaft des Kommandeurs. Wer das Pech hatte, außen zu sein, musste beinahe ständig im Laufschritt laufen, um nicht hinter die Reihe zurückzufallen. Und Artok sorgte dafür, dass jeder mal außen war. Schwenksterne waren übel. Schwenksterne am Hang mit vollem Marschgepäck waren übler. Aber vielleicht wartete Artok auch bereits auf Regen. Regen bedeutete Schlamm. Zäher Schlamm, der an den Stiefeln klebte, der jeden Schritt zu einer Qual für die erschöpften Muskeln machte.

»Gibt es Nachtalarm?« Einer der anderen sprach die Frage aus, die sie alle bewegte.

Jens verzog das Gesicht. »Wahrscheinlich!« Er schwang die Beine auf die obere Koje. »Also haut euch hin, wer weiß, wie lange die Ruhe dauert.«

»Mann Gottes, sechs Wochen diesen Scheiß.«

»Sechs Wochen gehen auch rum.« Lauer zuckte mit den Schultern. »Vor dem Krieg haben die drei Monate Stoppelhopser gespielt.«

Der andere Offiziersanwärter griente freudlos. »Dann müssen wir Gott noch für den Krieg danken.«

Jens starrte den anderen für einen Augenblick wortlos an. *Buhn, Georg Buhn!* Er erinnerte sich nur mit Mühe an den Namen. Frisch von der Schulbank weg. »Warte es ab, bis du draußen warst.«

Buhn sah ihn nachdenklich an. »Wenn du es sagst?«

… und fern der Heimat

Etwas abseits auf der Reede von Buenos Aires lagen drei Schiffe. Noch immer wehte in der Gaffel die Hakenkreuzflagge, noch immer taten deutsche Besatzungen Dienst an Bord. Aber die Schiffe waren interniert. Die Funkanlagen waren von den argentinischen Behörden entfernt und die Maschinenanlagen durch Entfernung von Teilen unbrauchbar gemacht worden. Doch in Buenos Aires interniert zu liegen war immer noch besser, als von der Royal Navy aufgebracht zu werden.

Es gab viele solche Schiffe, überall in südamerikanischen Häfen. Buenos Aires, Rio de Janeiro, Natal, Porto Alegre, Montevideo und Caracas, die Liste der Häfen, in denen deutsche Handelsschiffe bei Ausbruch des Krieges Zuflucht vor der scheinbar allgegenwärtigen Royal Navy gesucht hatten, las sich wie das Leistungsverzeichnis der deutschen Handelsmarine vor dem Krieg.

Noch vor ein paar Monaten waren sich die britischen Spione bei der Beobachtung der Deutschen gegenseitig auf die Füße getreten. Man hatte jederzeit damit gerechnet, dass eines oder auch mehrere dieser Schiffe ausbrechen würde, um sich auf den gefahrvollen Heimweg zu machen, und man war bereit gewesen, sofort einen der ständig lauernden Kreuzer per Funk herbeizurufen.

Aber in der Zwischenzeit hatte sich das alles weitgehend beruhigt.

Die Spione wurden genauso wie die Kreuzer an anderen Brennpunkten gebraucht, und die meisten südamerikanischen Staaten nahmen ihre Pflichten, was die Internierungsvorschriften, soweit es Funk- und Auslaufverbot betraf, sehr ernst.

Trotzdem gab es auf der Reichenfels ein Funkgerät. Es hatte Monate gedauert, die Einzelteile von der deutschen Botschaft aus an Bord zu schmuggeln, und genauso lange hatte es gedauert, tief unten im Rumpf des Frachters einen verborgenen Funkraum einzurichten. Der offizielle Funkraum zeigte sich bei den gelegentlichen Inspektionen seitens der Argentinier immer noch genauso leer und ausgeräumt, wie er sollte.

Auch im Maschinenraum gab es Ventile, die nach wie vor mit schweren Ketten blockiert waren, und verschiedene Kleinteile fehlten. In diesem Zustand konnte die Reichenfels zwar Strom produzieren, aber das Schiff selber nicht antreiben. Die Behörden wussten allerdings nicht, dass die notwendigen Teile alle bereitlagen und es nur Minuten dauern würde, die Ketten an den Ventilen mit einem Schweißbrenner zu durchtrennen. Die Reichenfels war bereit auszubrechen, genauso bereit wie ihre Schwester Grobenfels und die kleinere Artur Ehrmann. Genauso bereit, wie etliche andere Schiffe entlang der südamerikanischen Ostküste. Nun konnten sie nur noch warten und den Aufschub so gut nutzen wie möglich. Alles, worauf sie warteten, war ein Funkspruch. Ein einzelnes Wort nur, ein Stichwort, auf das hin die Kapitäne die versiegelten Umschläge aufreißen würden, die ihnen von Botschaftsmitarbeitern diskret übergeben worden waren. Nur ein Wort: Sternenhimmel.

»Noch einmal, Männer!« Der Erste Offizier wandte sich kurz um und winkte dem Wachboot der Argentinier zu, das gelangweilt eine Schleife um die deutschen Schiffe zog. Aber als er sich zu den Seeleuten umwandte, die so offensichtlich ein Schwätzchen an Deck hielten, war in seinem Gesicht nichts mehr von einem Lächeln zu erkennen. »Wenn der Befehl kommt, dann rennt jeder auf seine Position, öffnet das Ventil und rast wieder hoch wie ein gestochener Hammel.« Er blickte den Männern ins Gesicht. »Nicht, dass einer rumbummelt und nicht mehr rauskommt.« Er sah kurz auf seine Uhr, lehnte sich an die Reling und hob für das Wachboot deutlich sichtbar eine Bierflasche. »Also nochmal, ich nehme die Zeit!«

Von der hohen Brücke aus blickte der Kapitän den Männern an Deck hinterher, die eilig auseinanderspritzten. »Selbstversenkungsrolle!« Sein Murmeln war fast nicht verständlich.

Aber der Erste Schiffsingenieur hatte es trotzdem verstanden. »Es kann sein, dass wir das wirklich durchziehen müssen, kann sein, wir kommen davon. Besser, man ist vorbereitet, Kap'tän!«

»Ja ...« Der Alte zögerte. »... wahrscheinlich besser. Wie sieht es in der Maschine aus?«

Der Ingenieur zuckte mit den Schultern. »Wir haben jetzt alles ein Dutzend Mal durchgespielt. Soweit es ging, ohne Spuren zu hinterlassen. Wenn Sie den Befehl geben, brauchen wir etwas unter einer Stunde.«

Eine Stunde! »Eine Stunde ist nicht lang, um ein Schiff seeklar zu machen.« Der Kapitän blickte seinen Schiffsingenieur an. Dann nickte er. »Sehen Sie zu, dass es schneller wird.«

»Aye, Kap'tän!« Der alte Techniker wischte sich die verschmierten Hände. *Wenn einem die Argentinier auf dem Pelz hängen, ist eine Stunde verdammt lang.*

Planquadrat AK

Das Planquadrat AK setzte sich aus rund hundert rechteckigen Stücken See zusammen, die ihrerseits, um eine genauere Positionsangabe zu erlauben, wiederum in jeweils hundert kleinere Rechtecke unterteilt waren. AK5301 bedeutete also nichts anderes als die nordwestliche Ecke des Planquadrates AK53. Natürlich waren diese Positionen streng geheim. Sollte einem englischen Spion ein Befehl in die Hand fallen, in dem ein solches Operationsgebiet erwähnt war, würden die Engländer immer noch nicht wissen, wo dieses verdammte AK eigentlich lag.

Heinz-Georg von Hassel hielt sich unwillkürlich an der Turmbrüstung fest, als das Boot sich erneut überlegte. Kein schwerer Sturm. Mehr so etwas wie ein Allerweltssturm auf dem Atlantik. Aber genug, um die jüngeren seiner Seeleute seekrank werden zu lassen. Von Hassels Mitleid hielt sich in Grenzen. Viel mehr beunruhigte ihn dann schon die Tatsache, dass der Himmel seit Tagen von dicken Wolken bedeckt war. Keine Sonne und des Nachts keine Sterne am Himmel. Das bedeutete, der Steuermann hatte keine Position nehmen können. Sie schätzten, dass sie ungefähr auf besagter Position AK5301 standen. Mit dem nächsten Schlag ihres Patrouillenkurses würden sie wieder tiefer in das unsichtbare Planquadrat vorstoßen … oder auch in das benachbarte, falls ihre Schätzung sich als falsch erweisen sollte.

Auch Rudi Schneider, der die Turmwache hatte, machte sich so seine Gedanken. »Sieht ja alles recht hübsch aus auf einer Karte in einem warmen Lagezimmer.«

»Ich weiß, was Sie meinen, Rudi.« Von Hassel blickte über die graue See. Anders als an Land lieferte das Meer nie einen Anhaltspunkt, wo man eigentlich war. Unendlich weit erstreckte sich die graue Wüstenei in alle Richtungen bis zum Horizont. »Wir in AK53, Hentrich in 55, Assmann in 58 und Berger in 81. Auf der Karte eine schöne, wenn auch etwas weit auseinandergezogene Harke.«

Der IWO nickte. »Aber wenn die anderen genau die gleichen Probleme haben, dann klafft da womöglich eine Lücke von zweihundert oder zweihundertfünfzig Meilen. Da können die Tommies dann ihre Geleite mit Feuerwerk und Blasmusik durchkarriolen, ohne dass wir es mitkriegen.«

»Nehmen Sie es nicht so ernst, IWO.« Der Alte griente wie ein Honigkuchenpferd. »Die Tommies werden das gleiche Problem haben. Wir treiben also alle ganz gemütlich in die gleiche Richtung ab.« Wieder legte sich das Boot schwer auf die andere Seite. »Na ja, oder wenigstens fast in die gleiche Richtung.«

Unten im Boot war wieder das gewohnte Elend einer jeden Atlantikunternehmung eingekehrt. Enge, Seekrankheit, Schimmel und eine Geruchsmischung, die einen ausgewachsenen Wasserbüffel umhauen konnte. Sollte so ein Tier dumm genug sein, sich in eine großdeutsche Tauchröhre zu verirren. Daniel Berger ließ sich schwer auf die Koje sinken und sah sich um. Sie waren nun über zwei Wochen draußen. Die Gesprächsthemen erschöpften sich langsam, selbst die Skatkarten hatten ihren Reiz verloren. Der junge Mischka lag auf dem oberen Bock und litt unter Seekrankheit. Aber selbst die Seekranken zu ärgern, war langweilig geworden. Berger schloss für einen Augenblick die Augen, aber als er sie öffnete, war immer noch alles wie vorher. Die Dauerwürste unter den Rohren bewegten sich mit den Bootsbewegungen hin und her. Die Brote, soweit es nicht Dosenbrot war, hatten einen grünlich grauen Schimmer angenommen. Aber jeder wusste, dass irgendwo im Inneren der verschimmelten Laibe noch ein genießbarer Kern steckte. Was man auf einem U-Boot so alles als genießbar definierte.

Kupinska, der Tripper, starrte ihn von der anderen Seite reglos an. Daniel zwang sich zu einem Grinsen. »Lebst du noch, Tripper?«

»Keine Ahnung, sag's mir, Dani.« Gerhard Kupinska rappelte sich auf. »Iss nich viel los hier.«

Der Maschinist griente. »Und stinken tut's wie im Schweinestall.« Probeweise fuhr er mit der Hand über die Back. Ölig, schmierig, wie alles an Bord. »Sollte mal einer lüften.«

Der Tripper nickte. »Alles klar, ick mach dann mal 'nen Fenster auf.«

»Aber keine Anhalter mitnehmen.« Berger schüttelte den Kopf. Kupinska war verrückt. Aber das war hier normal.

Der Berliner grinste breit. »Neee, nur Anhalterinnen.« Er kratzte sich zwischen den Beinen. »Und, wie sieht's achtern aus?«

Daniel dachte kurz über die Frage nach. Wie sieht es achtern aus, das war eine Frage, die auf der Seekuh nie ohne Hintergedanken gestellt wurde. U-68 war ein Montagsboot, und bisher hatten sie keine Fahrt erlebt, ohne dass nicht mindestens einmal der Steuerborddiesel Ärger gemacht hätte. Warum immer der Steuerborddiesel, wussten die Götter, aber es war so. »Im Augenblick hört sich alles gut an, aber …« Berger verzog das Gesicht. *Nur ja nichts beschreien!*

»Dann ist's ja gut.« Kupinska ließ sich wie in Zeitlupe wieder nach hinten sinken. »Irgendeine Ahnung, wo wir sind?«

Der Maschinist sah ihn ausdruckslos an. »In einem U-Boot, irgendwo im Atlantik.«

»Ah ja …« Gerhard Kupinska nickte ernsthaft. »Schade, dass Lauer weg ist. Der hat wenigstens immer gewusst, wo wir waren.«

»Ja, nur gebracht hat's uns nichts.« Der Maschinist zuckte mit den Schultern. In der nächsten Stunde konnte ein Geleitzug über den Horizont gekrochen kommen, oder es konnte genauso öde und langweilig sein wie die vierzehn Tage vorher. Sie alle gingen ihre Wachen in endlosem Rhythmus und würden das solange tun, bis sie wieder zurück in Brest waren oder die

Tommies das Boot zu den Fischen geschickt hatten. Was machte es für einen Unterschied, wo sie waren?

Das kleine Schiff legte sich mit erschreckender Agilität auf die andere Seite. Gegenstände polterten durch den Raum, und Wasser lief das schrägliegende Deck hinunter. Der Bugraum der Korvette war bei diesem Wetter ständig nass, ständig feucht und ständig in Bewegung. Nicht umsonst spotteten die Besatzungen, dass die kleinen Bewacher sogar auf einer nassen Wiese rollen würden.

HMS Goosefoot machte dem schlechten Ruf der Korvetten wieder einmal alle Ehre. Innerhalb von Sekunden rollte der Walfängerrumpf von dreißig Grad Steuerbord zurück nach dreißig Grad Backbord, während über ihnen auf der Back ein Brecher mit urweltlichem Donnern aufschlug. Das Vorschiff senkte sich zusätzlich noch nach unten, und ein paar unachtsame Seeleute taumelten durch den Raum, bis sie irgendwo unsanft aufkamen. Die Metallspinde an der Backbordseite schlugen mit lautem Klappern zu, während sich die an der Steuerbordseite öffneten und die liebevoll eingeklebten Pin-Ups zeigten.

Schon vor einer Weile war Backen und Banken ausgepfiffen worden, aber wie bei Sturm üblich bestand die Ernährung aus Corned-Beef-Sandwiches, die bereits die lange Reise über das Deck hinter sich hatten. Corned-Beef, Seewasser und Gurken, die nach Meinung der wenigen älteren Seeleute ursprünglich für Nelsons Flotte vor Cape Trafalgar eingemacht worden waren. Aber die meisten der Seeleute waren jünger, und die Jüngeren interessierten sich im Augenblick sowieso nicht für Nahrung. Sie hatten bereits alles Neptun geopfert, und immer noch endete die Qual nicht. Schon allein der Gedanke an Nahrung ließ sie erschrocken in Richtung Schott rennen, verfolgt von den hämischen Kommentaren der Seefesten.

* * *

Keith Frazier versuchte, sich in seinem Brückenstuhl noch etwas fester einzuklemmen. Mit jeder Schiffsbewegung spürte er den wechselnden Druck der Armlehnen, mal rechts, mal links, im immerwährenden Rhythmus des Sturms.

Der Stuhl, das war auch so eine Sache gewesen. Als er dem Bootsmann erklärt hatte, was er wollte, hatte der ihn angesehen wie ein Wesen aus der anderen Welt. Frazier hatte etwas schärfer werden müssen, aber dann hatten der Bootsmann und seine Leute ihm das Ding innerhalb einer Wache zusammengezimmert. Zufrieden legte er eine Hand auf das nasse Holz. Die Einsätze wurden immer länger. Die Wachoffiziere wurden regelmäßig abgelöst und konnten etwas Schlaf in ihren engen Kammern ergattern. Aber der Kommandant war manchmal Tage auf der Brücke, weil selbst die paar Sekunden, die er von der kleinen Seekabine auf seine Gefechtsstation brauchte, zu lang sein konnten. Sekunden, in denen vielleicht bereits Torpedos auf seine Goosefoot zuliefen, Sekunden, in denen vielleicht einer der deutschen Fernaufklärer einen seiner schnellen Vorstöße wagen würde, um ein überraschtes Opfer für seine Bomben zu finden. Sekunden, die über Sein und Nichtsein seines Schiffes und seiner Männer entscheiden konnten.

Mit halbem Ohr lauschte der Skipper dem Ritual der Wachübergabe. Die Offiziere mussten brüllen, um sich gegen den Wind verständlich zu machen, der über die offene Brücke pfiff. Gerade stieß der Bug wieder in einen Brecher. Lange Gischtfahnen wehten nach beiden Seiten weg. Noch war es nicht wirklich schlimm. Sturm, aber kein Orkan. Eine Unbequemlichkeit und zugleich eine Atempause, denn die Deutschen würden bei so einem Wetter nicht angreifen können. Einmal mehr überlegte Frazier, die relative Ruhe für ein Nickerchen in seiner Seekabine zu nutzen. Oder wenigstens für eine Rasur. Aber dann sah er doch wieder nach Steuerbord, erhaschte einen kurzen Blick auf eine der vom Regen und der Gischt halb verborgenen Formen. Frachter, Tanker, sogar ein Kühlschiff war dieses Mal dabei. Die Rümpfe ragten hoch aus dem Wasser, denn das Geleit fuhr nach Westen. In Ballast nach Halifax. Auf dem Rückweg würden die Schiffe wieder tief im Wasser liegen, beladen mit all den wertvollen Gütern, die England am Leben erhielten. Doch dazu mussten sie erst einmal ankommen. Ein unbeladenes Schiff war am Ende genauso viel oder wenig wert wie ein beladenes. Weil versenkte Schiffe nicht mehr zurück zur belagerten Festung England geschickt werden konnten.

»Der Sturm hat den Konvoi ganz schön zerstreut, Sir!« Jason Philipps' Stimme klang rau, aber das klang sie immer. Wahrscheinlich hatten auch seine Stimmbänder etwas abbekommen.

Der Kommandant nickte langsam. »Wird eine ganz schöne Arbeit, unsere Schäfchen wieder zusammenzutreiben.«

»Für den Augenblick: Wache bei mir, Kurs ist Zwo-Drei-Null, bis wir zurückzacken.«

»Danke, Number One!« Frazier tippte kurz an die durchnässte Mütze.

Die Augen des Ersten glitzerten neugierig. »Was glauben Sie, wie lange das Wetter anhält?«

Der Skipper blickte über die weite graue Wasserwüste. Für einen Augenblick dachte der Erste bereits, Frazier habe die Frage überhaupt nicht gehört. Doch dann nickte der Kommandant langsam. »Nicht mehr lange. Es flaut ab. Während der Nacht, vielleicht morgen früh.«

Philipps biss sich auf die Lippe. »Morgen früh also?«

»Morgen früh!« Frazier nickte entschieden.

Der Erste blickte hinüber zu den Frachtern, während er beiläufig die Schiffsbewegungen in den Knien ausglich. Wenn es morgen früh abflaute, würde die Dünung spätestens am Nachmittag niedrig genug sein, um Torpedos zu feuern. Also kommende Nacht? »Sieht aus, als gehe unsere Pause dem Ende entgegen, Sir.«

* * *

»Fühlungshaltermeldung raus, Herr Kaleun!« Der IWO richtete sich wieder aus und sah seinen Kommandanten erwartungsvoll an. Aber Kapitänleutnant Dieter Hentrich nickte nur kurz, bevor er das Glas wieder auf die ferne Silhouette richtete. *Fern?* Gar nicht so fern. »Was schätzen Sie, sechs Meilen?«

Auch der Oberleutnant blickte durch sein Glas. »Könnte hinkommen. Muss ein ziemlicher Brocken sein.«

Hentrich lächelte knapp. Bei diesem Wetter und auf sechs Meilen musste es wirklich ein großes Schiff sein. Was bedeutete, dass irgendwo zwischen ihnen immer noch kleinere Schiffe stehen konnten, die sie noch nicht sahen. Im Horchgerät hatten sie beim letzten Rundhorchen jedenfalls mehrere Kontakte gehabt. »Er läuft ziemlich genau Westkurs.«

»Wir setzen uns vor, Sie fahren, IWO. Ich bin kurz unten, einen Blick auf die Karte werfen.« Seine Stimme nahm einen warnenden Ton an. »Und halten Sie den Abstand.«

»Jawohl, Herr Kaleun.« Der IWO plierte über die Kompasstochter und beugte sich dann über das Sprachrohr. »Zentrale: Steuerbord zehn, gehen Sie auf Zwo-Neun-Null, halbe Fahrt!«

Zufrieden beugte sich der Kommandant über das Luk. »Ein Mann Zentrale.« Dann ging die Rutschpartie auch schon nach unten.

Seeversorgung

Der Seegang hatte etwas aufgefrischt, aber das war nichts, was den Männern auf dem großen Versorger oder gar dem Hilfskreuzer irgendwelche Sorgen bereitet hätte. Es war Monate her, dass sie zum letzten Mal den Fuß auf festen Boden gesetzt hatten. Wer jetzt noch keine Seebeine hatte, würde auch nie welche bekommen.

Fregattenkapitän Vogel lehnte in der Brückennock, eine Zigarre fest zwischen die Lippen geklemmt, und beobachtete amüsiert die Morsesprüche zwischen den beiden Schiffen. »IO an VO, biete zwanzig Mark für eine Tube Zahnpasta.« … »VO an IO: Ich auch!« Trotzdem würde der IO seine Zahnpasta bekommen. Nicht umsonst war das Versorgungsschiff Westmark so etwas wie ein schwimmendes Warenhaus. Gerade erst aus der Heimat ausgebrochen und in die Karibik gelaufen, brachte es die lang ersehnte Post, Versorgungsgüter aller Art und das von allen am sehnsüchtigsten erwartete landwirtschaftliche Produkt: Kartoffeln. Schon vor Wochen waren die letzten der wertvollen Erdäpfel auf den Tellern gelandet, seither hatte es Makkaroni oder Reis gegeben. Nicht, dass die Verpflegung schlecht gewesen wäre. Sie hatten erstklassige Smuts an Bord, und was die eingelagerten Nahrungsmittel betraf, so konnten sie nach Lage der Dinge nicht besser sein. Schließlich gab es ohnehin nicht viel, was man tun konnte, um die Besatzung auf so einem langen Törn bei Laune zu halten. Aber Kartoffeln … Fregattenkapitän Vogel war bereit, zu schwören, dass simple Bratkartoffeln gleich nach der holden Weiblichkeit den zweiten Platz in den Träumen seiner Männer einnahmen. Spürte er nicht bereits selbst, wie ihm das Wasser im Mund zusammenlief? Wer noch niemals auf Kartoffeln hatte verzichten müssen, der ahnte nicht einmal, wie man sie vermissen konnte.

Vogel kniff überrascht die Augen zusammen, um gegen das gleißende Sonnenlicht besser sehen zu können. In einem der Boote, die von der hohen Bordwand der Westmark wegschoren, erkannte er eine weiße Mütze. War das Gold, das da in der Sonne glänzte? Aber noch bevor der Kommandant des Kreuzers nach seinem Glas angeln konnte, um sich zu vergewissern, sang einer der Ausgucks bereits aus: »Kommandant Westmark kommt an Bord!«

Vogel schwang herum, und seine Augen suchten seinen Ersten. »Der Bootsmann soll eine Ehrenwache antreten lassen!« Er grinste. Mochte vielleicht die Hölle zufrieren, aber dass ein Kommandant nicht mit dem ihm zustehenden Zeremoniell empfangen wurde, war unvorstellbar.

»Jawohl, Herr Kap'tän!« Jakob Schwiering grüßte schneidig und polterte den Niedergang hinunter. Augenblicke später hörte Vogel bereits das Zwitschern der Bootsmannsmaatenpfeifen. Er eilte hinunter in seine geräumige Kabine. Was mochte den Kommandanten der Westmark dazu bewogen haben, selbst an Bord des Salamander zu gehen? Das war ungewöhnlich, und wie alle Kommandanten hasste Vogel es, wenn etwas ungewöhnlich war und er keine Ahnung hatte, warum es geschah.

Fregattenkapitän Vogel warf nur einen Blick auf den versiegelten Umschlag, aber im Geiste versuchte er bereits einzuschätzen, was es sein konnte, und vor allem, was es seine Männer und ihn kosten würde. »Sie haben auch einen?«

Korvettenkapitän Schiller, der Kommandant der Westmark, nickte. »Ja, meiner kam zusammen mit Ihrem an Bord. Und mit der ausdrücklichen Anweisung, den Umschlag Ihnen persönlich zu übergeben.«

»Ich weiß nicht, wie man die Lage in der Heimat einschätzt.« Vogel zögerte. »Eigentlich wollte ich anfragen, ob ich das Operationsgebiet verlegen kann. Weiter nach Süden, vor die argentinische Küste.«

Schiller horchte auf. »Dort operiert ein britisches Kreuzergeschwader*.«

»Es ist eine lange Küste.« Der Kommandant des Salamander blickte aus einem Bullauge, aber alles, was er sehen konnte, war ein Stück blauen Himmels. »Bisher waren wir erfolgreich.« Er zögerte. »Vielleicht zu erfolgreich. Mit dem Tanker sind es jetzt elf. Die meisten haben gefunkt. Die Tommies sind hinter mir her, und was wichtiger ist, sie werden die Routen verlegen und Geleitzüge zusammenstellen.«

»Das allein kostet die Tommies Tausende und Tausende Tonnen Schiffsraum. Schiffe, die auf Geleite warten müssen, Schiffe, die Umwege laufen müssen. Die anderen Hilfskreuzer berichten Ähnliches.« Schiller beugte sich vor. »Allein das ist bereits ein Erfolg.«

Vogel winkte ab. »Ich weiß, ich weiß. Taktischer Erfolg, weit über den Wert des eigenen Schiffes hinaus, und so weiter.« Er schüttelte den Kopf. »Ich glaube, die Tommies sind mir bereits auf den Fersen. Wir haben mehrfach die Funkstation eines Kriegsschiffes empfangen. Manchmal verdammt nahe, manchmal etwas weiter entfernt. Wenn mir das Oberkommando erlauben würde, weiter im Süden zu operieren, könnte ich dort auch für etwas Unruhe sorgen, während dieser neugierige Kreuzer sich hier den Allerwertesten absucht.« Sein Blick ruhte auf dem versiegelten Umschlag. »Aber nun glaube ich nicht, dass das Oberkommando einem neuen Operationsgebiet zustimmen wird.«

Der Kommandant des Versorgungsschiffes lehnte sich zurück. »Versuchen Sie es. Noch ist das Stichwort nicht gesendet worden, vielleicht kommt es auch gar nicht.« Schiller lächelte.

---

* Commodore Harwoods Geschwader hatte im Dezember 1939 bereits die Admiral Graf Spee gestellt, die sich dann vor Montevideo selbst versenkte.

»Laut meinen Befehlen soll ich mich auf Punkt Sophy zurückziehen und auf weitere Anweisungen von Ihnen warten.«

»Sophy?« Vogel stand auf und ging zu einem Schapp. Hinter der hölzernen Schranktür kam ein Stahlschrank zum Vorschein, den der Kommandant mit einem Schlüssel öffnete. Das Innere des Schrankes war vollgestopft mit Schiffsunterlagen und … Karten. Vogel zog eine heraus und breitete sie auf dem Schreibtisch aus. Die rote Tinte der Eintragungen schien auf dem Übersegler geradezu zu leuchten.

Schiller deutete auf einen Punkt. »Sophy.«

Fregattenkapitän Vogels Finger folgte den streng geheimen Versorgungspunkten in der Karte. Willkürliche Positionen, ein Nichts im Wasser und trotzdem lebenswichtig. Denn es waren die Treffpunkte mit den Versorgungsschiffen, die lebenswichtige Verbindung in die Heimat. Leise murmelte er: »Sophy!« Dann blickte er auf. »Der liegt bereits ziemlich weit südlich von hier.«

»Zweihundertzwanzig Meilen östlich der Küste von Guyana.« Schiller verzog das Gesicht. »Sollten dort Flugzeuge stationiert sein …«

Vogel nickte zustimmend. Da gab es Französisch-Guyana. Aber was die Franzosen dort trieben und ob die Freifranzosen von de Gaulle oder Vichy dort ein Übergewicht hatten, niemand wusste es so genau. Und dann gab es British Guyana, dort gab es bestimmt Flieger. Die großen Langstreckenbomber, die von den Tommies zur Aufklärung eingesetzt wurden, hatten eine Reichweite von knapp tausendfünfhundert Seemeilen. Natürlich konnten die Flieger nicht überall sein, sie konnten nicht die ganzen weiten Seegebiete der Karibik und der südamerikanischen Küste kontrollieren. Aber sie mochten Glück haben. »Sie haben recht, Schiller.« Vogel verzog das Gesicht. »Aber wenn Sie sich außer der Reichweite halten wollen, brauchen Sie über hundert Fahrstunden bis zu Punkt Sophy.«

»Es sei denn, Sie kommen mir entgegen, wenn Sie uns brauchen.« Schiller deutete auf die Karte. »Etwa sechshundert Meilen weiter im Osten, und ich kann drei Tage nach Ihrem Funkspruch da sein.«

»Nein!« Die Stimme des Fregattenkapitäns klang plötzlich entschlossen. »Südosten! Und ich gebe Ihnen sogar tausend Meilen.« Er studierte die Karte, als habe er sie noch nie gesehen. »Ich habe so ein komisches Gefühl. Jemand hat sich was dabei gedacht, Sie beinahe vierhundert Meilen weiter nach Süden zu schicken. Wie viel Öl haben Sie geladen?«

»Die kompletten achttausend Tonnen. Statt Munition haben wir teilweise zusätzlichen Proviant gebunkert.«

»Brennstoff brauchen wir im Augenblick nicht. Wir haben uns aus den britischen Schiffen versorgt. Proviant sagen Sie?«

»Ja, zweihundertfünfzig Tonnen Munition weniger und dafür die gleiche Menge Futter.« Schiller grinste. »Falls Sie also noch mehr Kartoffeln wollen, ich habe noch rund hundert Tonnen.«

»Hundert Tonnen Kartoffeln?« Vogel sah auf die Karte. »Dann horten Sie die mal schön.« Er blickte auf und sah dem anderen Kommandanten ins Gesicht. »Wenn ich richtig denke, dann gibt's dafür irgendwo einen Abnehmer.«

»Einen Abnehmer? Für Kartoffeln?« Man konnte Schillers Gesicht ansehen, dass er den Gedanken Vogels nicht ganz folgen konnte. »Wo soll der herkommen?«

»Das werden wir erfahren, wenn wir das Stichwort bekommen.« Er schüttelte den Kopf. »Es kann natürlich sein, dass ich völlig falsch liege.«

Schiller blickte auf die Karte. »Nach Süden?« Langsam begriff er. »Mein Gott, das ist verrückt, total verrückt.«

»Wir werden sehen. Aber es ist verrückt genug, um zu funktionieren.« Im Kopf Vogels reihten sich bereits die Gedanken aneinander. Dinge, die getan werden mussten, Routine meistens. Aber trotzdem, sie mussten bedacht werden. »Ich habe über zweihundertachtzig Gefangene an Bord. Die Un- und Leichtverletzten schicke ich zu Ihnen hinüber. Die schwerer Verwundeten behalte ich, weil ich hier das bessere Schiffslazarett habe. Kommen Sie mit dem Rest klar?«

Schiller schluckte. »Wie viele? Zweihundert? Zweihundertfünfzig?«

»Ungefähr zweihundertfünfzig.« Vogel zuckte mit den Schultern. »Wir konnten nicht ahnen, dass wir so erfolgreich sein würden, nicht wahr?« Aber dann wurde er ernst. »Sehen Sie zu, dass Sie die Lage jederzeit unter Kontrolle haben. Es sind Seeleute. Viele haben uns ein Gefecht unter aussichtslosen Bedingungen geliefert. Die sind genauso hart und entschlossen wie unsere Männer. Wenn Sie die unterschätzen, kann es passieren, dass Sie Ihr Schiff los sind.«

»Und wenn ich die Gefangenen an Bord habe?«

Vogel dachte kurz nach und kritzelte eine Position auf ein Stück Papier. »Dann gehen Sie hier in Warteposition.« Er sah die Überraschung im Gesicht des anderen Kommandanten. »Tausendachthundert Meilen vor Guyana. Für den Funkverkehr Punkt Frosch.«

»Frosch?«

Vogel grinste. »Wenn wir das Stichwort bekommen, dann werden wir von dort aus verdammt weit springen müssen.«

Das Rudel

Funkspruch, Herr Kap'tän!«

Heinz-Georg von Hassel langte über die Back und nahm den Zettel entgegen. Neugierig überflog er die eilig gekritzelte Meldung.

»Hentrich hat ein Geleit erfasst, AK5537, Generalkurs Zwo-Sieben-Fünf, fünf Knoten.«

»AK5537?« Leutnant Wellenberg hob den Kopf. »Das hört sich nicht so weit weg an.«

Der Kommandant unterdrückte ein Lächeln. Der ehemalige Rechtsanwalt hatte sich gut in die Besatzung eingefügt und erfüllte seine Pflichten anstandslos, auch solche, die man nicht in die nüchternen Worte einer Dienstvorschrift kleiden konnte. Aber als Navigator gab der Kommandant seinem IIWO im Stillen eine Drei minus. »Ohne auf die Karte zu sehen, so um die hundert Meilen. Da sollten wir drankommen.«

»Wenn nicht ...?« Der IIWO musste seine Unruhe gewaltsam unterdrücken. Anstelle des Kommandanten wäre er sofort aufgesprungen und hätte sich das Ganze auf der Karte angesehen. Geleitzug ... Rudelangriff ... Bewacher! Begriffe vermischten sich in seinem Kopf zu einem wilden Kaleidoskop, als sei das seit Tagen halb betäubte Gehirn mit einem Schlag wieder zum Leben erwacht und müsse sich erst sortieren. Vielleicht war es auch so.

»Wenn nicht ...« Dieses Mal lächelte der Alte. Die Frage hätte genauso gut von Rudi Schneider kommen können. Der tastende Versuch, die Risiken, die Unwägbarkeiten abzuschätzen. »Hentrich dürfte genau wie wir seit Tagen keinen Stern gesehen haben. Wir können schon beinahe auf dem Geleit sitzen oder dreihundert Meilen ab. Noch haben wir keinen Befehl, auf das Geleit zu operieren, aber das wird wohl nicht mehr lange dauern.«

»Und dann?«

»Der Sturm flaut ab. Mit etwas Glück kann der Steuermann bereits heute Nacht ein paar Sterne schießen.« Von Hassel runzelte die Stirn. »Genauso Hentrichs Steuermann. Dann wissen wir, wo wir sind, wo Hentrich ist, und vor allem, wo die Tommies sind.« Er warf einen prüfenden Blick auf das Gesicht seines IIWO. »Dann sammelt sich das Rudel, und es geht los.«

Der erwartete Funkspruch kam bereits eine Viertelstunde später. »1.) Auf Geleit Hentrich operieren. 2.) Mit Brennstoffversorgung in See rechnen.«

Der Kommandant starrte für einen Augenblick auf die Notiz, dann nickte er entschieden. »LI zu mir!« Er sah Wellenberg kurz an. »Können Sie Rudi Schneider kurz ablösen? Sie wissen ja bereits Bescheid.«

»Jawohl, Herr Kap'tän!« Mit etwas Mühe quälte er sich aus dem engen Raum hinter der Back und verschwand nach oben.

Von Hassel reckte neugierig den Hals und studierte den Umschlag des Buches, das der IIWO zurückgelassen hatte. »Urda, eine Prinzessin vom Nil.« Er grinste. Der Leutnant schien leichte Kost während der Unternehmung zu schätzen.

In der Zentrale knallten bereits Schneiders Stiefel auf das Deck. Einen Augenblick später kamen der LI und der IWO in die O-Messe gestapft. »Oberleutnants Schneider und Wegemann wie befohlen zur Stelle, Herr Kap'tän!«

»Nehmen Sie Platz, meine Herren.« Von Hassel deutete auf die freien Unterkojen. »Wir haben zwei Funksprüche aufgefangen. Kapitänleutnant Hentrich beschattet ein Geleit auf Westkurs in AK5537. Wir haben inzwischen Befehl, auf dieses Geleit zu operieren.«

Das Gesicht des Leitenden nahm einen wehleidigen Ausdruck an. Zu einem Geleit aufzuschließen, das bedeutete AK-

Fahrt, das ließ seine wertvollen Ölvorräte schmelzen wie Butter in der Sonne.

Von Hassel nickte ihm zu. »Wir schließen auf. Mit halber Fahrt nach Südwesten.«

»Halbe Fahrt?« Der Methusalem sah ihn verdutzt an.

Der Kommandant nickte. »Halbe Fahrt, ich glaube nicht, dass wir mehr brauchen.«

Der IWO, der bisher geschwiegen hatte, sah seinen Kommandanten neugierig an. »Sie trauen Hentrichs Position nicht?«

»Ich traue nicht einmal unserer eigenen ganz.« Der Alte runzelte die Stirn. »Wir haben alle im gleichen Sturm gesteckt. Sind wir alle die gleiche Strecke abgetrieben worden?«

»Die U-Boote wahrscheinlich, gleiches Strömungsprofil und so …« Der LI schloss den Mund wieder. Wie jeder andere wusste auch er, dass die Abdrift nicht nur von dem Fahrzeug abhing, das da abtrieb. Es gab Hunderte von Faktoren, und nur die wenigsten konnten sie messen. Aber sie konnten schätzen und auf diese Weise vielleicht zu einem ungefähren Ergebnis kommen.

»Sie glauben, dass Hentrich und das Geleit knapp hinter uns stehen? Irgendwo weiter im Süden?« Rudi Schneider runzelte die Stirn. »Kann sein, dass wir beinahe schon auf den Burschen drauf sitzen, wenn Sie recht haben.«

Der Alte nickte. »Nennen Sie es so ein Gefühl. Hentrich sollte eigentlich südwestlich von uns sein, falls alle unsere Positionen richtig sind. Berger und Assmann haben ebenfalls Befehl erhalten, auf Hentrichs Geleit zu operieren. Die sollten noch weiter südlich stehen. Eigentlich sollten die zwei Tage brauchen, um aufzuschließen, aber wenn wir Glück haben, dann hat uns der Sturm alle zusammengeweht.«

»Wann dann?«

Von Hassel zuckte mit den Schultern. »Nach Einbruch der Dunkelheit. Wenn der Sturm abgeflaut ist. Aber wir werden ziemliche Dünung haben. Könnte etwas Glückssache mit den Torpedos werden.«

Der IWO sah auf die Uhr. »Etwas mehr als neun Stunden. Sollen wir die Aale neu regeln?«

»Tun Sie das!«

»Was macht er?« Hentrich musste die Stimme heben, um sich gegen den Wind verständlich zu äußern. Aber wenigstens musste er nicht mehr brüllen. Der Sturm flaute ab, obwohl der Turm seines Bootes immer noch wie betrunken schwankte und ab und zu mehr an einen überspülten Felsen erinnerte.

»Er zackt nach Backbord!«

Der Kommandant spürte die Erleichterung. Also hatte der neugierige Bewacher – Hentrich wusste nicht, dass es Henbane war – das Boot nicht entdeckt. Noch nicht. Es würde wahrscheinlich kein Problem sein, bei diesem Wetter einem einzelnen Bewacher zu entkommen. Aber wenn die Tommies sie lange genug unter Wasser hielten, dann konnte das Geleit in Ruhe ablaufen, und sie hatten das Nachsehen.

»Sehen Sie den Tanker noch?«

»Ich glaube!« Einer der Ausgucks deutete in die grauen Regen- und Gischtschleier.

Hentrich unterdrückte einen Fluch und hob das Glas. Nur Sekunden, bevor Wassertropfen die Linsen erneut verschleierten. Eine undeutliche dunkle Form, die Aufbauten ganz nach achtern gerückt. Und für die Dauer eines Herzschlages konnte der Kapitänleutnant eine zweite Silhouette ausmachen. Ein hoher Brückenaufbau und zwei Schornsteine schienen aus dem Wasser zu ragen, während der Rumpf hinter den Brechern verborgen lag.

Aus dem Sprachrohr klang blechern die Stimme des IWO. »Neuer Funkspruch. Assmann hat bestätigt.«

»Sehr gut!« Assmann, Berger und von Hassel. Das war alles, was nahe genug war, um ranzukommen. Alles, was die siegreiche U-Boot-Waffe derzeit hier aufbringen konnte. Dachte Hentrich jedenfalls.

Aber der IWO sprach weiter. »Dann hat auch noch ein Commandante Doloni von einem RMG Tomascini bestätigt. Wir haben keinen Einsatzbefehl an ihn mitgehört.« Er zögerte kurz. »Muss ein Italiener sein, Herr Kaleun!«

Natürlich ein Italiener! Was sonst? Hentrich biss sich auf die Lippen. Die Italiener versuchten, ihren deutschen Bundesgenossen hier auszuhelfen. Aber ihre Boote waren groß und schwerfällig. Sie brauchten zu lange, um zu tauchen. Er selbst hatte sie ja nie getroffen, weil die italienischen Boote in Lorient gelegen hatten, aber es sollten ziemliche Brocken sein, und die Spaghettis hatten ja auch schon ein paar verloren. Sein Blick glitt auf das überspülte Vordeck. Die Typ IXB-Boote galten als schwer und etwas unhandlich, aber die Italiener waren um beinahe die Hälfte größer, mit großen schweren Turmaufbauten. Boote aus einer anderen Zeit, gebaut für einen anderen Kriegsschauplatz. Zu langsam im Manövrieren, zu verletzlich an der Oberfläche. *Arme Schweine!*

Heimatfront

Die Sirenen verklangen, und die Männer krochen hustend aus ihren Deckungen. Ein paar zerdepperte Fenster, ein paar der Baracken beschädigt. Auf der anderen Seite des Paradeplatzes stieg Qualm aus einem Erdbunker.

»Kurzangriff«, stellte Buhn sachlich fest.

Jens warf ihm einen säuerlichen Blick zu. »Wundert mich nur, wie die es immer wieder schaffen, bis hierher durchzukommen.«

»Ist für 'nen Flieger ja nur ein Katzensprung von England hier rüber. Und die Flieger vom Dicken …« Buhn ließ den Rest offen.

Die anderen Bewohner der Baracke kamen langsam wieder in Bewegung. Lauer sah sich im unsicheren Licht um. Deutlich konnte er diejenigen erkennen, für die es das erste Mal gewesen war. Die noch nicht draußen gewesen waren. Männer oder Jungs, der Unterschied war nicht nach Jahren zu messen. Die meisten waren genauso alt wie er, trotzdem schien eine Welt dazwischen zu liegen. Mit einem Schulterzucken machte er sich daran, das Durcheinander aufzuräumen. Es war sowieso zu spät, sich noch einmal hinzulegen.

»Wir hätten uns letzten Sommer England schnappen sollen.« Buhns Stimme klang unbeteiligt, als würde er über das Wetter reden.

Aber Lauer wusste, dass Buhn es ernst meinte. Es war der ständige Marinerees nach Backbord. Wir hätten … Jens grinste. »Die Luftwaffe hat es nicht geschafft, für die notwendige Luftüberlegenheit zu sorgen.«

»Soweit die offizielle Behauptung.« Der andere Offiziersanwärter erwiderte das Grinsen. »Es gibt tausend offizielle Behauptungen, aber wenn wir uns England geschnappt hätten, könnten wir hier jetzt in Ruhe pennen.«

England schnappen? Jens erinnerte sich an Freetown, an den Kanal und den Atlantik. Wo immer sie auf die Engländer getroffen waren, hatten die Tommies sich als harte Kämpfer entpuppt, bei denen man immer auf einen neuen Trick gefasst sein musste. Wie hart würden die Tommies erst kämpfen, wenn sie mit dem Rücken zur Wand standen und um ihre eigene Heimat kämpften? Frankreich war ziemlich schnell zusammengebrochen, aber Lauer zweifelte, dass die Engländer es ihnen so einfach machen würden. Die würden wirklich um jeden Fußbreit Boden kämpfen. Das Ganze würde ein verdammtes Blutbad werden – und wie würde es ausgehen? Aber es war besser, seine Zweifel für sich zu behalten. Selbst wenn der Seelöwe sanft dahingeschlummert war, Zweifel daran, dass man es hätte tun können, mochten von dem einen oder anderen als Wehrkraftzersetzung ausgelegt werden. Er zwang sich zu einem Lachen. »Hier? In Ruhe pennen? Vergiss es, wir sind an der Marineschule.«

Rudelangriff

Auf der Karte sah alles aus wie ein wohl einstudiertes Ballett, aber der Eindruck täuschte. Die bärtigen müden Männer, die in ihren stinkenden Röhren auf die großen Seekarten blickten, wussten, dass dieses Mal das Wetter zu ihren Gunsten gearbeitet hatte.

Als am frühen Abend die ersten Löcher in der Wolkendecke erschienen und vereinzelte Sterne am Himmel sichtbar wurden, konnten die Steuermänner zum ersten Mal Positionen nehmen. Wie von Hassel bereits vermutet hatte, waren sie alle etwas nach Süden abgetrieben. Alle, auch die Tommies. Nach und nach kamen die Positionen der anderen Boote über Funk herein.

»Hier steht Hentrich. Genau am östlichen Ende des Geleits.« Steuermann Frankes Finger glitt über die Karte. »Und hier wir. Schon tief in Hentrichs Gebiet. Das Geleit ist gerade mal dreißig bis vierzig Meilen entfernt.«

Der Kommandant nickte. Dieses Mal waren die zehn Meilen keine Navigationsungenauigkeit. Das Geleit musste einfach auf ein weites Gebiet auseinandergezogen sein. *Oder das ist wirklich so eine große Malhalla!* »Wo stehen Assmann, Berger und dieser Doloni?«

»Berger und Assmann haben ihre Positionen gemeldet.« Franke lächelte etwas zerknautscht. »Ein ganz schöner Sprung seit der letzten Meldung. Denen ging es im Sturm also auch nicht besser als uns.«

Beiläufig deutete der Kommandant auf zwei weitere Markierungen mit Uhrzeitangaben. Es machte ihm keine Mühe, die Geschwindigkeiten und Entfernungen umzurechnen. »Mitternacht!«

Der Obersteuermann nickte. »Mitternacht!«

Vorne im Bugraum herrschte immer noch wildes Durcheinander. Das Boot lag alles andere als ruhig in der Dünung. U-68 lief zwar nur halbe Fahrt, aber das reichte bereits, den langen Bug immer wieder aus dem Wasser schnellen zu lassen und genauso heftig erneut in den nächsten Brecher zu knallen.

Rudi Schneider klatschte sich in die vom Stauferfett schmierigen Hände. »Also los, rein mit dem Ding in die Lady!«

Gejohle hallte durch den höhlenartigen Bugraum, und natürlich musste Dörfler noch einen draufsetzen. »Vaseline, Vaaaaaahaaaaseline …*« Trotz der schweren Plackerei stimmten ein paar der Männer mit ein. Mit einem breiten Grinsen stemmte auch Schneider seine Schulter gegen den Aal. »Hauruck!« Stück für Stück verschwand die dick mit Stauferfett eingeschmierte Waffe im Rohr. Der letzte der vier Aale hier vorne, alle sauber geregelt und nachgefüllt. Er ließ den Blick durch den Wohnraum der Männer gleiten. Alle Kojen waren abgeschlagen worden, damit sie mit den Torpedos frei agieren konnten. Es sah aus wie bei den Hottentotten. »Dann mal aufklaren! Ich brauche noch ein paar Mann achtern …«

Walter Mischka nahm dankbar den Putzlumpen entgegen, den der Tripper ihm reichte. »Danke!« Gedankenverloren wischte er sich die Hände ab, die dadurch nicht sauberer wurden. Aber selbst eine gründliche Waschung mit der Seewasserseife im einzigen Toilettenraum des U-Bootes würde daran nichts ändern. Alles, was er in den nächsten Tagen zu sich nahm, würde eben zusätzlich zu Öl und Schimmel auch noch ein leichtes Stauferfettaroma haben. »Nach achtern!«

Kupinska griente. »Nach achtern, noch sind wir nicht fertig.« Er blinzelte kurz. »Zwei Rohre noch, dann Backen und Banken!«

Alois Dörfler schob sich vorbei und hakte eine der Ketten der Kojen wieder ein. »So, jetzt schaugt's doch glei wieder aus

* Die Melodie ist heute bekannter als »Eisgekühlter Bommerlunder«.

wia dahoam!« Er warf einen prüfenden Blick auf den jungen Seemann. Mischka war bleich, kein Wunder nach tagelanger Seekrankheit. Aber dieses Mal war es nicht die Seekrankheit. Sie bereiteten einen Angriff auf einen gesicherten Geleitzug vor. Der Junge hatte ganz einfach Angst. Verständlich. Dörfler hatte auch Angst. Aber die Angst zu zeigen, war unverzeihlich. Er stieß Mischka an. »Reiß' di zamm, Bursch!« Er zwang sich zu einem Grinsen. »Nur koane Sorg'n, des ham mer alle scho amal überlebt.« Er schlug Kupinska, dem Tripper, auf die Schulter. »Sogar unser alter Tripper hier, ned woar?«

Eine Stunde später empfingen die Funker Peilzeichen von Hentrichs U-122. Und nur Minuten später hallte der Ruf durchs Boot. »Kommandant auf die Brücke, Dampfer!«

Der Alte schwang die Beine von der Koje. Darauf hatten sie alle gewartet. Aber oben war es bereits dunkel. Die Dunkelheit bot den dunkelgrau gepönten Booten Schutz, aber sie brachte auch immer die Gefahr mit sich, unversehens in einen Gegner zu laufen, den man nicht rechtzeitig gesehen hatte. Erst kurz vor Mitternacht würde der Mond am Himmel erscheinen.

Auf dem Turm begrüßte ihn die frische kalte Luft. Noch immer schwankte der Turm mit dem Rollen des Bootskörpers hin und her, aber der Wind hatte nachgelassen, und der Seegang war niedriger als noch am Mittag. Niedriger, aber nicht niedrig. Von Hassel blickte kurz auf die langen Reihen der Wogen, die sich aus der Dunkelheit heranschoben. »Was haben wir?«

»Dampfer Backbord voraus, drei Meilen!« Leutnant Wellenberg, der die Wache hatte, hob wieder das Glas.

Der Alte spähte in die angegebene Richtung. Zuerst sah er gar nichts, dann, je mehr sich die Augen an die Dunkelheit anpassten, schien eine Form daraus zu wachsen. Undeutlich, nur eine Schwärze tiefer als die Nacht selbst, die das andere Schiff umgab. Unwillkürlich blinzelte er. *Nur einer bis jetzt?* »Er muss außerhalb des Geleits stehen. Augen auf, Männer, die Tommies sind jetzt bestimmt dabei, ihre Schäfchen wieder zusammenzutreiben.« Er sah sich kurz um, konnte aber keine weiteren verdächtigen Schatten entdecken. »Bringen Sie uns auf Parallelkurs, IIWO!«

»Jawohl, Herr Kap'tän!« Wellenberg machte sich an die Arbeit.

Heinz-Georg von Hassel ignorierte das Hin und Her der Ruderbefehle. Ein Dampfer nur, keine Spur von einer Kolonne, keine Spur von Bewachern. Es wäre so einfach, den Burschen abzutakeln. Er lächelte. Und gleichzeitig so falsch. Es musste sich um ein vom Sturm versprengtes Schiff des Geleitzuges handeln. Sie konnten nicht mehr weit weg sein. Ein Aal, und die Tommies waren gewarnt. Noch konnte er nicht sicher sein, dass die anderen Boote auch schon am Geleit waren. Entschlossen beugte er sich über das Sprachrohr. »Zentrale: Die Funker sollen unsere Sichtmeldung rausjagen.« Er richtete sich wieder auf und grinste Wellenberg zu. »Dann wissen die anderen, dass wir bereits hier sind.«

Der IIWO blickte auf die Uhr. »Zwei Stunden bis Mitternacht, wollen Sie so lange an dem Dampfer dranbleiben?«

»Nein ...« Der Alte warf dem gar nicht mehr so fernen Dampfer einen Blick zu. »Wir setzen uns vor, dann horchen wir mal rum.«

Keith Frazier folgte der Wende des großen Dampfers mit den Augen. Ein Kühlschiff, wieder eines ihrer Schäflein mehr, das sie gefunden hatten. Wenigstens hatten alle Kapitäne dieses Mal einen klaren Kopf behalten. Keiner funkte wild in der Gegend herum und fragte, wo der Geleitzug stand. Und keines der Geleitfahrzeuge begann auf eigene Faust, kleine Geleitzüge aus dem zusammenzustellen, was man zufällig fand. Jedes Schiff, dass man entdeckte, wurde zur Farlane geschickt, die es wieder sauber in die sich bildenden Kolonnen einordnete.

»Sechs Meilen auf diesem Kurs, das wird er wohl schaffen.«

Jason Philipps blickte dem davondampfenden Kühlschiff hinterher. »Was machen wir?«

Frazier dachte kurz über die Frage nach. Sechs Meilen vom Geleitkurs entfernt. Das war viel und doch nicht viel. Noch immer fehlten Schiffe. Sie mochten zurückhängen, sie mochten weiter nach Süden abgetrieben sein, aber genauso gut mochten sie auch etwas besser navigiert haben, als sie die Sicht zum Geleit verloren. Dann würden sie hier, nördlich des Konvois stehen. »Wir ziehen noch eine Schleife. Mal sehen, was wir finden, Jason!«

Der erste Einschlag überraschte alle, Angreifer wie Angegriffene. Zwei dumpfe Schläge hallten durch die Nacht. Augenblicke später erhob sich bereits ein gespenstisches Heulen über dem Geleitzug.

Auf U-68 hörte man, was vor sich ging. Aber man war zu weit weg, um die Ereignisse zu sehen. Korvettenkapitän von Hassel fuhr herum. »Da hat einer angegriffen. Doppeltreffer!« Er spähte in die Dunkelheit. »So ein verdammter Idiot!« Einen Augenblick lang hielt er inne. »Aber er hat immerhin einen erwischt. Hören Sie, der Tommy stoppt, er lässt Dampf ab.«

»Befehle, Herr Kap'tän!«

Für einen kurzen Augenblick zögerte von Hassel. Beim Geleit würden jetzt die Bewacher herumrasen wie von der Tarantel gestochen, sie würden versuchen, den Killer zu stellen, oder wenigstens, ihn unter Wasser zu drücken, damit das Geleit ablaufen konnte. Der Geleitzugchef würde wegzacken lassen. *Er würde wegzacken lassen!* Die Erkenntnis kam ganz plötzlich. Waren die Einschläge auf ihrer Seite gewesen? Oder auf der anderen Seite? Sie hatten ziemlich fern geklungen. *Kann sein, dass die ganze Malahalla bereits auf dem Weg zu uns ist.* Er grinste. »Lassen Sie die Rohre bewässern, und danach drehen wir nach Süden.«

»Jawohl, Herr Kap'tän!« Wellenberg blickte kurz über die Brüstung. »Und der da?«

Von Hassel sah zu dem abgedunkelten Frachter hinüber. »Der? Der hat heute noch mal Glück gehabt.«

Noch während die Frachter wie große folgsame Tiere einer nach dem anderen auf den neuen Kurs einschwenkten, weg, nur so schnell und so weit wie möglich weg von der Position, von der das U-Boot geschossen haben musste, schoss Farlane bereits die erste Leuchtgranate. Als der Schirm sich entfaltete und das Magnesiumlicht aufflammte, schien es von einem Moment zum anderen, als sei die See mit flüssigem Blei gefüllt. Die teilweise aufgerissene Wolkendecke wurde sichtbar, jagende Schatten am Himmel über einem Meer aus geschmolzenem Metall. Aber kein ruhiger Spiegel aus Metall, die See war in Bewegung. Noch immer zogen endlose Reihen von Wogen ihre Bahn über den Atlantik, noch immer gab es Wellenberge und Täler dazwischen.

Augen spähten durch Ferngläser, ASDIC suchte unter Wasser, aber in jenen ersten kurzen Augenblicken schien es keine Spur von dem Angreifer zu geben. Im Geleit legte sich ein sterbendes Frachtschiff bereits auf die Seite, hielt sich gerade noch lange genug, um die Besatzung von Bord gehen zu lassen. Schon schor HMS Brambleberry heran, um die Überlebenden aufzunehmen. Das Schiff selbst war verloren. Aber wo war sein Mörder? Wo?

Henbane, die unermüdliche kleine Henbane war es, die das Boot zuerst entdeckte. Und es war nicht so, dass die Korvette wirklich auf diese Entdeckung gefasst gewesen wäre. Schlingernd und rollend kämpfte sich das kleine Kriegsschiff wieder einmal einen der Wellenberge empor, verharrte einen Augenblick auf dem Kamm des Riesen in einer Art halbstabiler Seitenlage von rund dreißig Grad Krängung, während der Bug mit dem kurzen Vorkastell bereits in der Luft hing. Nicht, dass das Manöver, so halsbrecherisch es auch aussah, etwas Ungewöhnliches gewesen wäre. Bei Sturm und in den Stunden danach führte Henbane, wie die meisten anderen Korvetten, diesen Tanz alle paar Minuten auf, mal nach Steuerbord, mal nach Backbord geneigt.

Dieses Mal jedoch sollte das Manöver nicht mit einer rasanten Rutschpartie ins nächste Wellental enden. Aus der gleißenden See schob sich ein massiver Turm ins Wellental und davor ein Geschütz, das an Kaliber alles übertraf, was man in Smiths Sicherungsgruppe finden konnte. Zerstörerkaliber, ohne Frage. Aber der Rumpf des Bootes war bereits unter Wasser. Winzige Fontänen standen um den dunklen Rumpf herum, abblasende Luft aus den Tauchzellen, als das Ungeheuer sich anschickte, unter Wasser zu verschwinden. Aber es war ein langsames, ein schwerfälliges Ungeheuer, eines, das einfach zu lange brauchte, um in der sicheren Tiefe zu verschwinden.

Dieses Mal wurde es nichts mit der Rutschpartie. Alarmklingeln rasten durch den Rumpf der Korvette, Männer sprangen durch Schotts, verließen ihre Stationen. Aus den Lautsprechern plärrte die Warnung: »Kollisionsalarm – Kollisionsalarm – Kollisionsalarm!«

Der Walfängerrumpf der Korvette richtete sich plötzlich auf und schien einen Augenblick zur anderen Seite durchschwingen zu wollen. Aber die Fliehkräfte der engen Drehung stoppten die Bewegung. Männer stürzten bei den harten ruckartigen Bewegungen aufs Deck. Hinter der Brücke auf dem engen Signaldeck befolgte ein junger Signäler das, was er gelernt hatte. Ein schwarzer Wimpel und zwei Laternen flogen an der Rah in die Höhe. Knatternd breitete sich das Tuch im Wind aus, ein undeutliches Dreieck, selbst im Licht der zweiten Leuchtgranate, die Farlane geschossen hatte, nur schwer zu erkennen … und doch, eine deutliche Botschaft, als die Rah sich nach vorne neigte, als der plumpe Bug sich in das Wellental senkte und gleichzeitig hart nach Steuerbord ruckte. *Laufe an zum Vernichtungsstoß!* Kein anderes Kriegsschiff würde es wagen, den Kurs eines U-Boot-Jägers zu kreuzen, der den schwarzen Wimpel in der Rah trug. Denn in diesen kurzen Augenblicken sah der U-Boot-Jäger nur ein Ziel, seine Beute.

Und er würde für niemanden auch nur einen Grad von seinem Kurs abweichen.

Dennoch war es knapp. Das U-Boot war größer, stärker, konnte schneller beschleunigen. Die Korvette drehte schneller. Trotzdem wäre das Boot beinahe freigekommen. Henbane erwischte nur noch das Achterschiff. Stahl schrie gequält auf, als die spezialgehärtete Hülle des U-Bootes eingedrückt wurde. Aber die Schreie der Besatzung hörten sie auf Henbane nicht. Die blieben im Inneren der Röhre eingesperrt, genauso wie die Männer selbst.

Auf der Korvette war es ein Gefühl, als wären sie gegen einen Felsen gelaufen. Höher und höher schob sich der Bug aus dem Wasser, immer weiter hinauf auf die Hülle des Bootes. Stahl riss, Wasser lief in die vorderen Abteilungen des kleinen Kriegsschiffes. Plötzlich hing Ölgeruch im Wind, dick und beißend, als würde das getroffene Boot bluten – oder war es ihre Henbane selbst?

Dann ging es wieder abwärts. Der Turm, der an Henbanes Steuerbordseite in die Höhe ragte, schien auf sie zuzukommen und nach links zu kippen. Mit einem lauten Klatschen schlug der Bug der Korvette zurück in die See. Eine brodelnde See, aus der Tausende von Luftblasen aufstiegen, eine See, aus der der Bug des U-Bootes, das ganze lange Vorschiff aufstieg wie ein Mahnmal, während das Heck mit der unglücklichen Maschinencrew bereits tief in die See versank. Keine Hand öffnete mehr das Turmluk, keine fliehenden Gestalten sprangen von dem sinkenden Wrack in die kochende See. Nur das Vorschiff stand für Augenblicke hoch in der Luft. Dann brachen wieder Blasen aus dem Wasser. Luft, Öl, keiner mochte sich vorstellen, was alles. Zuerst langsam, dann immer schneller folgte das Vorschiff dem Heck. Zweitausend Faden, über dreieinhalbtausend Meter waren es hier bis zum Meeresgrund. Eine lange Reise an einen Ort voller Dunkelheit und Kälte, einen Ort ohne Rückkehr.

Henbanes Schraube lief wie rasend rückwärts. Fahrt aus dem

Schiff nehmen, Druck vom Kollisionsschott nehmen. Aber es war klar, dass die kleine Korvette schwer beschädigt war. Der Preis für die Versenkung eines U-Bootes, aber ein Preis, den sie zahlten, ohne zu zögern. Ein U-Boot weniger, ein Killer weniger. Wie viele Schiffe mochte dieser Rammstoß gerettet haben? Wie viele mochte er gerächt haben? Schon arbeiteten die Pumpen daran, das Schiff über Wasser zu halten, schon begann der angeschlagene Sieger, den Rumpf aus dem Seegang zu drehen, um die beschädigten Verbände zu schonen. Henbane würde nicht mehr kämpfen, wenigstens auf dieser Fahrt nicht mehr. Jeder sah es. Aber die Signalsprüche, die aus Farlanes Scheinwerfer durch die Nacht zuckten, enthielten nur Glückwünsche. Smiths Gruppe, eine der wenigen bereits ständig zusammen operierenden Geleitgruppen, war erfolgreich. Goosefoot und Farlane hatten jede bereits ein Boot erwischt, und nun gehörte auch Henbane zu jenem kleinen erlauchten Kreis der Schiffe, die es dem unsichtbaren Mörder heimgezahlt hatten. Es war ein Moment zum Feiern. Ein kurzer Moment.

»Das muss der verdammte Spaghetti gewesen sein.« Kapitänleutnant Assmann fuhr den Spargel ein, und jede seiner Bewegungen verriet seine Wut. »Zu früh, verdammt noch einmal zu früh!«

»Rohre bewässert, Bugklappen noch nicht geöffnet, Herr Kaleun!« Die Stimme seines IWO klang unbewegt. Sie alle waren die Ausbrüche ihres Kommandanten gewöhnt. Je länger es dauerte, desto häufiger geschah es. Der Alte war ein guter Kommandant gewesen, auf der ersten, der zweiten oder der dritten Unternehmung. Das hier war bereits die siebte. Assmann war mit den Nerven runter. Es wurde Zeit, dass der Löwe für ihn einen kuscheligen Job an Land fand. Aber bis dahin konnten sie nur weitermachen.

»Anlauf beginnt!« Der Alte schüttelte sich wie ein nasser Hund. »Dann wollen wir mal. LI, runter auf hundertfünfzig, AK!«

Steil senkte sich der Bug des Bootes in die Finsternis. Ein Anlauf in großer Tiefe, erst kurz vor Schussposition würde der Alte wieder hoch auf Sehrohrtiefe gehen. Noch immer hallte brechender, reißender Stahl durch die See, während der unerbittliche Wasserdruck die Reste des glücklosen italienischen Bootes und seiner Besatzung zerquetschte. Und schon mischten sich die brechenden Schotten des getroffenen Frachters in das höllische Konzert.

Schrauben mahlten über ihren Köpfen. Das dumpfe Dröhnen großer Frachterschrauben. Aufmerksam lauschten die Männer. Aber da war kein helleres Pfeifen, das einen Turbinenantrieb verraten hätte. Turbinenantrieb, das wäre schlecht, Turbinenantrieb, das hätte einen Zerstörer bedeutet.

U-68 kam von Norden, von der dunklen Nordseite des Geleitzuges. Auf dieser Seite sollten eigentlich zwei Geleiter stehen, aber einer, nämlich Goosefoot, war unterwegs, versprengte Schiffe zu suchen. So war es Brambleberry, die einsam und alleine als etwas hellerer Schatten vor den dunkleren Silhouetten der Dampfer stand.

Von Hassel blinzelte. Dunkle Silhouetten, im wahrsten Sinne des Wortes, denn noch immer leuchtete grell eine Leuchtgranate an der Backbordseite des Geleits. Die Schiffe hoben sich als scharfe Schatten ab, beinahe wie Zielscheiben.

»Die machen es uns einfach, Herr Kap'tän!« Der IIWO klang vor Aufregung ganz heiser.

Von Hassel musste unwillkürlich lächeln. Obwohl die Gefahr hier oben größer war, war Wellenberg, der ehemalige Rechtsanwalt, froh, hier oben zu sein. *Etwas zu sehen!* Umgekehrt war es bei Rudi Schneider, der sich in der relativen Sicherheit der Zentrale alles andere als wohlfühlte. Aber das war nun einmal die Station des IWO bei einem solchen Überwasserangriff.

»Auf Bewacher achten!« Der Alte klang ruhig, obwohl die Diesel mit halber Fahrt donnerten.

Einer der Männer hob den Arm. »Da iss eener, Herr Kap'tän. Drei Dez an Steuerbord, läuft ab!«

Der Kommandant erkannte Kupinska am Berliner Akzent. »Danke, sehe ihn!« Er studierte die hellere Form durch das Glas. Korvette. Auf die Entfernung wirkte sie winzig, sie war klein, in aller Eile zusammengeschustert und über Wasser kaum bewaffnet. Er runzelte die Stirn. Wenn der Tommy sie aber dazu bringen konnte, zu tauchen, war das kleine Schiff so gefährlich wie jeder Zerstörer. »Behalten Sie ihn im Auge!«

»Jawoll, Herr Kap'tän!«

Von Hassel spähte zu den Schiffen hinüber. Noch dreieinhalb Meilen ungefähr. Der Bewacher lief auf die Spitze des Geleitzuges zu. Und der kleine Fallschirm mit der Leuchtgranate senkte sich immer tiefer der See entgegen. Es wurde Zeit. »UZO auf die Brücke!«

Leuchtgranate! Das Wort hakte sich in seinem Kopf fest. *Leuchtgranate!* Es gab nur einen Grund, warum die Tommies eine Leuchtgranate schossen. Sie hatten ein Boot an der Oberfläche festgenagelt. Oder hatten das wenigstens geglaubt. *Sie wussten, dass wir über Wasser kommen würden!* Angriff und Abwehr! Das älteste Spiel der Kriegskunst. Die Engländer hatten ihr Suchgerät. Die Deutschen griffen bei Nacht über Wasser an. Die Engländer schossen Leuchtgranaten und bekämpften sie mit Artillerie.

Ein Seemann reichte die UZO aus dem Turmluk, und Wellenberg montierte sie auf dem Sockel. Von Hassel runzelte die Stirn. Überwasserangriff? Die Tommies waren offensichtlich darauf vorbereitet. Ein Grinsen breitete sich auf seinem Gesicht aus. Nun aber wussten die Tommies, dass die U-Boote die Leuchtgranate gesehen hatten. *Dass die Deutschen vorbereitet waren!* Angriff und Abwehr!

Er beugte sich hinter die Zieloptik. »Rohr eins: Bug rechts, Lage Null-Sechs-Null, Geschwindigkeit vier. Tiefe fünf Meter!« Eine kurze Drehung der UZO. »Rohr zwei: Bug rechts, Lage Null-Sechs-Null, Geschwindigkeit vier, Tiefe ...« Er zögerte kurz, bevor er sich entschied. »Tiefe vier.« Er drehte die Optik weiter, und ein größerer Schatten wuchs in sein Blickfeld. Verblüfft nahm er den Kopf zurück und blinzelte. Was er für mehrere sich überlappende Schiffe gehalten hatte, die wie ein einziges großes missgestaltetes Schiff aussahen, war in Wirklichkeit genau das. Ein einziges großes missgestaltetes Schiff. Er pfiff leise durch die Zähne. »Schauen Sie sich den an, Wellenberg.«

»Was ist das? Der Kerl muss mindestens zehntausend Tonnen haben.«

Der Kommandant beugte sich bereits wieder hinter die Optik. »Rohr drei und vier: Fächer, zwei Grad Streuung. Gegner Bug rechts, vier Knoten, Lage Null-Sechs-Null. Tiefe sechs!« Er richtete sich auf und betrachtete die bizarre Form, die im letzten Schein der Leuchtgranate vor ihnen stand. Ein großes Schiff, aber ein Schiff mit einer unglaublich hohen Bordwand. Darüber gar nichts, keine Aufbauten, keine Ladebäume, keine Schornsteine, gar nichts. Ein einziger hoher Rumpf. Nur zum Bug hin war so etwas wie ein Decksprung zu erkennen. Vielleicht eine Brücke?

»Etwas weniger als zwei Meilen!«

Von Hassel winkte ab. »Wir haben den dunklen Hintergrund. Die können uns nicht sehen!« Er wandte den Kopf. »Wo ist der Bewacher?«

»Außer Sicht, Herr Kap'tän!« Kupinskas Stimme klang wie ertappt. Wahrscheinlich hatte auch er für einen Augenblick den Kopf gewandt, um das seltsame Schiff zu sehen.

Aber der Kommandant hatte jetzt keine Zeit, den Mann zusammenzupfeifen. Auf der anderen Seite des Geleits begann ein dumpfes Grollen – Wasserbomben!

Dieter Hentrich war in der schlechtesten Position, als die ersten Aale krepierten. Sein Boot hing achteraus als Fühlungshalter, und direkt vor seiner Nase zackte eine Sloop hin und her. Es war der Achterausfeger, der Bewacher, der verhindern sollte, das ein U-Boot genau das tat, was sie hier taten, seit sie den Tanker entdeckt hatten. Kontakt halten und das Rudel heranführen.

»Wir laufen an die Steuerbordseite! Steuerbord fünfzehn!« Der Kapitänleutnant warf einen prüfenden Blick zur Sloop hinüber. Zweieinhalb Meilen, nicht viel mehr. Bei Dunkelheit konnten die Tommies ein aufgetauchtes U-Boot auf tausend Meter erkennen. Vielleicht auf zwölfhundert. Aber einer der Burschen schoss schon mit Leuchtgranaten um sich, und das veränderte alles. »Halbe Fahrt!«

»Jawohl, Herr Kaleun!«

Hentrich hob das Glas. Der große Tanker, auf den er es abgesehen hatte, lief an der Steuerbordseite, vielleicht in der zweiten Kolonne. Er musste entweder von Steuerbord kommen und zwischen den Schiffen der äußeren Kolonne hindurchschießen, oder er musste bis ins Geleit hinein.

Eine weitere Leuchtgranate erschien am Himmel. Irgendwo an der Backbordseite des Geleits und weit voraus. Aber das Licht wurde besser. Vor dem Tanker, vielleicht eine halbe Meile weiter, erschien schlagartig eine gewaltige Form in dem seltsam harten, kalten Magnesiumlicht. Ein großer Frachterrumpf, aber alle Aufbauten fehlten.

»Was zum Teufel …« Auch der IIWO starrte zu dem seltsamen Schiff hinüber und konnte zu seinem Unmut nichts damit anfangen.

Auch Hentrich starrte das Schiff an wie eine Erscheinung. Der Rumpf war sehr hoch … zu hoch. Das war nicht mehr der verdammte Rumpf, das war ein Aufbau, der sich über den gesamten Rumpf erstreckte. Ungläubig sah der Kommandant das Schiff an. »Das ist ein verdammter Behelfsflugzeugträger!« Mit einem Mal begriff er. »Der Sturm, verstehen Sie? Er hat keine Flugzeuge starten können.«

Der IWO blinzelte verdutzt. »Ein Flugzeugträger?« Er stutzte. »Wollen Sie den umlegen, Herr Kaleun?«

Hentrich dachte einen kurzen Augenblick nach. »Will

schon, Oberleutnant.« Er grinste. »Aber für den Augenblick begnügen wir uns mit dem Tanker.«

»Ich verstehe nicht, Herr …«

Der Alte von U-122 nickte knapp. »Nein, natürlich nicht. Aber was glauben Sie, was die anderen Boote gemacht haben, als der verdammte Spaghetti seine Schau abzog?«

»Sie werden angelaufen … oh!«

Hentrich nickte. »Sehen Sie! Und nun kümmern Sie sich wieder um unseren Kurs.« Er hob das Glas und studierte erneut die Sloop, die gerade wieder auf ablaufendem Kurs lag. *Zehn Minuten, bis wir um den rum sind, zehn, bis wir in Schussposition sind. Wir werden die Letzten sein, die zum Schuss kommen.* Er verzog das Gesicht. *Und den Letzten beißen die Hunde.*

Kapitänleutnant Assmann hielt sich am Turmschacht fest, als das Boot wieder bockte. Alles war so schnell, so verdammt schnell gegangen. Kaum war das harte metallische Ping durch das Boot gehallt, als der Bewacher von der Spitze des Geleits her auch schon anlief.

Wieder krepierte eine Serie Wasserbomben, und das Boot wurde durchgeschüttelt. Ein paar Glühbirnen mehr platzten, und ein neuer Splitterregen ging auf die Männer hernieder. Vor Assmanns Augen tanzte der Tiefenmesser einen irren Tanz. Der durch die Explosionen entstandene Wasserdruck ließ das Gerät für Sekunden eine viel größere Tiefe anzeigen.

»Backbord zwanzig! Beide AK!« Die Stimme des Kommandanten klang scharf. »Schadensmeldungen, wo bleiben die Schadensmeldungen?«

Das Boot legte sich in eine enge Kehre. Draußen ertönte ein unheimliches Gluckern und Rauschen, als das Wasser in die von den schweren Ladungen gerissenen Löcher zurückströmte.

»Steuerbordwelle macht Wasser.« … »Zuluft Zelle sechs blockiert.« … »Schraubengeräusch, Herr Kaleun!«

Karl Assmann hob den Kopf. »Schraubengeräusch? Was für ein Geräusch?«

Der Seemann, der die Meldung von achtern gebracht hatte, sah ihm ins Gesicht und legte kurz die Hand an die Mütze. »Ein pfeifendes Geräusch. Ist achtern deutlich zu hören, Herr Kaleun!« Er zögerte kurz. »Der Maschinenmaat glaubt, ein Stückchen eines Schraubenblattes ist abgeschlagen.«

Der Alte legte sein Gesicht in nachdenkliche Dackelfalten. »Kann sein. Bei kleiner Fahrt war es aber nicht so deutlich zu hören?«

»Nicht so laut!«

Assmann lauschte. »Hier vorne ist es nicht zu hören, vielleicht also nicht so schlimm.« Er nickte kurz. »Weitermachen, Seemann!« *Und wenn es schlimm sein sollte, können wir hier unten sowieso nichts dran ändern.*

»Bewacher dreht, Herr Kaleun!«

Die Meldung des Horchers zwang ihn wieder zur Konzentration. »Schleichfahrt! Ruder mittschiffs.« Ein kurzer Blick auf den Tiefenmesser, der sich wieder beruhigt hatte. Einhundertachtzig Meter. Er lächelte kurz. Zeit, den Tommies was zu denken zu geben. »LI, ich drehe nach Steuerbord, wenn er den Kontakt verliert. Auf mein Zeichen gehen Sie hoch auf hundert Meter.«

Der Ausruf des Ausgucks ließ Keith Frazier herumfahren. »U-Boot, Backbord voraus!«

Das Glas hochreißen und einen kurzen Blick auf die flache Form zu erhaschen, war eine Sache von Sekunden. Goosefoot war gefechtsbereit, die Klingeln hatten die Männer bereits auf Gefechtsstationen gepurrt, als die ersten Torpedos im Geleit eingeschlagen waren. Frazier brüllte den Befehl beinahe heraus. »Feuer frei auf U-Boot, Backbord voraus!«

Trotzdem dauerte es ein paar Sekunden. Das Vierzollgeschütz spie eine Feuerzunge aus, und das kleine Kriegsschiff erbebte, als sei es selbst getroffen worden. Vom Vordeck erklangen metallische Geräusche, als der Verschluss aufgerissen wurde und die heiße Kartusche auf das Deck fiel. Flüche ertönten, dann das vertraute Zuschlagen des schweren Verschlussstückes. Dieses Mal lag etwas Wirksameres in der Kammer als eine Leuchtgranate.

Der Skipper presste das Glas wieder an die Augen. Das Magnesiumlicht tauchte nun auch diese Seite des Geleits in ein täuschend helles Licht. Täuschend, weil es trotz gleißender Helligkeit die Details verzerrte. Alles schien für Sekunden auf einer See aus geschmolzenem Metall festgefroren zu sein. Aber dann sah er es bereits am Bug des U-Bootes aufspritzen. Der verrückte Kraut feuerte noch in aller Eile seine Torpedos ab. »Volle Fahrt voraus, klar zum Rammstoß! Signal ans Geleit, Torpedos aus Nord!«

Die Silhouette des Bootes schien sich zu verkürzen. Der Bastard drehte ab. Aber schon donnerte eine neue Flammenzunge aus dem einzelnen Geschütz und strafte den schönen Schein Lügen.

»Weit! Zweihundert zurück!« Die Stimme des Ersten erreichte ihn schon, bevor sein Gehirn selber die Wassersäule erkannt hatte.

Scheinwerfer blitzten auf, kümmerlich schwach gegen das Licht der Leuchtgranaten. Der Signalmeister fuhr herum. »Von Farlane, Sir! Benötigen dringend Beistand! Kontakt in Rot-Zwo-Null, tief!«

Für einen winzigen Augenblick stand Frazier wie erstarrt und blickte auf das U-Boot, an dessen Heck ein Wasserschwall anzeigte, dass der Kraut sich mit voller Fahrt absetzte. *Er hat seine Torpedos bereits geschossen!*

Wieder leuchtete das Vorschiff hell auf, als die dritte Granate auf die Reise geschickt wurde. Frazier schlug wütend auf die Brückenreling. Erneut kein Treffer! Langsam wandte er sich um. »Feuer einstellen! Signalmeister: An Farlane, bestätigen!« Ein letzter Blick zu dem fliehenden U-Boot. Schon hing die Leuchtgranate tiefer, und die Schatten begannen die See zurückzuerobern. Die dunkle Form verschwomm bereits in der Nacht. Eine Nazi-Röhre wie jede andere … und trotzdem, irgendwie vertraut. Frazier zuckte mit den Schultern. »Steuerbord zehn! Wir laufen zu Farlane!«

»Bewacher achteraus!« Der Schrei des Ausgucks klang schrill.

Heinz-Georg von Hassel fuhr herum. Vielleicht zweitausend Meter entfernt schälte sich eine Korvette aus der Dunkelheit. *Der kann uns doch gar nicht gesehen haben!* Aber in seinem Kopf schrillten die Alarmglocken. »Beide AK, klar zum Tauchen!« Seine Augen suchten den IIWO. »Lassen Sie einsteigen!«

Als die Leuchtgranate das Boot aus der schützenden Dunkelheit riss, beugte der Alte sich hinter die UZO. Ein letzter Kontrollblick. »Rohr eins looos!« Ein Schwenk. »Rohr zwei looos!« Schon spürte er den vertrauten Ruck unter seinen Füßen, als die Aale aus den Rohren gepresst wurden. Noch ein Schwenk. Hinter ihm rumpelte dumpf das Geschütz des Bewachers, aber er hatte keine Ahnung, wo der Schuss hinging. »Rohr drei und vier, Fächer looos!« Er richtete sich auf, und mit lautem Heulen flog eine zweite Granate über das Boot. *Weit!* Aber die Tommies schossen sich ein! »Backbord zwanzig!« *Tauchen oder nicht tauchen?* Wenn sie sich unter Wasser drücken ließen, dann konnte das hier eine stundenlange Wasserbombenjagd werden.

Die Leuchtgranate gab ihm die Antwort. Tiefer und tiefer sank das Magnesiumlicht an seinem Fallschirm, und je tiefer es sank, desto kleiner wurde der Bereich, den es beleuchtete. Schon wuchs die schützende Dunkelheit heran, kam näher an das Boot. Nur ein paar Kabellängen noch. Er wandte sich um. Die Korvette feuerte bereits ein drittes Mal. Weit – und dieses Mal auch noch weitab an Steuerbord. Die enge Kursänderung der so oft gescholtenen Seekuh hatte seine Schussunterlagen durcheinandergebracht. Von Hassel grinste grimmig. Einen Schuss konnte er noch riskieren. Wenn die Tommies dann nicht besser schossen, würde er versuchen, in der Dunkelheit über Wasser zu entkommen.

Aber der vierte Schuss fiel nicht! Verdutzt sah er zu, wie das britische Kriegsschiff abdrehte. Weiß und viel zu groß für das kleine Schiff leuchtete die Kriegsflagge im letzten Licht der Leuchtgranate.

Farlane schwang herum wie ein Türflügel, eine Schraube voll vorwärts, die andere kleine Fahrt rückwärts und das Ruder hart Backbord. Der Bug der Sloop fuhr herum wie eine Sense.

»Laufbahn an Steuerbord!«

Commander Smith kaute wütend auf seiner Zigarre. »Was er nicht sagt!« Der Blick, den er auf die Steuerbordseite warf, war eher beiläufig. »Die nächste Serie auf zweihundert Fuß einstellen! Geben Sie es weiter!« Zufrieden sah er zu, wie der Posten am Sprachrohr in das Mundstück pfiff. »Backbord stopp! Beide halbe Fahrt voraus!«

»Goosefoot hat bestätigt!« Vom Signaldeck winkte einer der Signalgasten herunter. »Sie feuert auf ein U-Boot!«

»Aber sie hat bestätigt?« Smith blinzelte. Ein U-Boot hier unter Wasser gedrückt, ein weiteres auf der Flucht vor Goosefoot. Sorceress lief mit voller Kraft am Geleit entlang, um die verwaiste Position der Henbane einzunehmen, die in den Schutz des Geleits zurückhinkte. Henbane hatte ein U-Boot versenkt, aber die Korvette würde für eine Weile ausfallen.

Es fiel Smith schwer, zu entscheiden, wer da eigentlich gewonnen hatte.

Irgendwo mussten noch mehr sein, irgendwo. Wo steckte der Rest des Rudels?

»Was macht Brambleberry?«

Wieder schlugen Torpedos ins Geleit, zerfetzten mehrzöllige Stahlplatten, zerrissen Dampfleitungen in den großen Maschinenräumen. Die Schiffe liefen in Ballast, hatten also viel Auftrieb. Sie sanken nicht so schnell wie beladene Schiffe. Nicht ganz so schnell. Berger, der sich in dem ganzen Durcheinander unbemerkt auf der Backbordseite angeschlichen hatte, konnte zwei Schiffe an der Spitze der ersten Kolonne torpedieren, weil

Farlane ihre vorliche Position aufgegeben hatte, um Assmann zu jagen, zu dem ihr ASDIC Kontakt bekommen hatte.

Assmanns Torpedos wiederum verfehlten die Farlane, auf die sie auch gar nicht gezielt waren. Der komplette Viererfächer lief diagonal in den dicht gedrängten Geleitzug. Zwei der Aale schlugen in die Bordwand eines Kühlschiffes, und wieder sprangen die verräterischen Wassersäulen in die Höhe.

Von Hassels Aale schlugen nur eine Minute später in ihre Ziele. Hunderte Kilogramm von Hochbrisanzsprengstoff rissen ein Loch, groß wie ein Scheunentor, in die Bordwand eines Erzfrachters, fluteten den Maschinenraum eines Stückgutdampfers. Und dann schlugen die beiden letzten beinahe gleichzeitig in die hohe Silhouette des Behelfsträgers Artemis.

Steil sprangen die Wassersäulen in die Höhe. Die Schiffe liefen in Ballast, aber nicht so der Behelfsträger. Hochbrennbares Flugzeugbenzin, Wasserbomben für die U-Jagd-Flugzeuge, Munition für die Flakgeschütze, all das war im Inneren des ungepanzerten Rumpfes eingelagert. Noch während die Wassersäulen in sich zusammenfielen, stieg eine Flammenwand aus dem aufbrechenden Flugdeck. Explosionen schüttelten den gewaltigen Rumpf, der sich langsam auf die Seite legte. Ein brennendes Flugzeug rutschte vom Deck und verschwand in der See.

Hörner gellten, als die nachfolgenden Schiffe verzweifelt versuchten, dem brennenden Inferno auszuweichen. Manche hatten nur weniger als zwanzig Meter Abstand zu den Schiffen der äußeren Kolonne. Die Ordnung begann sich aufzulösen. Schiffe, die schnellere Fahrt laufen konnten, machten Dampf auf und brachen durch die gerade erst wieder geordneten Reihen des Konvois. Andere, ältere Schiffe oder Schiffe mit schwächeren Maschinen konnten nur versuchen, der allgemeinen Stampede so gut es ging aus dem Wege zu gehen. Und dann gab es noch eine dritte Art von Schiffen. Schiffe, deren Kapitäne alles auf eine Karte setzten, Schiffe, die stoppten, die den ungeschriebenen Gesetzen der Seefahrt folgten und versuchten, Überlebende aufzunehmen. Nur galten die Gesetze nicht mehr. Es herrschte Krieg, und der Krieg verlangte, weiterzufahren, sich nicht umzusehen.

Und wie der Krieg es von den Männern auf den Handelsschiffen verlangte, sich abzuwenden und weiterzufahren, so verlangte er von den Männer auf den U-Booten, die Schiffe, die stoppten, als Ziele und als nichts anderes zu sehen. Es war das Selbstverständnis des Krieges ... nur war es nicht das Selbstverständnis der Krieger. Es würde noch zwei Jahre dauern, bis deutsche U-Boote bei einer Rettungsaktion für die Schiffbrüchigen der Laconia von Fliegern angegriffen würden. Es würde noch beinahe vier Jahre dauern, bis ein U-Boot erstmals auf Schiffbrüchige schoss. Aber es würde bei diesem einzigen Fall bleiben. Doch es war bereits die Zeit, in der britische Lazarettschiffe nicht mehr als solche kenntlich gemacht waren, weil britische Flieger auf Churchills direkten Befehl die Seenotflieger der Deutschen abschossen und die Briten mit ähnlichen Aktionen der Deutschen rechneten. Es war die Zeit, in der die R.A.F. Lazarettschiffe als Ziele auswählte, um zu verhindern, dass verwundete Soldaten an die Front zurückkehrten, es war die Zeit, in der die Luftwaffe genauso wie die R.A.F. begann, zivile Ballungszentren anzugreifen.

Aber auf See dauern die Dinge immer länger. Viele Frachterkapitäne scherten sich in diesem wie in anderen Geleitzügen nicht um die Befehle. Sie stoppten, um Schiffbrüchige zu retten. Und die U-Boot-Kommandanten griffen die gestoppten Schiffe nicht an.

Neun Schiffe wurden torpediert. Acht inklusive des Geleitträgers sanken. Der Geleitzug befand sich auf der Flucht und zog sich immer weiter auseinander. Die wenigen Bewacher hatten keine Zeit mehr, sich in eine ausgedehnte U-Boot-Jagd zu verwickeln. Es musste ihnen reichen, die Boote unter Wasser zu drücken und dann wieder den Dampfern hinterherzujagen. Hentrich erwischte seinen Tanker und einen mittleren Frachter, der sich als zäher erwies, als er aussah. Berger erwischte am frühen Morgen noch einen Dampfer. Von Hassel schoss eine Fahrkarte und opferte seinen letzten Aal für einen Fangschuss auf einen Frachter. Dann waren alle Rohre leer. Die See, in der die Boote auftauchten, war ein Trümmerfeld aus den Überbleibseln versenkter Schiffe, menschlichen Überresten und Öl, unendlichen Mengen Öls, das aus den zerrissenen Rümpfen ausgelaufen war. Ein Schlachtfeld zur See.

Die Boote setzten nach. Nun war es Berger, der dem Geleitzug als Fühlungshalter folgte. Die anderen Boote hielten Abstand und unterzogen sich dem mühseligen Geschäft des Nachladens. Ein Drittel des Konvois war versenkt und beschädigt. In der kommenden Nacht würden sie wieder rankommen. Jeder wusste das, jeder konnte sich das an den Fingern abzählen. Es war die Gesetzmäßigkeit des Krieges. Der Feind war angeschlagen. Jetzt galt es, ihm den Todesstoß zu versetzen. In der kommenden Nacht. Es gab nichts, was die Engländer noch daran ändern konnten.

Aber um siebzehn Uhr Ortszeit, in Deutschland war es bereits Abend, empfingen die Funker der vier Boote einen neuen Befehl. »Absetzen vom Geleitzug, Ansteuern der Position Dora bis zum 15. Oktober.«

Dora, ein Punkt im Atlantik. Ein Mückenschiss auf der Seekarte. Und nicht wenige fragten sich, was dort so wichtig sein könnte, dass man deswegen einfach einen Geleitzug entkommen ließ. Aber Befehle waren nicht dazu da, diskutiert zu werden, sondern um befolgt zu werden, und so schwenkten die vier Boote gehorsam nach Westsüdwesten, weg von der so Erfolg versprechenden Beute.

Rees nach Backbord

Ist ja schon ein dicker Hund, möchte wissen, was der Löwe sich dabei gedacht hat!« Der Methusalem grinste entschuldigend. Aber in Wirklichkeit hatte er nur ausgedrückt, was jeder fühlte.

Der Kommandant verzog das Gesicht. »Ich nehme an, er hat seine Gründe. Auch wenn ich Ihre Gefühle verstehe, LI.« Er warf einen prüfenden Blick in die Runde. Natürlich fühlte er das Gleiche, was jeder an Bord fühlte. Sie waren so nahe dran gewesen. Noch einmal sechs Torpedos, und sie wären schon die Hälfte ihrer Aale los gewesen. Ein weiteres Geleit, und das hier hätte eine schöne kurze Unternehmung werden können. Ein Haufen Tonnage unter Deck geschoben, und dann ab in die Heimat. Er konnte die Enttäuschung der Männer verstehen.

»Vielleicht weiß der BdU ja was, was wir nicht wissen.« Rudi Schneider lächelte ruhig. »Ein fetter beladener Geleitzug, der unseres Weges kommt vielleicht? Die Jungs vom B-Dienst kriegen ja ziemlich viel mit.«

Leutnant Wellenberg betrachtete die Gesichter nachdenklich. Wie alle wartete er auf das Abendessen, das heute, weil es wegen des Nachladens nur belegte Brote gegeben hatte, warm ausfallen würde. Da der Steuermann auf Wache war, war die O-Messe mit vier Offizieren gedrängt voll. Immer wieder mussten die beiden WOs sich erheben, wenn ein Mann sich von vorne in die Zentrale oder umgekehrt von der Zentrale in Richtung Bugraum durchquetschen musste. Das ließ keine ruhige Unterhaltung zu, lediglich eine Aneinanderreihung von abgerissenen Sätzen. Aber selbst diese Fetzen sprachen Bände.

»Vielleicht!« Der Leitende verzog das Gesicht. »Mit Verlaub, aber es wäre trotzdem besser, uns an diesem Geleit dran zu lassen. Der Spatz in der Hand, Sie wissen schon, Rudi!«

»Ist besser als die Taube auf dem Dach, ich weiß.« Der IWO lächelte. »Trotzdem, manchmal muss man im Krieg eben was riskieren.«

»Es macht Ihnen also nichts aus?« Oberleutnant Wegemann starrte den Ersten Wachoffizier neugierig an.

Rudi Schneider zuckte mit den Schultern. »Befehl ist Befehl, Schnaps ist Schnaps. Wenn ich bei der Marine was gelernt habe, dann, dass es nichts bringt, sich den Kopf heiß zu reden, denn erstens kommt es sowieso anders und zweitens als man denkt.«

Heinz-Georg von Hassel spürte die aufkommende Spannung und räusperte sich. »Mal langsam, meine Herren. Ganz ruhig.« Er wartete, bis sich alle Augen auf ihn gerichtet hatten. »Ich gebe zu, dass ich auch gerne noch ein paar Dampfer abgetakelt hätte.« Er grinste. »Nicht, weil ich plötzlich die Halskrankheit habe.«

Zufrieden beobachtete der Kommandant, wie sich das Grinsen auch auf den Gesichtern seiner Offiziere ausbreitete. Aber er dachte sich seinen Teil. Ein Kommandant mit Halskrankheit, einer, der dem begehrten Ritterkreuz nachjagte, konnte dazu neigen, zu viel zu riskieren. Dann gab es statt dem Ritterkreuz nur eins aus Holz und für jeden seiner Männer gleich auch noch eines. Kein Wunder also, dass die Halskrankheit kritisch gesehen wurde. Er nickte. »Es wäre eine schnelle, erfolgreiche Unternehmung gewesen, also das, was sich jeder wünscht.« Er zuckte mit den Schultern. »Hat nicht sein sollen, meine Herren. Anscheinend sind wir für etwas anderes vorgesehen.«

Das Grinsen verschwand von den Gesichtern. Was blieb, waren die grauen müden Fassaden, die jetzt ausdruckslos wurden. Von Hassel nickte. »Ich glaube, wir werden weitere Befehle bekommen.« *Die Befehle sind schon da, der verdammte Umschlag liegt in meinem Stahlfach! Nur das Stichwort ist noch nicht da.* Aber es war zu früh, es seinen Offizieren zu sagen.

»Punkt Dora liegt bereits zwei Drittel über den Atlantik und eine ganze Strecke weiter südlich.« Rudi Schneiders Stimme klang etwas heiser. »In einem der letzten Funksprüche war von Brennstoffversorgung die Rede. Soll die auf Punkt Dora stattfinden?«

Der Alte lehnte sich zurück. »Ich weiß genauso viel wie Sie.« Er runzelte die Stirn. »Aber wie der LI uns sicher bestätigen kann, kommen wir mit unserem Öl von Dora aus ohne Schwierigkeiten wieder nach Hause zurück. Nur für eine längere Unternehmung reicht's dann nicht mehr, sollten wir keinen Sprit bekommen.«

Der IWO sah ihn prüfend an. »Ich frage mich, wohin man von Punkt Dora aus fahren kann. Mit Brennstoffversorgung, meine ich!«

Der Methusalem lächelte spöttisch. »Sehen Sie, Rudi, jetzt fangen Sie doch an, über Befehle nachzudenken.« Er blickte in die Runde. »Ich wusste, es würde nicht lange dauern.«

Die Männer begannen zu grinsen. Einzig Leutnant Wellenberg begnügte sich mit einem Lächeln. Wie immer beobachtete er, sagte aber nicht viel. Doch was er beobachtete, machte ihm Sorgen. Die Offiziere sahen grau und erschöpft aus. Die wuchernden Bärte ließen sie Jahre älter erscheinen als sie waren. Aber was ihn noch mehr erschreckte, war die Art und Weise, wie sie sich bewegten, verdammt, wie sich jeder in diesem Boot bewegte. Wenn Alarm kam, legten sie alle die Geschicklichkeit einer Bande gut trainierter Affen an den Tag. Aber in den Zeiten dazwischen … alte Männer. Alles alte Männer, und dabei betrug das Durchschnittsalter der Besatzung nicht einmal zwanzig Jahre.

Der Blick des IIWO fiel auf das Gesicht des Kommandanten. Siebenundzwanzig? Er wusste es nicht genau, aber der Alte musste so um die siebenundzwanzig Jahre alt sein, ein Jahr mehr, eines weniger, es spielte keine Rolle. Weil das Gesicht genauso gut zu einem Vierzig- oder Fünfzigjährigen gehören konnte. Noch zeigte der Alte keine der Anzeichen, die er bei anderen Kommandanten im Stützpunkt, in den Messen oder im Geschwader hatte beobachten können. Keine spontanen Wutausbrüche, keine Augenblicke plötzlicher Paralyse, keine minutenlange Geistesabwesenheit. Von Hassel wirkte immer noch alert, auf Draht. Ganz anders als Assmann, anders als Schepke, als Endrass oder, er zögerte bei dem Gedanken, als Prien. Auch der Stier von Scapa Flow war nicht mehr der junge schneidige U-Boot-Kommandant. Sie alle alterten mit wahnwitziger Geschwindigkeit. Nur wenige der Alten, der vom Löwen handverlesenen Vorkriegs-U-Boot-Fahrer, erinnerten überhaupt noch an die Männer, die sie ein Jahr zuvor gewesen waren – und dabei hatte es gerade erst begonnen.

Von Hassel erwiderte den prüfenden Blick des ehemaligen Rechtsanwaltes. Ein Mann, den man auch in tausend Jahren nie ganz kennen würde. Ein Mann mit einem sorgsam verborgenen Geheimnis, aber in gewissem Sinne galt das für sie alle.

Daniel Berger schob Hänisch die Kanne mit dem Kujambelwasser zu. »Mann, du siehst total ausgetrocknet aus, was hast du denn angestellt?«

»Der Frischwasserbereiter. Das Ding hat mal wieder gemuckt, und ich bin der kleinste.« Hänisch zuckte mit den Schultern und trank in langen, gierigen Zügen.

Berger verzog das Gesicht. Der Frischwasserbereiter sorgte, wie der Name schon sagte, für frisches Wasser. Denn das U-Boot konnte natürlich nie soviel Wasser mitnehmen, wie die Besatzung wirklich brauchte. Ein Teil der komplizierten Maschinerie, das in die Kategorie »nicht kampfentscheidend« fiel, aber in die Kategorie »lebenswichtig«. Nur war es in einem engen Winkel eingebaut, und so war es kein Wunder, dass der kleine Hänisch ran musste, wenn das Ding mal wieder am Spinnen war.

Matthias sah das Gesicht des anderen Stokers. »Keine Bange, Dani, der Vogel arbeitet wieder.«

»Na, dann ist's ja gut!« Daniel legte die Ellenbogen auf die

Back. »Wär ziemlich Scheiße, wenn wir zu wenig Wasser hätten, jetzt, wo es immer weiter weg von der Heimat geht.«

»Was moanst mit ›weiter weg‹?« Alois Dörfler öffnete die Augen und streckte den Kopf aus der Koje. »Woaßt was?«

»Ich hab den Methusalem gehört. Wir steuern einen Punkt im Atlantik an. Weiter im Westen.« Wie die meisten der Besatzung hatte auch Berger nur eine begrenzte Vorstellung davon, wo sich U-68 eigentlich befand. Es war egal. Für sie bemaß sich die Seefahrt eher in Wachen, für die Techniker in Ölverbrauch, für den Smut in Würstchen oder dem schwindenden Vorrat an Trockengemüse. Eine endlose Folge von Vier-Stunden-Wachen, bei Tag, bei Nacht, bei Regen, bei Sonne, und immer waren sie mitten im Atlantik, sahen rund herum nur Wasser. Was machte eine Position also für einen Unterschied? Trotzdem, weiter weg von der Heimat, das war »eher nicht gut«. So wie näher »eher gut« war. Denn was war schon so richtig gut auf einem U-Boot?

»Verdammter Bockmist, sog I!« Der Bayer schwang die Beine von der Koje. »Die wern uns doch ned über'n ganz'n verdammt'n Teich scharjuckl'n lass'n?«

»Theoretisch könnten wir, aber nur gerade Strecke, und zurück robben wir auf den Brustwarzen!« Daniel schüttelte den Kopf. »Was sollen wir da? Das macht keinen Sinn.«

»I wollt, der Lauer wär no da.« Dörfler schüttelte ungläubig den Kopf. »Hab I des wirklich g'sagt?«

Hänisch setzte den leeren Krug mit einem Seufzer ab. »Hast du!«

»Wo is'n der Mischka?«

»Keine Ahnung! Wache hat er nicht, der Tripper ist noch dran.« Berger sah auf die Uhr, aber die Seeleute hatten einen anderen Wachrhythmus als die Maschinisten. »Glaub ich jedenfalls. Die Mittelwache.«

»Bah, wir hätt'n uns den damischen Geleitzug no amal vornehmen soll'n! Immer raus mit den Aalen, wenigstens tun die grad wia's soll'n.« Dörfler grinste. »Ham ja guat was unters Deck g'schob'n!«

»Ja, an den Torpedos haben sie wirklich gearbeitet.« Berger erwiderte das Grinsen. »Kannst du dir vorstellen, dass wir den Angriff vor sechs Monaten gefahren hätten?« Er schüttelte den Kopf. »Wir wären glücklich gewesen, wenn einer hochgegangen wäre.«

Hänisch lauschte der Unterhaltung der beiden Älteren. Der Krieg dauerte nun schon ein Jahr. Dabei hatten viele geglaubt, er würde Weihnachten bereits vorbei sein. Nun näherten sie sich schon wieder Weihnachten, und es sah immer noch nicht so aus, als würde der Krieg dem Ende zugehen. Wusste der Teufel, wo sie hinfuhren, aber es war auch egal. Alles, was Matthias Hänisch wollte, war zurück nach Hause zu fahren.

Marineschule

Verdammt, du weißt, was für ein Arschloch das ist!« Buhn warf seine Mütze aufs Bett und wischte sich über die Stirn. »Ein Offiziersanwärter mit EK, du weißt, wie der das hasst.«

Jens nickte ruhig. Die Rede war von Obermaat Schimmelpfeng, einem der Ausbilder. »Extradienst, weil ich ihn angeblich zu langsam gegrüßt habe!« Seine Stimme klang ungläubig. »Was zum Teufel glaubt er, wer er ist? Auf einem Frontboot würde der sich keine drei Tage halten.«

»Nein, wahrscheinlich nicht.« Buhn, der im Gegensatz zu Lauer noch nie auf einem Frontboot gewesen war, zuckte mit den Achseln. »Aber hier ist er so etwas wie der Herrgott, und er genießt es.« Er sah seinen Freund besorgt an. »Reiß den Extradienst runter und vergiss es. In ein paar Wochen geht's auf die Fachkurse, und dann heißt's Fähnrich und ab an die Agru oder auf Baubelehrung!«

»Danke für die Erinnerung.« Jens ließ sich auf die Koje fallen. »Uniformwechsel und raus in den Schlamm.« Sein Blick fiel zum Fenster. Es hatte den ganzen Vormittag geregnet. Schlamm und Dreck würde es also genug geben. Er seufzte. »Wenigstens gibt es Urlaub über das Wochenende.«

»Fährst du heim zu deiner Frau?«

Jens Lauer nickte. Noch immer klang es ungewohnt für ihn, wenn andere von »seiner Frau« sprachen. Aber er freute sich darauf, heimzukommen … zu »seiner Frau«. »So schnell es geht, Georg!«

Georg Buhn nickte ernst. »Dann sieh zu, dass du nicht mehr mit Schimmelpfeng aneinander gerätst. Der ist imstande und nagelt dich hier fest.«

»Der verdammte Schweinehund bringt das fertig.« Jens rappelte sich auf und öffnete seinen Spind. »Irgendwas muss man dem Sack doch anhängen können. Der schiebt so viel Zeug, dass man davon eine Kompanie ernähren kann. Das pfeifen doch die Spatzen von den Dächern.«

»Noch einmal, vergiss es. Der ist Artoks Mann. Und solange Artok hier Kommandeur ist, wird keiner Schimmelpfeng antasten.« Buhn sah Jens ernst an. »Versuch es, und die machen dich fertig.«

»Ich hätte nicht gedacht, dass ich das einmal sage, aber ich bin froh, wenn ich wieder auf einem Boot bin.« Jens schüttelte den Kopf. »Diese Etappenhengste fressen sich hier voll, während anderswo Krieg ist.«

Sternenhimmel

Sternenhimmel … Sternenhimmel … Sternenhimmel.« Dreimal wurde das Codewort verschlüsselt durchgetastet, raste aus den Antennen des Langwellensenders Norddeich, wurde von den Mittelwellensendern der U-Boot-Frequenzen zusätzlich gesendet. Die Westmark fing den Funkspruch auf, und Korvettenkapitän Schiller entnahm den versiegelten Umschlag aus seinem Stahlschrank. Salamander empfing ihn, und Fregattenkapitän Vogel öffnete die versiegelten Anweisungen in seiner geräumigen Kammer, genauso wie es Korvettenkapitän von Hassel, Kapitänleutnant Hentrich, Kapitänleutnant Assmann und Kapitänleutnant Berger in ihren engen Kabuffs im Atlantik taten. Die Botschaften des Deutschen Reichs in Buenos Aires, Montevideo und Caracas empfingen den verschlüsselten Funkspruch und holten dort ebenfalls versiegelte Anweisungen aus Stahlschränken. Zwei Stunden, nachdem der Funkspruch gesendet worden war, befanden sich nicht weniger als sechsundzwanzig deutsche Schiffe verschiedenster Bauart im Alarmzustand. Nicht weniger als vierzehnhundert deutsche Seeleute machten sich bereit, alles auf eine Karte zu setzen, manche voller Erwartung, manche mit durchaus gemischten Gefühlen. Aber es war Krieg, und im Krieg musste man eben etwas riskieren.

Auch andere Stellen hörten das Zirpen der Morsezeichen im Äther. Englische Funker notierten den Buchstabensalat, ohne die geringste Ahnung zu haben, was er bedeutete. Genauso wie sie Tausende deutsche Funksprüche von Heer, Marine und Luftwaffe notierten, deren Inhalt sie niemals kennenlernen würden. Alle diese Funksprüche gingen an eine streng geheime Stelle in Milton Keyes in der Grafschaft Buckinghamshire, siebzig Kilometer entfernt von London. Dort, auf einem abgelegenen Landsitz mit dem Namen Bletchley Park, befassten sich etliche der besten Mathematiker und Kryptologen der Welt damit, deutsche Funksprüche zu entziffern. Aber das wiederum war keine ganz einfache Aufgabe, denn die Deutschen setzten zur Verschlüsselung eine Maschine ein, die sie Enigma nannten. Mithilfe der Enigma war es möglich, Funksprüche zu ver- und entschlüsseln, wenn man die gültigen Einstellungen kannte. Wenn nicht, war alles, was man herausbekam, ein neuer sinnloser Buchstabensalat. Die richtige Verschlüsselung aus Millionen und Abermillionen von Möglichkeiten durch Probieren herauszufinden, war praktisch unmöglich.

Nur war Enigma nicht gleich Enigma. Es gab verschiedene Modelle, und es gab verschiedene Verfahren, die Maschine zu verwenden. Was dem einfachen Funker an der Front, der seine Enigma benutzte, nicht bewusst war, hatte man in Bletchley Park bereits seit Januar 1940 bis zur Perfektion entwickelt: alles zu wissen, was die Möglichkeiten einschränkte. Und es war den britischen Kryptologen mithilfe von Spionage, aber auch Genialität sogar gelungen, in das deutsche Schlüsselsystem einzubrechen. Entscheidend für die Dechiffrierung waren »wahrscheinliche Wörter«, also Wörter, deren Vorhandensein man im Text erwarten durfte. Kein Wunder also, dass die Funksprüche der durchaus wortseligen Luftwaffe zuerst geknackt wurden und kurze Zeit später die des Heeres, denn das Heer schrieb immer brav die jeweiligen Abteilungen als Absender drunter. Wenn man also einen Funkspruch des Oberkommandos der Wehrmacht in den Händen hielt, wusste man, dass auch »Oberkommando der Wehrmacht« am Ende des Textes stehen würde. Und wieder machten alte Gewohnheiten den Deutschen einen Strich durch die Rechnung, kompromittierten die beste Schlüsselmaschine der Welt und gaben den Experten in Bletchley Park Gelegenheit, mitzulesen. Im Oktober 1940 gab es in den deutschen Streitkräften nur noch einen Bereich, dessen Verschlüsselung nach wie vor sicher war: die

Marine. Hier biss man sich noch immer die Zähne aus. Marinefunksprüche sind meistens sehr knapp gehalten. Und wenn sie es mal nicht sind, dann enthalten sie einen wenig formalen Sprachstil, der den Entschlüsselungsexperten wenig Anhaltspunkte bietet. Die Marineversion der Enigma, die M3, war im Oktober 1940 noch sicher. Aber die Botschaften in Buenos Aires, Montevideo und Caracas benutzten nicht den Marineschlüssel, sie benutzten einen abgewandelten Heeresschlüssel. Die gleiche Anzahl Buchstaben, die gleiche Zeit, und ein paar der Meldungen konnten entschlüsselt werden. »Sternenhimmel … Sternenhimmel … Sternenhimmel« Niemand in England wusste, was »Sternenhimmel« bedeutete, aber die Engländer wussten, dass die Deutschen etwas vorhatten, etwas, zu dem sie mindestens vier U-Boote brauchten, etwas, in das auch die Botschaften in Buenos Aires, Montevideo und Caracas involviert waren. Sie wussten wann, sie wussten wo, alles, was die Engländer nun noch wissen mussten, war das »Was«. Und es sollte nicht lange dauern, bis sie es erfuhren.

Ausbruch

Sternenhimmel!« Der Kapitän der Reichenfels blickte die in seiner Kammer versammelten Offiziere ernst an. »Wir laufen um 23:30 aus, kurz bevor das Wachboot abgelöst wird. Sie kennen den Plan.«

»Aya, Kap'tän!« Die Männer nickten ruhig. Das war die Stunde, für die sie seit Wochen immer wieder geübt hatten. Die Stunde, die ihrer aller Denken beherrscht hatte, seit die Befehle gekommen waren. Vieles hatte improvisiert werden müssen, vieles, was man im fernen Deutschland als selbstverständlich angenommen hatte, war hier nicht für Geld und gute Worte zu beschaffen gewesen, und vieles, was lange hätte klar sein müssen, lag noch verborgen in der Zukunft. Sie würden es unterwegs herausfinden. Wer auch immer Sternenhimmel geplant hatte, es war offensichtlich jemand von der Marine gewesen. Aber die Männer, die den größten Teil der Operation durchführen mussten, waren keine Marineangehörigen, keine Soldaten. Sie waren ganz normale Seeleute, die in friedlicheren Zeiten ihr Leben damit bestritten, Güter von einem Hafen zum anderen zu transportieren. Angefangen beim Funkoffizier, der noch nie eine Schlüsselmaschine vom Typ Enigma gesehen hatte, denn so etwas gab es an Bord des Frachters nicht, bis hin zum Schiffsjungen, der nicht die geringste Vorstellung davon hatte, wie sie über die von der Royal Navy beherrschte See kommen sollten. Alle waren sich der Unzulänglichkeiten des Plans bewusst. Aber genauso wollten sie auch nach Hause. Ein Jahr hatten sie hier festgelegen. Nun hieß es alles oder nichts.

Ähnliche Gedanken schienen auch den Kapitän zu bewegen. »Dann los, und dass mir keiner Mist baut!« Er zwang sich zu einem Lächeln. »Wir fahren in die Heimat.«

Die Offiziere gingen auf ihre Stationen und mit ihnen ihre Männer. Der Kapitän trat in die Brückennock. Noch immer zog das Wachboot gelangweilt seine Kreise um die internierten Schiffe. Und immer noch lagen die großen rostigen Rümpfe still und ruhig auf der Reede. Lediglich ein Licht am Seefallreep und ein paar vereinzelte Lampen auf Deck zeigten an, dass die Frachter noch nicht völlig verlassen waren. Aber im Inneren der Rümpfe musste jetzt bereits reges Leben herrschen. In einer Stunde, vielleicht auch schon weniger, würde Rauch aus den Schornsteinen quellen, und dann würde offensichtlich sein, was sie vorhatten. Beinahe zwanzig Stunden würden die Schiffe brauchen, bis sie den Rio de la Plata verlassen hatten. Zum Glück betrachteten weder Argentinien noch Uruguay die gesamte etwa einhundertdreißig Seemeilen breite Mündung als Hoheitsgewässer. Mochten die beiden Länder auch nicht über starke Marinen verfügen, sie hätten allemal gereicht, um das Ausbrechen der deutschen Schiffe zu verhindern. So mussten sie nur zwölf Meilen schaffen. Zwölf lausige Meilen. Dann noch etwa hundertfünfzig Seemeilen, bis sie in der Weite des Atlantiks verschwinden konnten. Alles hing weniger davon ab, was die Argentinier taten, viel entscheidender war es, wie schnell die Engländer Wind von Sternenhimmel bekamen.

Auf der Brücke der Grobenfels erschien ein abgeblendetes Licht, genau zu dem Zeitpunkt, als das Wachboot auf der abgewandten Seite kreiste. Der Kapitän wandte sich abrupt um. »Grobenfels ist bereit.« Er lächelte nachdenklich. »Signalisieren Sie dem Wachboot, längsseits zu kommen, und dann bringen Sie die Männer in meine Kammer. Ich warte dort.« *Dreißig Minuten bei Schnaps und dummen Geschichten. Dreißig Minuten, in denen keiner der Argentinier einen Blick von außen auf die Schiffe werfen darf.*

U-68 pflügte mit großer Fahrt durch den Atlantik. Noch immer herrschte eine bleierne Dünung, aber die Wolken waren aufgerissen, und mehr und mehr Sterne wurden sichtbar. Aufmerksam kontrollierten die Männer ihre Sektoren, aber alles war ruhig. Der englische Geleitzug lag bereits mindestens sechzig Meilen hinter ihnen. Eine ruhige Nacht im Atlantik.

Aber im Inneren der Röhre herrschte gespannte Aufmerksamkeit. » … wir und die anderen Boote unseres Rudels neue Befehle erhalten.« Die Stimme des Kommandanten im Lautsprecher zögerte. »Wir laufen zu einem Punkt etwa eintausendzweihundert Meilen vor der amerikanischen Küste und treffen uns dort mit einem Versorgungsschiff zur Brennstoffergänzung.«

Es war, als halte das ganze Boot den Atem an. Nun kam es, nun musste es kommen! In der Zentrale starrte der Alte das Mikrofon an, als könne er selber es noch nicht fassen. »… Danach laufen wir weiter nach Süden und übernehmen den Schutz eines deutschen Geleitzuges.« Er schüttelte den Kopf. »Äh ja, eines Geleitzuges. Das wäre im Augenblick alles.« Mit einem Knacken verstummte der Lautsprecher.

Vorne im Bugraum herrschte ein paar Sekunden verblüfftes Schweigen. Dann räusperte sich Dörfler. »Amerika? Himmelsackzement!«

Auch Daniel Berger schüttelte verdutzt den Kopf. »Und Geleitschutz? Deutscher Geleitzug? Wie soll das gehen?« Er sah in die Runde. »Wir sind ein U-Boot. Unser Schlitten ist gebaut, um Geleitzüge anzugreifen, nicht, um sie zu schützen.«

»I frog mi, woher dieser Geleitzug kumma soll!« Alois Dörfler blinzelte. »De kenna ja ned von Deutschland nach Amerika g'fahrn sei. Da hätt'n de Tommies de ja scho lang rund g'macht.«

Hänisch und Mischka, die beiden Jüngsten, betrachteten die Verblüffung ihrer älteren Kameraden mit Unsicherheit. Sie wussten selbst nicht, was das werden würde. Aber sie liefen bis vor die Küste Amerikas. Weiter weg von zu Hause, als sie jemals gewesen waren, weiter weg, als die meisten Deutschen jemals gewesen waren. Es würde Wochen dauern, vielleicht Monate, bis sie wieder daheim waren. Aber es würden Wochen sein, in denen das Boot keine englischen Geleitzüge angriff. Wochen, in denen alles nur darauf ankommen würde, nicht vom Feind entdeckt zu werden. War das besser oder schlechter als normaler Handelskrieg? Sie wussten es nicht, keiner an Bord wusste es.

Die Unsicherheit machte auch vor der Offiziersmesse nicht halt. Der Steuermann hatte die Wache übernommen, während die Offiziere sich in die O-Messe gequetscht hatten. Alle lauschten den ruhigen Worten des Kommandanten: »Soweit aus meinen Befehlen hervorgeht, brechen jetzt, in diesen Stunden, eine Anzahl Handelsschiffe aus südamerikanischen Häfen aus. Sie laufen einen Treffpunkt in der Karibik an und werden dort vom Hilfskreuzer Salamander erwartet. Der Kommandant des Hilfskreuzers wird die undankbare Aufgabe des Geleitzugchefs übernehmen.«

»Und wie kommen wir ins Spiel?« Rudi Schneider sah seinen Kommandanten fragend an.

Korvettenkapitän von Hassel unterdrückte einen Seufzer. »Wir sind die Sicherungsgruppe. Dem Geleitzugkommandanten unterstellt, aber unabhängig. Mit anderen Worten, wenn der Geleitzug angegriffen wird, sollen wir ihn schützen. Die übrigen Boote sind uns zu diesem Zweck unterstellt.«

»Mit Verlaub, Herr Kap'tän …« Leutnant Wellenberg schüttelte den Kopf. »Ich verstehe nicht, wie das klappen soll. Wenn ein Kreuzer wirklich das Geleit entdeckt, dann ist er zu schnell für uns. Und U-Boote? Ich weiß nicht, ob U-Boote der Tommies in der Karibik oder vor der amerikanischen Küste operieren. Die sind ja eher vor Norwegen und im Mittelmeer unterwegs. Aber wenn, wie sollen wir einen U-Boot-Angriff verhindern?«

Von Hassel räusperte sich. »Meine Herren, wir sind jetzt in der Situation, in der normalerweise die Tommies sind. Die wissen auch nicht, wann wir kommen oder von wo. Die einfachste Möglichkeit ist, durchzukommen, ohne entdeckt zu werden.

Der Atlantik ist ein verdammt großes Meer, da gibt es immer eine Chance. Wenn nicht …« Er zuckte mit den Schultern. »Ein Kreuzer muss auf Gefechtsentfernung herankommen. Mit etwas Glück wird er zuerst den Hilfskreuzer annehmen. Das gibt uns eine Chance, uns anzuschleichen und dem Kerl ein paar Aale zu verpassen.«

Die Offiziere nickten nachdenklich. Tatsächlich gab es diese Chance immer. So verschwindend gering sie auch war.

»Bleibt die Frage nach dem Brennstoff. Der Versorger soll am Treffpunkt auf uns warten. Wie sicher ist das?« Der Leitende schien bereits wieder in Treibstoffkalkulationen vertieft zu sein.

Der Alte verzog das Gesicht. »Salamander operiert seit zwei Monaten in der Karibik. Bisher haben die Tommies weder ihn noch einen seiner Versorger erwischt.«

»Das letzte Mal, als wir uns mit einem Versorger treffen sollten, haben die Tommies ihn vor unserer Nase erwischt, und wir mussten uns einen Tanker klauen.*«

»Wir erinnern uns alle daran.« Von Hassel griente. »Hat ja am Ende auch geklappt. Und es muss nicht jedes Mal so sein.«

»Wichtig ist jetzt erst mal, den Treffpunkt zu erreichen.« Der IWO winkte ab. »Dann sehen wir weiter. Wie groß ist dieser Geleitzug?«

Der Kommandant hob ratlos die Arme. »Darüber schweigen sich die Befehle aus. Aber es können ja nicht sehr viele Schiffe sein.«

»Ich frage mich, warum gerade jetzt?« Leutnant Wellenberg runzelte die Stirn.

Oberleutnant Schneider lachte trocken auf. »Ich dachte, das liegt auf der Hand. Der ›Seelöwe‹ ist nicht durchgeführt worden. Heer und Marine geben der Luftwaffe die Schuld, weil die nicht in der Lage war, die notwendige Luftherrschaft zu er-

* Siehe Peter Brendt, *Jagd vor Afrika*

kämpfen. Meiers Jungs haben die Luftschlacht um England verloren. Aber sie geben als Entschuldigung an, dass die Marine ohnehin nicht genug Schiffe gehabt hätte, die Truppen über den Kanal zu schaffen.«

Der IIWO bekam runde Augen. »Also sollen wir jetzt die Schiffe ranschaffen? Damit im nächsten Jahr ein neuer Versuch unternommen werden kann?«

»Oder damit niemand der Marine die Schuld geben kann.« Von Hassel grinste. »Und das zitieren Sie bitte nicht.«

»Oktober!« Rudi Schneider verzog wissend das Gesicht. »Pah!« Er verkniff sich jeden weiteren Kommentar. Ein oder zwei Monate später würden die Winterstürme den Nordatlantik beherrschen. Gleich, ob es durch die Dänemarkstraße in die Heimat ging oder durch die Biskaya nach Frankreich, das Wetter würde auf ihrer Seite sein. Wochenlange Phasen, in denen die Bienen aufgrund der schlechten Sichtverhältnisse nicht fliegen konnten. Selbst wenn sie entdeckt wurden, war Waffeneinsatz meist nur für die größten Schiffe möglich. Das war die Zeit, in der sie mit einem ganzen Geleitzug hätten durchbrechen können. Aber Oktober, das war ein bis zwei Monate zu früh.

»Es ist an der Zeit, dass Sie uns verlassen, Teniente!« Der Kap'tän blickte gelassen auf seine Uhr.

»Ah, dabei ist die Flasche noch nicht einmal leer.« Der Teniente betrachtete die Bierflasche mit offensichtlichem Bedauern.

Der alte Fahrensmann ihm gegenüber hob ebenfalls die Flasche. »Machen Sie sich keine Gedanken, Sie können die Flasche ja mitnehmen.« Er sah zur Tür. »Aber ich fürchte, unser gemütliches Beisammensein wird …« Er kam nicht dazu, den Satz zu Ende zu bringen. Die Tür sprang auf, und Männer drängten sich in die sonst so geheiligte Kammer des Kapitäns. Eine Waffe wurde gehoben.

Der Teniente, bereits im Begriff aufzuspringen, ließ sich wieder in den Sessel sinken. »Was zum …«

Der Kapitän lächelte. »Machen Sie sich keine Sorgen. Sie und Ihre Männer werden nun in Ihr Boot zurückkehren.«

Langsam dämmerte das Begreifen in den Augen des argentinischen Leutnants. »Und Sie? Sie werden auslaufen?«

»Zurück in die Heimat. Meine Männer sehnen sich nach zu Hause, nach ihren Familien.« Er zuckte mit den Schultern. »Wir sind nicht im Krieg mit Ihrem Land. Ich hoffe, Sie können unsere Handlungsweise trotzdem verstehen.«

Der Teniente schwieg einen Augenblick, dann nickte er. »Ein Jahr waren sie hier, eine lange Zeit. Ich wünsche Ihnen Glück, Capitan. Sie werden es brauchen.«

Der Kapitän neigte leicht den Kopf. »Danke!« Er wandte sich zum Dritten um, der die Männer anführte, die in die Kammer gestürmt waren. »Alles bereit?«

Der junge Offizier nickte grinsend. »So bereit, wie es nur sein kann, Kap'tän!«

»Gut, dann bringen Sie bitte unsere Gäste zu ihrem Boot.« Er erwiderte das Grinsen. »Und geben Sie ihnen eine Kiste von unserem Bier mit.«

»Aye, Kap'tän!« Der Dritte wandte sich um. »Wenn Sie mir bitte folgen würden, Teniente?«

Pünktlich eine halbe Stunde vor Mitternacht, das Wachboot steuerte gerade die Pier an, schlippten die Schiffe die Anker. Mit lautem Getöse rauschten die rostigen Ketten aus. Die Schrauben der Schiffe begannen zum ersten Mal, seit sie hier Schutz gesucht hatten, wieder zu schlagen. Zögernd, wie gerade erst aus tiefem Schlaf erwachte Untiere, schwenkten die drei Schiffe in das Fahrwasser des Rio de la Plata ein.

Beinahe zur gleichen Zeit verließen Schiffe Montevideo, passierten die Überreste des einst so stolzen Panzerschiffs Spee und richteten den Kurs hinaus in den Atlantik. Andere Schiffe verließen Caracas, oder genauer: den dazugehörigen Seehafen im dreißig Kilometer entfernten Maiquetia, und steuerten den Atlantik an. Dort versuchte ein Wachboot, sich einem der auslaufenden Schiffe in den Weg zu legen. Es wurde in der Dunkelheit von dem Fünftausendtonnenrumpf des auslaufenden Frachters einfach zur Seite gewischt.

Auch aus kleineren Häfen liefen Schiffe aus. In dem Fischerdorf Cique an der Küste Argentiniens schien sich ein Berg schweigend in Bewegung zu setzen, als das Kreuzfahrtschiff Cap Trafalgar, das hier seit Oktober 1939 lag, nachdem es von einem britischen Kreuzer gejagt worden war, sich einen Weg aus der Bucht suchte. Obwohl die argentinischen Behörden darauf verzichteten, die Leuchtfeuer zu löschen, war es eine seemännische Meisterleistung des Kapitäns, den Siebenundzwanzigtausendtonner zwischen den Untiefen hindurch in tieferes Wasser zu manövrieren. Minutenlang sah es eher so aus, als würden die über zweihundert Meter des großen Dampfers die Hauptausfahrt auf immer und ewig blockieren. Aber mit gerade einmal leichtester Grundberührung kam das Schiff wieder frei und begann, Fahrt zuzulegen. Weg von der Küste, hinaus in den Atlantik.

Telefone liefen heiß. Natürlich war es unmöglich gewesen, völlig unbemerkt auszulaufen. Die britischen Botschaften informierten vorgesetzte Stellen. Britische Diplomaten wurden bei den Regierungen Argentiniens und Uruguays vorstellig. Funksprüche rasten aus Antennen. Die Engländer waren ja bereits gewarnt worden, jetzt wussten sie auch wovor.

Aber die Zeit verstrich. Selbst die Zwölfmeilenzonen, die die meisten südamerikanischen Staaten forderten, bedeuteten nur eine bis eineinhalb Fahrtstunden für die Schiffe, die mit voller Fahrt der offenen See entgegenstrebten.

Es war Nacht. Ein Einsatz von Flugzeugen wäre ohnehin nicht in Betracht gekommen, selbst wenn die Regierung in Montevideo diesem Ansinnen zugestimmt hätte. Und darauf wies man die englischen Diplomaten auch unmissverständlich hin. Der Rio de la Plata war zwar Interessengebiet von Uruguay und Argentinien, nicht jedoch Hoheitsgebiet. Tatsächlich verwendete seine Exzellenz beinahe genau die gleiche Begründung, mit der ein Jahr zuvor britische Schiffe bis in die Plata-Mündung gelaufen waren, um das Panzerschiff Spee im Hafen von Montevideo zu blockieren. Unterstützung war weder in Montevideo noch in Buenos Aires zu erwarten, und einmal mehr musste sich die Royal Navy einzig auf ihre eigenen Kräfte verlassen.

Zwei Stunden nach dem Auslaufen der deutschen Schiffe verließen die Kreuzer des Südamerikageschwaders ihre Positionen und starteten eine erste Suche. Zu diesem Zeitpunkt waren die meisten der deutschen Schiffe bereits außer Landsicht, lediglich Reichenfels, Grobenfels und die kleine Artur Ehrmann liefen immer noch mit neun Knoten in enger Kiellinie durch die Fahrrinne des Plata. Neun Knoten. Die beiden großen modernen Frachter konnten mehr leisten, aber auf der Artur Ehrmann hatte der Schiffsingenieur bereits die Sicherheitsventile blockiert. Sorgfältig vermied er jeden Blick auf die Anzeigen – bis auf eine einzige. Neun Knoten, neun verdammte Knoten. Jede einzelne Niete des Rumpfes vibrierte und schüttelte sich, aber die Artur Ehrmann behielt stur ihre Fahrt bei, während tief im Rumpf an den Seeventilen Seeleute bereits auf den Befehl warteten. Durch oder sich selbst versenken. Die Tommies würden ihr Schiff jedenfalls nicht bekommen.

Gegenverkehr

Funkspruch, Herr Kap'tän!« Der Alte musste sich tiefer über das Sprachrohr beugen, um die Stimme aus der Zentrale besser zu verstehen. »Vom B-Dienst erfasster Geleitzug aus der Karibik nach England. Hat Trinidad vor fünf Tagen verlassen.«

»Und weiter?« Von Hassels Stimme klang nur eine Spur frustriert, obwohl er bereits ahnte, was kommen würde. »Was sagt der Funkspruch weiter?«

Aus der Zentrale spiegelte Funkmaat Rückerts Stimme genau die Stimmung seines Kommandanten wider. »Mindestens vierzig Schiffe. Wird vermutlich unseren Kurs kreuzen. Wir werden angewiesen, ihm auszuweichen.«

»Äh ja, danke!« Von Hassel schüttelte den Kopf. Mindestens vierzig Schiffe, aus der Karibik nach England. Das bedeutete Öl, Öl bedeutete Tanker. Ein ganzer verdammter Geleitzug voller Edelwild, und er wurde angewiesen, dem Geleit auszuweichen. Nur mit Mühe konnte er sich zurückhalten, wütend auf die Turmbrüstung zu trommeln. »Verbrennen Sie das Ding … nein, heften Sie es besser ab.«

»Ausweichen, ja?« Rudi Schneider, eigentlich nicht auf Wache, blinzelte in die Morgensonne.

Der Alte sah ihn unwirsch an. »Reiben Sie es mir noch unter die Nase, Rudi!« Er runzelte die Stirn. »Was machen Sie hier überhaupt?«

Schneider machte ein harmloses Gesicht. »Die Antenne kontrollieren. Gehört zu meinen Aufgaben als …«

»Ich weiß, ich weiß!« Von Hassel konnte ein plötzliches Grinsen nicht verkneifen. »Und das tun Sie jetzt seit zwanzig Minuten. Ich glaube, Sie genießen nur das schöne Wetter.«

»Erwischt!« Der IWO zuckte mit den Schultern. Demonstrativ hielt er die Nase in den frischen Wind.

Von Hassel schüttelte den Kopf. »Na, wenn das so ist, machen Sie mal weiter.« Er beugte sich über die Turmbrüstung. Trotz der hohen Fahrt war das lange Vordeck trocken. »Wenn wir schon mal dabei sind, was halten Sie davon, etwas Geschützexerzieren anzusetzen?«

Das Gesicht des Oberleutnants wurde länger. »Geschützexerzieren, Herr Kap'tän?«

»Ja, ich glaube, wir werden den verdammten Knaller noch brauchen.« Von Hassel griente. »Nur kein Moos ansetzen, Herr Oberleutnant!«

Rudi Schneider fingerte an seinen Rangabzeichen herum. Die beiden ehemals goldenen Streifen waren vom Grünspan zu einem dunklen Grüngrau verfärbt. »Zu spät!« Er grinste. »Geschützexerzieren, wie befohlen, Herr Kap'tän!« Er grüßte schneidig und beugte sich über das Luk. »Ein Mann Zentrale!«

Leutnant Wellenberg, der Offizier der Wache, sah dem IWO kurz hinterher. »Nicht ganz einfach, ihm die Laune zu verderben.«

»Wie wahr!« Von Hassel sah den IIWO aus seinen grauen Augen an. »Aber jetzt ist er genauso sauer wie jeder andere auf diesem Boot.« Er sah sich kurz um. Die Wachposten starrten so demonstrativ in ihre Sektoren, dass er genau wusste, sie hatten gelauscht. Er schlug einem von ihnen auf die Schulter. »Stimmt doch, Dörfler?«

Der stämmige Bayer wandte den Blick nicht von seinem Sektor, aber seine Stimme war ein tiefes Knurren. »Wenn's so frag'n, Herr Kap'tän! Jawoll! Schiffe versenk'n, dazu san mer gebaut, dazu san mer ausgebildet worn. D'r ganze Rest is gequirlter Mist.« Von der Seite sah von Hassel das so gar nicht reumütige Grinsen Dörflers. »Verzeihung, Herr Kap'tän!«

»Schon gut, wir verstehen, was Sie meinen.« Der Kommandant winkte ab und wandte sich wieder dem Leutnant zu. »Sie sehen ja selber, wie die Stimmung ist. Aber wir haben unsere Befehle.«

»Und was passiert, wenn wir diesem Geleitzug nicht ausweichen können?«

Von Hassel pfiff schrill durch die Zähne. »Sie sind einer! Aber das ist ein verdammt großer Ozean. Die Chance, *versehentlich* in einen Geleitzug zu laufen, liegt bei eins zu einer Million.« Er zuckte mit den Schultern. »Und selbst wenn, der Löwe würde uns nie verzeihen, wenn wir da Kleinholz machen.«

Der kleine Dampfer Wilhelmine war allein ausgelaufen. Eigentlich hätte er gar nicht auslaufen sollen. Das Schiff war bereits 1904 erbaut worden, hatte im Ersten Weltkrieg schon eine Torpedierung überstanden und hätte, wenn nicht plötzlich dieser Krieg ausgebrochen wäre, bereits seine Tage auf einer Abwrackwerft beendet. Aber so war sie auf See gewesen und hatte keine andere Wahl gehabt, als sich internieren zu lassen, und zwar in Salvador in Brasilien, wo sie ohnehin hatte Ladung übernehmen sollen.

Als die Befehle für Sternenhimmel gekommen waren, hatte man die Wilhelmine mehr oder weniger außen vor gelassen. Der alte Dampfer würde niemals die notwendige Geschwindigkeit halten können, sollte er überhaupt in der Lage sein, ohne Maschinenschaden über den Atlantik zu kommen. Sieben Knoten mindestens waren verlangt. Stattdessen hatte man der Besatzung angeboten, auf anderen Schiffen mitzufahren und ihr Schiff in Salvador zurückzulassen. Aber die Besatzung hatte beschlossen, ihr Glück auf eigene Faust zu versuchen.

Seit achtzehn Stunden liefen die Maschinen ununterbrochen und trieben den alten Frachter mit sieben Knoten voran, eine Geschwindigkeit, für die das Schiff nicht einmal gebaut gewesen war, als es neu war, und diese Tage lagen lange zurück. Aber abgesehen von einem etwas asthmatischen Schnaufen schien die altertümliche Maschinenanlage entschlossen zu sein, durchzuhalten, solange die Öfen weiterhin mit guter Kohle gefüttert wurden. Denn die alte Wilhelmine war noch ein Kohlenbrenner, und so standen die Heizer schwitzend und fluchend tief im Rumpf und schaufelten Kohle in die Feuer, während der Erste Ingenieur alle paar Minuten ein Vaterunser sprach und die Pausen dazwischen mit einem Schluck aus seiner Schnapsflasche überbrückte. Alles war besser, als auf die Druckmesser zu sehen.

Oben auf der Brücke hoffte man auf Glück. Es war alles, auf das man nach menschlichem Ermessen hoffen konnte. Doch im Augenblick sah es nicht so aus, als hätten sie Glück. Schweigend beobachteten der Kapitän und der Zweite, der gerade Wache hatte, wie sich eine Rauchfahne von Nordosten her über den Horizont schob. Heller Rauch, gutes Öl. Und obwohl der Fremde noch hinter dem Horizont verborgen lag, konnte man erkennen, dass er schnell war, sehr schnell. Zu schnell für ein Handelsschiff. Als der erste dunkle Punkt am Horizont sichtbar wurde, die runde Form eines Artillerieleitstandes hoch in einem Dreibeinmast, war es beinahe schon wie eine Erleichterung. »Gehen Sie auf Westkurs.« Die Stimme des Alten klang ausdruckslos. »Und danach geben Sie Alarm.«

Eine Stunde später war der Kreuzer bereits deutlich zu erkennen. Brücke türmte sich über Brücke. Die Geschütze waren hoch erhoben, als wollten sie die kleine Wilhelmine bereits auf große Entfernung mit den schweren Koffern eindecken, die hinter den Verschlüssen lagen.

Auf der Brücke schlug der Kapitän sein Vorkriegs-Jane's mit einem vernehmlichen Schlag zu. »Exeter-Klasse, zehntausend Tonnen, Sechs 20-cm-Geschütze, …« Er seufzte. »32 Knoten!« Es klang, als habe er ein Todesurteil verlesen. Ein Schlachtkreuzer en miniature war drauf und dran, sich auf die alte Wilhelmine zu stürzen.

»Was tun wir?« Der Erste, der inzwischen auch auf die Brücke geeilt war, sah seinen Kapitän fragend an. »Boote aussetzen und das Schiff versenken?«

Aber der alte Kapitän starrte nur auf den fernen Tommy, als habe er seinen Ersten gar nicht gehört. Geistesabwesend strichen seine Hände über das abgewetzte Holz der Reling.

»Kap'tän, er kommt näher!«

Endlich wandte der Alte den Kopf. »Der Funker soll um Hilfe rufen!«

Der Erste blinzelte verdutzt. »Um Hilfe?«

»Rufen Sie die Royal Navy, die soll uns den verdammten Raider vom Hals schaffen!« Der alte Fahrensmann hob das Glas. »RRRR, ein hübscher Name und unsere Position.« Er dachte kurz nach. »Die Griechen fahren auch alte Schiffe. Wie war der Name von diesem griechischen Smut, den wir auf der vorletzten Fahrt an Bord hatten?«

»Soulis, Soulas oder so.« Der Erste dachte nach. »Christopherus Soulis.«

»Schön, dann geben Sie dem Funker unsere Position. Er soll senden: RRRR Christopherus Soulis, Position sowieso, werden von unbekanntem Kriegsschiff verfolgt.« Er grinste. »Wir haben nicht zufällig eine griechische Flagge an Bord?« Der Kapitän wandte sich um und suchte den Rudergänger. »Steuern Sie zwohundertvierzig Grad!«

Der Erste runzelte die Stirn. »Nicht dass ich wüsste. Blau-Weiß gestreift?«

»Und ein weißes Kreuz auf blauem Hintergrund in der linken oberen Ecke.«

Der Erste rannte zum Niedergang. Schon hörte man ihn nach dem Bootsmann brüllen. »Ein Bettlaken und blaue Farbe! Dalli!«

Augenblicke später verließ der verzweifelte Hilferuf der angeblichen Christopherus Soulis die Antennen. RRRR Raider, Raider, Raider, Raider, die Warnung vor einem deutschen Handelsstörer.

Der Kreuzer schien sich nicht bluffen zu lassen. Unaufhaltsam kam die gewaltige Kriegsmaschine näher. Die hohe weiße Bugwelle zeugte von der Eile des Kommandanten. Auf etwa zehn Seemeilen Entfernung begann ein großer Signalscheinwerfer auf einer der Brücken zu blinken. »This is HMS Lancashire, what ship? – Hier ist HMS Lancashire, welches Schiff?«

»Er fragt uns, welches Schiff wir sind?« Der Zweite wandte sich fragend um.

Der Kapitän nickte. »Dann holen Sie mal schön langsam einen Funker, der ihm antworten kann. So ein oller Grieche ist ja nicht der Schnellste.«

Der Erste und ein Seemann polterten den Niedergang empor, zwischen sich ein mit frischer Ölfarbe bemaltes Bettlaken, das sie vorsichtig an den Ecken festhielten. »Sutje Mann, nicht, dass die Farbe völlig verschmiert.«

Zeit gewinnen! Der alte Kapitän wusste, dass sie nur auf Zeit spielten. Sie konnten nicht darauf hoffen, dem Kreuzer zu entkommen, noch, den Kreuzer zu überlisten. Aber mit jeder Minute, die sie den verdammten Tommy hier beschäftigt hielten, wuchsen die Chancen für die anderen Schiffe. Er zwang sich zu einem schmalen Lächeln. »Da kommt der Mann, den ich brauche. Hoch mit dem Lappen.« Er zwinkerte. »Und immer schön langsam, wir sind jetzt ein alter Grieche!«

Einer der Funker kam den Niedergang hoch, eine Klappbuchse unter dem Arm. »Er morst uns an?«

»Tut er!« Der Alte nahm den noch jungen Mann an der Schulter. »Fragen Sie ihn, was er will.« Er grinste beinahe übermütig. »Und wenn Sie ihn im ersten Anlauf verstehen, ziehe ich Ihnen das Fell über die Ohren!«

»Aya, Kap'tän!« Der Funker ging nach draußen in die Brückennock. Gerade war der Engländer wieder dabei, seine Anfrage zu wiederholen. »This is HMS Lancashire, what ship? – Hier ist HMS Lancashire, welches Schiff?«

Der Funker hob die Morselampe und blinkte in einem zögernden Rhythmus eine kurze Antwort hinüber. »Wenn er das lesen kann, ist er sehr gut.«

Inzwischen stieg in der Rah die selbst gemalte griechische Flagge langsam in die Höhe. Auf diese Entfernung würden die Tommies selbst mit dem besten Glas nur etwas Blau und etwas Weiß erkennen können.

»This is HMS Lancashire. What ship! What ship? – Hier ist HMS Lancashire, welches Schiff! Welches Schiff?«

Der Funker wandte sich beinahe gemütlich um. »Ich glaube, er wird ungeduldig! Was soll ich ihm sagen?«

»Greek Steamer Christopherus Soulis, bound for Cardiz via Gibraltar! – Griechischer Dampfer Christopherus Soulis, bestimmt für Cadiz über Gibraltar!« Der Kapitän runzelte die Stirn und wandte sich um. »Der andere Funker soll weiter RRRR senden.«

Wieder klapperte die Morselampe in einem beinahe schon aufreizend langsamen Rhythmus. Gespannt warteten die Männer in der Brückennock ab. Endlich kam die Antwort. »Not understood, repeat! – Nicht verstanden, wiederholen Sie!«

»Das sind die Engländer! Niemals Bitte oder Danke!« Der Alte schüttelte den Kopf. »Gut gemacht, noch einmal!«

Aber bevor der junge Funker seinen unverständlichen Morsespruch ein zweites Mal durchgeben konnte, erklang ein neues Geräusch. Ein helles Brummen. Unwillkürlich blickten die Männer zum Himmel. Das Flugzeug war auf die Entfernung nicht mehr als ein winziger Splitter am Himmel, aber es musste sich um einen ziemlichen Brummer handeln. Ein Wasserflugzeug, denn unzweifelhaft war es das Bordflugzeug des Kreuzers. Schon fiel die Bugwelle in sich zusammen, und das Kriegsschiff drehte in den Wind. Aber als seien sie unabhängig von dem Schiff, das sie trug, schwenkten die großen Türme und behielten die Rohre auf die Wilhelmine gerichtet.

Der Erste, der Zweite und der Kapitän sahen einander verblüfft an. Aber es war der Erste, der zuerst die Sprache wiederfand. »Der muss den Vogel doch schon gestartet haben, bevor er in Sicht war.«

»Und jetzt kehrt das Vögelchen heim ins Nest? Was glauben Sie, wie lange kann der oben bleiben?«

Die Offiziere zuckten mit den Schultern. »Zwei, vielleicht drei Stunden?« Keiner wusste es genau.

Gedanken rasten durch den Kopf des Alten. Der Kreuzer, der so offensichtlich in Eile war, das Flugzeug … er schlug dem jungen Funker auf die Schulter. »Schicken Sie ihm unsere Antwort noch einmal, schön langsam, damit er sie dieses Mal lesen kann.«

»Kap'tän! Er wird das per Funk kontrollieren!«

»Wird er?« Der Alte starrte den Kreuzer an. »Das kann Stunden dauern, bis er eine Antwort bekommt. Stunden, die er nicht hat, glaube ich!«

Das Wasserflugzeug setzte mit ein paar ungelenk aussehenden Hüpfern auf und zog eine weiße Schleppe durch das Wasser, bevor es akkurat neben der hohen Bordwand des Kreuzers zum Stillstand kam. Schon schwang ein Kran aus und hob die Walrus mühelos aus dem Wasser. Der Alte wandte sich wieder an den Funker. »Morsen Sie, schön langsam, während da drüben noch alle abgelenkt sind.«

Eine Chance von eins zu zehn ist unwahrscheinlich, eine Chance von eins zu tausend ist sehr unwahrscheinlich. Eine Chance von eins zu einer Million hingegen ist den Regeln von Murphys Gesetz* zufolge beinahe schon eine Gewissheit. Das Gesetz der größten Gemeinheit schlug wieder einmal erbarmungslos zu.

»Wie viele sehen Sie?«

* Der Begriff »Murphys Gesetz« war in der deutschen Sprache bis lange nach dem Krieg unbekannt. Die gleiche Gesetzmäßigkeit wurde umgangssprachlich als »Gesetz der größten Gemeinheit« bezeichnet.

Der wachhabende Steuermann seufzte. »Bisher sieben. Aber da kommen noch mehr.«

Wieder hob der Alte das Glas. »Es muss der Geleitzug von Trinidad sein. Die Tommies müssen ziemlich in Not sein, wenn sie ein Extrageleit auf der direkten Route fahren lassen.«

»Öl, alle brauchen Öl im Krieg.« Frankes Stimme klang beinahe sehnsüchtig. »Eine ganze Herde schöner fetter Tanker.«

»Nicht für uns. Signal an alle, wir weichen nach Süden aus!« Von Hassels Stimme klang entschlossen. Trotzdem hob er noch einmal das Glas und betrachtete die fernen Dampferfahnen. Edelwild, aber die Befehle ließen ihm keinen Spielraum. Sie würden noch mehr als zwei Tage bis Punkt Dora brauchen, und die Zeit drängte.

Gehorsam schwenkten die vier Boote nach Süden. Zu diesem Zeitpunkt betrug der Abstand zum Geleit noch etwas über dreißig Meilen. Die Rümpfe der Schiffe waren noch nicht einmal hinter dem Horizont hervorgekrochen, lediglich die Dampferfahnen, die bis hundert Meter in die Höhe ragten, waren schon zu erkennen.

Aber vierzig Schiffe in vier Kolonnen bedecken ein Gebiet von etwa zwanzig Quadratseemeilen. Die Außensicherung eines solchen Geleitzuges reicht bis zu zehn Meilen in jeder Richtung. Und während ein U-Boot selbst bei Tageslicht schwer zu entdecken ist, nicht mehr als ein kleiner etwas dunklerer Punkt, auf den man zufällig das Fernglas richten muss, fallen vier derartige Punkte schon erheblich mehr ins Auge.

Um 13:21 entdeckte eine Korvette der Außensicherung die vier U-Boote, die sich in geschlossener Formation vom Konvoi weg bewegten. Der Kommandeur der Sicherung, ohnehin so knapp mit Bewachern wie jeder Offizier in seiner Position, verzichtete auf einen Angriff.

Einem geschenkten Gaul schaut man ja bekanntlich nicht ins Maul. Er meldete lediglich die U-Boot-Gruppe per Funk, da er ja annehmen musste, dass die Deutschen ihn sowieso bereits entdeckt hatten.

Zwei Stunden später, der Funkspruch des Geleits war von stärkeren Landfunkstellen weitergegeben worden, wusste man, dass deutsche U-Boote bereits zwei Drittel des Weges über den Atlantik gelaufen waren und weiter nach Süden hielten. Das Rätselraten setzte ein, und es setzte nicht nur bei den Briten ein. Auch die US Navy, die sich ja offiziell nicht im Krieg befand, begann, sich ihre Gedanken zu machen.

Der Kreuzer nahm sich nicht die Zeit, die Angaben des angeblichen Griechen zu kontrollieren. Jahre später, als die verschiedenen Kriegsereignisse akribisch aufgerollt wurden, sollte der Kommandant der Lancashire zu Protokoll geben, dass ihm der alte griechische Trampdampfer zu glaubwürdig erschienen war. Sie waren auf der Jagd nach etlichen großen und modernen deutschen Schiffen, die aus verschiedenen Häfen ausgebrochen waren. Nicht auf der Suche nach einem schwimmenden Schrotthaufen.

»This is HMS Lancashire, thanks and godspeed!«

Der Funker bestätigte automatisch und senkte verblüfft die Klappbuchse. »Er sagt Danke und wünscht uns gute Fahrt!«

Der Kapitän räusperte sich. »Gute Fahrt? Machen Sie rüber ›Danke‹ und wünschen ihm auch eine gute Fahrt.« Er wandte sich an den Zweiten. »Und wir können aufhören, RRRR zu geben.« Er schüttelte ungläubig den Kopf. »Gehen Sie zurück auf unseren alten Kurs.«

Ein letztes Mal blickte er noch hinüber zu dem schweren Kreuzer, dessen Geschütze bereits wieder in Mittschiffslinie zurückschwenkten. Ein Wasserschwall am Heck zeigte, dass das Kriegsschiff wieder Fahrt aufnahm. Die Silhouette schien sich zu verkürzen, als das gepanzerte Ungeheuer nach Norden drehte, in die Richtung, aus der das Flugzeug gekommen war.

* * *

Lieutenant-Commander Keith Frazier drehte den Funkspruch unsicher in den Händen. »Das verändert die ganze Situation.«

»Was teilt uns die Admiralität denn so mit, Sir?« Jason Philipps spähte neugierig auf das Stück Papier in den Händen seines Kommandanten. Die verbrannte Seite seines Gesichts war vom salzigen Seewind feuerrot, aber das Funkeln in den Augen, neugierig und zugleich etwas belustigt, war wieder das alte.

Frazier grinste und reichte ihm den Zettel. »Nichts mit Boston!«

»Die Überholung ist gestrichen?«

Der Skipper griente. »Wir haben ja gerade erst eine Reparaturzeit hinter uns. Brambleberry, Sorceress und unsere Goosefoot können noch etwas warten. Nur Henbane und Farlane gehen in die Werft, falls sich daran nicht noch etwas ändert.«

»Hier steht, wir laufen in die Karibik. Das sind nochmal zweitausend Meilen mehr. Nicht gerade unser Hinterhof, Sir.«

»Den Männern wird's gefallen. Die Hälfte unserer Boys scheint sowieso nie über Clapham Junction* hinausgekommen zu sein.«

Philipps zeigte sein eigentümlich schiefes Grinsen. »Da klingt Trinidad oder Barbados natürlich ganz anders.«

»Warten wir es ab.« Frazier verzog das Gesicht. »Angeblich versucht ein Haufen deutscher Frachter aus allen möglichen südamerikanischen Häfen nach Deutschland durchzubrechen. Wir sollen das Karibikgeschwader bei der Suche verstärken.«

»Karibik?« Philipps dachte nach. »Wenn ich von Südame-

* Clapham Junction, heute ein ausgewiesenes Stadtviertel in den Stadtplänen Londons mit dem verkehrsreichsten Bahnhof Europas, war um 1940 immer noch gekennzeichnet durch Industrie, Arbeiterwohnungen und den großangelegten Verschiebebahnhof. Das Einkommensniveau lag etwa 40 Prozent unter dem britischen Durchschnitt und die Kriminalitätsrate 100 Prozent über dem Durchschnitt.

rika aus nach Europa durchbrechen wollte, anstelle der Jerries, meine ich, dann würde ich doch eher nach Osten fahren, über den Atlantik und dann nach Nordosten schwenken. Entlang der spanischen Küste, durch die Biskaya nach Frankreich.« Er blinzelte. »Es sei denn, ich hätte mir ausgerechnet, dass wir uns das auch schon ausgerechnet haben.«

»Merken Sie was?« Frazier bewegte die verkrampften Schultern. »Seit zwei Tagen kein Angriff mehr.«

Sein IO nickte. »Die Deutschen sind weg. Etwas lenkt sie ab.«

»Also keine aus dem Ärmel geschüttelte Operation. Die Jerries zeigen uns, wozu sie fähig sind.« Er seufzte. »Wie es auch sei, das Schiff gehört ganz Ihnen. Ich gehe runter und leiste mir eine Rasur und vielleicht etwas Schlaf.«

»Aye, Sir!« Jason Philipps sah seinem Kommandanten hinterher. Es geschah selten, dass der Kommandant dazu kam, eine Mütze voll Schlaf zu nehmen. *Er vertraut mir.*

»Sind die Jerries wirklich weg, Sir?«

Jason Philipps starrte in das runde Gesicht des jungen Signalgasten. Große Augen, in denen sich das Erschrecken über das entstellte Gesicht spiegelte, aber auch noch etwas anderes. *Vertrauen!* Da war er wieder, dieser kaum messbare Begriff. Der Junge vertraute ihm, weil er von ihm abhing. Philipps zwang sich zu einem schiefen Grinsen. »Sieht im Augenblick so aus. Aber man weiß ja nie, deswegen dürfen wir auch nicht in unserer Wachsamkeit nachlassen.«

»Nein, IO, ich verstehe.« Mit neu erwachtem Eifer machte sich der Junge an die Arbeit, die Signalflaggen zu klarieren.

Der IO hob das Glas und studierte die Reihen der Dampfer. Ein Drittel des Geleits lag auf dem Meeresgrund. In der dritten Position der Mittelkolonne fuhr ein großer Frachter, der ein enormes Lecksegel ausgebracht hatte. Das Loch war so groß, dass man mit einem Verkehrsboot durchfahren konnte. Aber es war ein großes modernes Schiff, und die Schotten und Verbände hielten bisher. Wahrscheinlich hörten die da drüben gar nicht mehr auf mit Beten. Getroffen … aber nicht geschlagen. Alles was ihnen blieb, war, auf ihr Glück zu vertrauen.

Auch die Bahia Blanca war ein modernes Schiff, erst 1937 in Bremen vom Stapel gelaufen. Sie war zusammen mit anderen Schiffen von Montevideo ausgelaufen. Aber das Glück war ihr nicht hold gewesen. Zuerst hatte die Maschine, die bereits seit einem Jahr nicht mehr gelaufen war, Mucken gemacht. Für eine Zeit lang hatten sie nicht einmal die sieben Knoten laufen können, die für den Ausbruch als Minimum vorgesehen waren. Während die schwitzenden und fluchenden Schiffstechniker sich tief unten in den Eingeweiden des Schiffes an die Arbeit machten, hatte man oben auf der Brücke nur zusehen können, wie die anderen Frachter einer nach dem anderen in der Dunkelheit verschwanden.

Als die Sonne aufging, konnte der stolze Kühlfrachter wieder seine volle Geschwindigkeit von zwölf Knoten laufen. Viel für ein Handelsschiff dieser Zeit, aber das bedrückende Gefühl blieb. Noch immer standen sie gerade einmal zweihundert Meilen vor der Küste, und die anderen Dampfer waren lange außer Sicht. Ein wehrloses Opfer, von der Linienführung her unverkennbar, denn so viele Kühlschiffe gab es ja nicht.

Als Stunden später das seltsame Wasserflugzeug am Himmel auftauchte, wussten sie, dass sie geliefert waren. Grimmig machten sie sich an die Arbeit und bereiteten das Schiff zur Selbstversenkung vor.

Während über ihnen das Flugzeug kreiste und mit einer kleinen Handlampe immer wieder Anfragen morste, die sie einfach ignorierten, stapelten die Männer brennbares Material in den Gängen. Die Ventile der Löschanlage für die Kühlräume wurden mit großen Hämmern so krumm geschlagen, dass niemand sie mehr benutzen konnte. Männer, die seit Jahren auf der Bahia Blanca gefahren waren, die das Schiff über so lange Zeit hinweg liebevoll gepflegt hatten, setzten nun ihr Wissen und Können ein, seine endgültige Zerstörung sicherzustellen.

Endlich verschwand die neugierige Biene. Aber sie würde wiederkommen. Und wenn nicht sie, dann das Kriegsschiff, von dem sie gekommen sein musste. Die Vorratslasten wurden geöffnet, ein jeder konnte sich bedienen, wie er wollte. Aber nur die wenigsten wollten. Schweigend warteten sie.

Endlich, es hatte so lange gedauert, dass die Ersten bereits schon wieder Hoffnung schöpften, schob sich Brücke über Brücke über den Horizont. Die Geschütze bereits ausgerichtet, stürmte der Kreuzer mit Brassfahrt auf sie zu, mehr als dreißig Knoten gegen ihre zwölf. »This is HMS Lancashire, what ship?«

Aber die Bahia Blanca machte keine Anstalten zu antworten. Zu deutlich lag die Antwort auf der Hand, zu klar verrieten die eleganten Linien und der in den Reedereifarben gestrichene Rumpf ihre Identität.

»This is HMS Lancashire, what ship?«

Eine erste Rauchfahne brach aus dem Vordeck. Die Besatzung strömte an Deck, während der Kreuzer immer noch mit voller Fahrt heranstürmte. Tief unten im Rumpf waren die Seeventile geöffnet und danach mit Vorschlaghämmern unbrauchbar gemacht worden.

»Stay aboard, do not attempt to sink your ship or you will be gunned! – Bleiben Sie an Bord, versuchen Sie nicht, Ihr Schiff zu versenken, oder Sie werden beschossen!«

Aber auf der Brücke war niemand mehr, der sich um die wütenden Morsesignale des Kreuzers kümmerte. Langsam sank der Rumpf auf ebenem Kiel tiefer, während immer mehr Rauch aus den Aufbauten quoll. Der Kreuzer wiederholte seine Anweisungen. Eines der schweren Geschütze grollte, und das Vorschiff des Kreuzers hüllte sich für Augenblicke in eine dunkelgraue Korditwolke, bevor der Fahrtwind den Geschützqualm achteraus verwehte. Eine turmhohe Wassersäule sprang weit entfernt von dem sterbenden Schiff in die Höhe. Aber trotzig schwangen die Männer die Davits aus und brachten die Boote zu Wasser.

Erst ganz am Ende rollte die Bahia Blanca herum. Der Schlingerkiel und die Schrauben und Ruder zeigten hilflos zum Himmel, als die See die Brände in ihrem Rumpf löschte. Dann, mit einem Geräusch, dass an ein Seufzen erinnerte, glitt sie unter Wasser.

Die Bugwelle des Kreuzers fiel in sich zusammen, als das Kriegsschiff sich den treibenden Booten näherte. Es war kein zweiter Schuss gefallen. Die britischen Seeleute zogen die Deutschen an Bord und ließen die Boote einfach treiben. Gefangene hin oder her, es waren Seeleute, und der einfachen Logik der Seeleute zufolge konnte denen jetzt ein guter Schluck nichts schaden.

Punkt Dora

Punkt Dora war ein einsamer Punkt, weit über tausend Meilen von der Küste Floridas entfernt. Ein Kreuz auf einer Karte, ein Fleck Wasser in der See, durch nichts in natura gekennzeichnet.

Oder jedenfalls war Dora zu anderen Zeiten ein einsamer Punkt. Der Kommandant studierte interessiert die massive Form der Westmark. »Das weckt Erinnerungen.*«

»Nur, dass es dieses Mal geklappt hat.« Rudi Schneider stützte die Ellenbogen auf die Turmbrüstung. »Beeindruckend, nicht wahr?«

»Ich glaube, ich habe sogar den LI lächeln sehen.« Der Alte schmunzelte. »Kein Wunder, bei so viel Öl.«

»Die Bunker waren ziemlich lenz. Seine Sorge war nicht ganz unbegründet, Herr Kap'tän.«

»Wir sind hier nahe der Tankerrouten. Irgendwas hätten wir schon gefunden.« Trotzdem war von Hassel erleichtert, dass sie diesen Plan nicht in die Praxis umsetzen mussten. »Achtung, er setzt Flaggensignal!«

Schneider warf nur einen kurzen Blick auf die bunten Flaggen, die an der Rah des Versorgers auswehten. »Achtundsechzig! Wir sind dran!«

Schon schor Assmanns Boot von der hohen Bordwand weg. Von Hassel beugte sich über das Sprachrohr. »Klar zur Ölübernahme. Halbe Fahrt, Backbord fünf!«

Die Hecksee wuchs etwas an, und das Boot nahm Fahrt auf. Das gewaltige Heck der Westmark schien etwas nach rechts

---

* Siehe Peter Brendt, *Jagd vor Afrika*

auszuwandern. Im Geiste zählte der Kommandant die Sekunden mit. »Stützruder!« Das andere Schiff kam schnell näher. Zu schnell. »Neun Knoten!«

Immer weiter schob sich das Boot in den Schatten des Versorgers, gerade einmal ein paar Meter von der hohen Bordwand entfernt. Auf dem Vordeck begann Bootsmann Volkerts, eine Affenfaust zu schwingen, und schon sauste die erste dünne Leine hinüber auf das Deck der Westmark. Hände griffen nach der Leine und schäkelten ein Tau an. Dem Tau folgte ein Schlauch. »Kleine Fahrt!« Von Hassel beobachtete mit Argusaugen den schmalen Wasserstreifen zwischen den Rümpfen. Die beiden ungleichen Fahrzeuge machten beinahe neun Knoten Fahrt, und die Geschwindigkeit presste das Wasser zwischen ihnen zu Brechern en miniature auf. Schon schwamm das Vordeck des Bootes und machte jede Bewegung zu einem Balanceakt.

Der Schlauch schob sich über die Lücke, hinübergezogen von den Seeleuten, während das Boot schwankte und sie immer wieder im Wasser standen. Kräftige Heizerhände griffen nach dem Mundstück und schlugen es an einen Stutzen an. Schon begann der wertvolle schwarze Saft durch die Verbindung in die Bunker des U-Bootes zu sprudeln.

Oberleutnant Wegemann, durchnässt bis zu den Oberschenkeln, stand an Deck, einen Fuß auf dem Schlauch, als könne er bereits am Pulsieren die Menge gepumpten Öls abschätzen. Wahrscheinlich konnte er. Von Hassel beobachtete seinen LI und winkte ihm gut gelaunt zu. »Bessert das Ihre Laune, LI?«

Der Methusalem winkte zurück. »Erheblich, Herr Kap'tän! Ich mag ja nicht rudern.«

»Nein, das will keiner von uns.« Der Kommandant schob sich die Mütze tiefer ins Genick. »Aber jetzt haben wir ja wieder Öl!« *Jetzt haben wir wieder Öl, genug, um bis tief in die Karibik vorzustoßen.* Nur würde es dieses Mal kein einzelnes U-Boot sein, das er in vom Feind beherrschte Gewässer zu führen hatte. Vier Boote liefen mit der Westmark und, wie Korvettenkapitän Schiller bei ihrem Treffen an Bord des Versorgers ein paar Stunden früher bereits festgestellt hatte, war er bei gleichem Rang dienstjünger als von Hassel. Nicht die große Westmark war das Flaggschiff des Verbandes, sondern U-68, die Seekuh.

Er sah sich im engen Turm um. Ein feines Flaggschiff. Keine Flagge, kein Mast, nicht einmal ein Signalscheinwerfer, wenn man von ihrer Vartalampe absah. Das konnte heiter werden, denn funken konnten sie ja auch kaum, wenn sie nicht gerade die Aufmerksamkeit der Engländer wecken wollten. Vier Tage hatten sie bei großer Fahrt gebraucht, um den Treffpunkt zu erreichen. Vier Tage, in denen die ausgebrochenen Frachter einzeln oder in kleinen Gruppen durch die See schlichen, immer in der Furcht vor den Tommykreuzern, die das Ende ihrer Flucht bedeutet hätten. Immer weiter einem Punkt zu, an dem sie gemäß des Plans ihren Geleitschutz erwarteten. Vier U-Boote, nicht dafür gebaut, einen Geleitzug zu eskortieren. Dazu ein Kreuzer, der in Wirklichkeit nur ein umgebautes Handelsschiff mit alten Fünfzehnzentimeterkanonen war. Es mochte sein, das Deutschland dabei war, den Krieg an Land zu gewinnen, aber hier draußen waren die Kräfte noch anders verteilt.

Die Ölübernahme war ein relativ schnell erledigtes Geschäft. Länger dauerte es schon, Frischproviant aus den Kühlräumen des Trossschiffes auf die U-Boote und durch die engen Luks bis in die Röhren zu bringen. Der Nachmittag war schon weit vorangeschritten, als die vier Boote, den Versorger in der Mitte, Kurs nach Westsüdwest setzten. Theoretisch konnten sie achtzehn Knoten vorlegen, aber in der Praxis begnügte von Hassel sich mit fünfzehn. Denn ungefähr jede halbe Stunde tauchte eines der Boote für zehn Minuten und horchte herum. Unter guten Bedingungen konnte das GHG eines getauchten U-Bootes einen Geleitzug auf bis zu sechzig Meilen, ein großes Kriegsschiff auf immer noch über zwanzig Meilen erfassen.

Zwanzig Meilen, das wäre nicht sehr viel Abstand, denn obwohl ein Kreuzer den U-Booten kaum gefährlich werden konnte, die Westmark, selbst größer als die meisten britischen Kreuzer, konnte von einem hohen Artillerieleitstand aus schon beinahe auf zwanzig Meilen Entfernung entdeckt werden. Augenhöhe, das war es, was in diesen Tagen vor der Einführung des Radars die Sichtweite und die Strategie bestimmte. Augenhöhe und Wetter. Aber sie liefen in die Karibik, und schlechtes Wetter entlang der Ostküste der USA und in der Karibik hatte einen Namen: Hurrikan.

Noch sah es nicht nach einem der gefürchteten Wirbelstürme aus. Im Gegenteil, die Sicht war klar, und die weite Wasserfläche schien nicht mehr grau, sondern mehr und mehr blau zu sein. Nicht das tiefe Dunkelblau, das man in manchen Seen sieht, auch nicht das Grünblau des Mittelmeeres, sondern das hellere Blau des Südatlantiks und der karibischen See. Sechs Tage, sechs Tage würden sie brauchen, um den Treffpunkt zu erreichen. Sechs lange Tage, in denen die Frachter sich alleine durchschlagen mussten.

Im Angesicht des Feindes

»Oh, oh …« Leutnant Felix Hartmann beschattete die Augen mit der Hand. »Das werden mehr!«

»Richtig, das werden mehr!« Der Kommandant des Hilfskreuzers betrachtete die inzwischen drei Dampferfahnen mit beinahe komischem Entsetzen. Die Schäden, die der Treffer der unglücklichen Crystal Sea angerichtet hatte, hatten sich bei näherer Untersuchung als geringfügig erwiesen. Nichts, was man nicht mit Bordmitteln und einer kräftigen Runde Pönen wieder hinbekommen hatte. Pönen war sowieso eine Dauerbeschäftigung der letzten Tage gewesen, denn der Hilfskreuzer hatte wieder umgetarnt.

Fregattenkapitän Vogel ließ den Blick über sein Schiff gleiten. Ein zweiter Schornstein, eine Attrappe aus Holz und Persenning, dazu veränderte Ladebäume und ein neuer Anstrich. Stolz glänzte der Rumpf in Mittelblau, während sich ein gelber Streifen die ganze Bordwand entlangzog. Auch die Schornsteine leuchteten in einem hellen freundlichen Gelb, und für diejenigen, die noch Zweifel haben mochten, zierte eine große schwedische Nationale die Bordwände auf beiden Seiten. Stena Anderson lautete der Name, den die Seeleute auf Heck und Bug gepönt hatten, Heimathafen Helsingborg. Ein Schwede, ein neutrales Schiff. Kein Feind, niemand, der Verdacht erregte, zumal es eine Stena Anderson gab, die dem Hilfskreuzer als Vorbild gedient hatte. Ein Schiff, das regelmäßig in den Gewässern der Karibik unterwegs war.

»Was tun wir?« Der Zweite Offizier des Salamander verzog das Gesicht. »Laut Befehl sollen wir nicht mehr angreifen. Aber den Kurs können wir auch nicht ändern. Die haben uns doch längst gesehen, wenn wir nun …«

Vogel hob abwehrend die Hand. »Langsam mit den jungen Pferden, Felix.« Er runzelte nachdenklich die Stirn. »Die letzte Entscheidung liegt immer noch bei mir.« Er deutete zum Horizont. Eine vierte Dampferfahne hatte sich zu den anderen gesellt. »Es muss ein Geleitzug sein.«

»Ein Geleitzug, das bedeutet, es sind auch Kriegsschiffe dabei.«

Vogel zuckte mit den Schultern. »Vielleicht, vielleicht auch nicht.« Er lächelte nachdenklich. »Die Tommies sind knapp mit Bewachern. Es kann sein, dass da nur ein einzelner bewaffneter Trawler mitläuft.«

»Ein ganzer Geleitzug?« Leutnant Hartmann sah seinen Kommandanten entgeistert an. »Selbst wenn wir damit durchkommen, die Tommies werden Himmel und Hölle in Bewegung setzen, um uns zu kriegen.«

»Das tun die jetzt schon.« Vogel spürte, wie nach und nach so etwas wie ein Plan Formen annahm. »Die letzte Entscheidung fällt, wenn wir sehen, was für einen Geleitschutz die haben. Wir nähern uns von Steuerbord voraus an, das bedeutet, wir können die ganze Steuerbordbatterie zum Tragen bringen.« Vogels Stimme klang plötzlich hart. »Wenn wir das durchziehen, werden die Tommies jeden verdammten Kreuzer, den sie entlang der Küste Südamerikas oder in der Karibik haben, mit voller Fahrt hierher schicken. Das wird den Kameraden auf den Frachtern Luft geben.«

Auf der Brücke von HMS Milford Haven beobachtete man den Ankömmling schon seit geraumer Zeit. Die Sloop, ein Veteran des Großen Krieges, fristete ihr Dasein schon seit den Dreißigern in der Karibik, meist als Vermessungsschiff. Aber mit dem Ausbruch des Krieges wurden auch die ältesten Kriegsschiffe wieder gebraucht. Raddampfer, die früher Ausflügler nach Brighton gebracht hatten, legten heute Minen, Fischtrawler dienten als U-Boot-Jäger. Ein Schiff aus dem letzten Krieg mochte alt sein, aber es war in einer Zeit, in der man alles benutzte, was man hatte, um es dem Feind entgegenzuwerfen, kein ungewöhnlicher Anblick. So also fuhr nun die alte Milford Haven Geleitschutz in der Karibik und machte neuere und modernere Schiffe frei für wichtigere Aufgaben. Denn die Karibik lag weit weg von allen ernsthaften Kriegsschauplätzen.

»Was halten Sie von ihm?« Die Stimme des Skippers klang eher gelangweilt.

Der Erste der Sloop hob das Glas. »Ein Schwede. Auf diesem Kurs will er wahrscheinlich nach Port au Prince.«

»Rund und bummelig sechshundert Seemeilen.« Der Kommandant brummte die Feststellung in seinen nicht vorhandenen Bart. »Signalgast, fragen Sie mal an, wer er ist.«

»Aye, Sir!« Der junge Seemann hob die Signallampe und begann zu morsen. »This is HMS Milford Haven, what ship? – Hier ist HMS Milford Haven, welches Schiff?«

Der Erste warf einen kurzen Kontrollblick auf das Geleit. Sechs Schiffe zwischen eintausendfünfhundert und viertausend Tonnen. Aber genau wie die Milford Haven, so hatten auch diese alten rostigen Frachter so viel Zeit in diesen Gewässern verbracht, dass die Schiffe die Strecke schon auswendig kannten. Sauber in zwei kurze Kolonnen geordnet, zogen die Dampfer ihren Kurs, und nur das Blitzen von Ferngläsern verriet, dass der Schwede auch von den Brücken der Handelsschiffe neugierig beobachtet wurde. Aber es gab ja nicht viel anderes, was man hier beobachten konnte. Unendlich weit erstreckte sich die blaue See in alle Richtungen. Wasser, Wasser und noch mehr Wasser. Ein jedes Schiff bedeutete eine Abwechslung.

Auf der Brücke des Schweden blitzte eine Signallampe auf. In einem langsamen bedächtigen Rhythmus formten sich die Lichtzeichen zu Buchstaben, die Buchstaben zu Worten, die Worte zu … »This is a German warship, stop and strike your flag or you will be gunned! – Dies ist ein deutsches Kriegsschiff, streichen Sie sofort Ihre Flagge oder Sie werden beschossen!«

»Verdammte Schei…« Dem Kommandanten blieben die

Worte im Hals stecken. Ein dumpfes Rumpeln rollte über die See, als der Hilfskreuzer die großen Klappen öffnete, hinter denen seine Geschütze verborgen waren. Die schwedische Flagge flitzte hinunter und wurde sofort durch eine andere Nationale ersetzt. Leuchtend rot entfaltete sich die Reichskriegsflagge im Top des Raiders.

»Alarm! Alle Mann auf Gefechtsstationen!« Der Erste brüllte die Befehle, ohne sich lange mit seinem vor Schreck erstarrten Kommandanten aufzuhalten. »Hart Steuerbord!« Mit langen Schritten ging er zum Maschinentelegrafen, stieß den verdatterten Seemann zur Seite und legte den Hebel auf »Voll Voraus!«. Augenblicke später rutschte er bereits auf den Handläufen des Niederganges hinunter auf dem Weg zu seiner Gefechtsstation. Die Alarmklingeln rasten im gesamten Schiff, Männer ließen alles fallen und rannten, so schnell sie die Beine trugen, auf ihre Stationen. Schon schlug der schwere Verschluss des Buggeschützes auf, aber die erste Granate steckte noch im Aufzug.

Es war zu spät, es war vom ersten Augenblick an zu spät gewesen. Milford Haven hatte die Flagge nicht gestrichen, sie machte gefechtsbereit. Dies war nicht ein Überfall auf einen Frachter, dies war ein Gefecht zwischen zwei Kriegsschiffen. Immerhin war die alte Milford Haven als Kriegsschiff gebaut worden. Salamander war nur ein umgebautes Handelsschiff, formal eigentlich nur ein Hilfskriegsschiff. Salamander war nach allen Regeln des Seekriegsrechtes befugt, ohne weitere Warnung zu feuern.

Dumpf wummerten die Abschüsse der Fünfzehner, und die Steuerbordseite des Hilfskreuzers hüllte sich in eine Qualmwand. Der Erste, der fluchend zwischen seinen Männern stand und sie antrieb, hörte ein durchdringendes Pfeifen, als eine Granate über sie hinwegflog. Wassersäulen wurden auf beiden Seiten des Bugs in die Höhe gerissen. Splitter flitzten über das Vorkastell und rissen zwei Männer um. *Deckend! Mein Gott, mit der ersten Salve deckend!*

Der junge Offizier riss dem Ladeschützen die Granate aus den Händen und rammte sie selber ins Geschütz. Schon knallte der Verschluss zu, und die Männer drehten die Handkurbeln, um das Geschütz auf den Feind zu richten. Mit einem scharfen Knall spie die Kanone Feuer und Rauch. Der Erste spähte nach dem Einschlag. Eine kleine fedrige Säule, und wie erschreckend klein sie wirkte, verglichen mit den turmhohen Einschlägen, welche die deutschen Sechszöller aus der See rissen. »Weit! Hundert zurück!« Vom Achterdeck her hörte er den Knall des zweiten Vierzöllers.

Der Deutsche schoss wieder. Eine kontrollierte, disziplinierte Salve, auch wenn er nur drei Geschütze zum Tragen bringen konnte. Dieses Mal stieg eine Einschlagsäule direkt neben der Brücke auf. Wieder schlugen rauchende Granatsplitter in die Aufbauten, zerstörten Gerät und zerfetzten Haut und Knochen.

Das Geleit begann sich zu zerstreuen. In wilder Flucht lösten sich die beiden Kolonnen auf, ein jedes Schiff in eine andere Richtung. Einige würden die Jerries kriegen, andere hatten vielleicht eine Chance. Denn sie konnten nicht in allen Richtungen gleichzeitig nach ihnen suchen.

Milford Haven kämpfte. Das alte Schiff und seine junge Besatzung kämpfte mit dem Mut der Verzweiflung. Nicht ums eigene Überleben, dann das war zu diesem Zeitpunkt nicht einmal mehr eine theoretische Möglichkeit. Alles, worum sie nun kämpften, war Zeit. Wie einst die Rawalpindi kämpften sie ohne Hoffnung gegen einen artilleristisch überlegenen Gegner.

In der dritten Salve erzielten die Jerries ihren ersten Treffer. Eine Granate brach unterhalb des Batteriedecks in den ungepanzerten Rumpf, bevor sie im Inneren des unglücklichen Schiffes krepierte. Hinter dem Schornstein schien eine feurige Faust aus dem Deck zu brechen, tötete die Bedienung der beiden Bofors und schleuderte eines der verdrehten Flakgeschütze über Bord. Aber noch hatte das Glück die alte Sloop nicht völlig verlassen. Die Bereitschaftsmunition der Flak rollte haltlos an Deck herum, aber keine der Ladungen fing Feuer, keine der Granaten explodierte.

Wieder feuerte das Buggeschütz, und wieder versuchte der Erste durch den Qualm hindurch zu erkennen, wohin die Granate gegangen war. Aber er konnte nirgendwo einen Einschlag feststellen. Schon schlug wieder der Verschluss zu. »Feuer!«

Die vierte Salve der Jerries lag deckend. Splitter töteten den Kommandanten auf der Brücke und alle, die mit ihm dort oben waren. Aber wie durch ein Wunder überlebte der Gefechtsrudergänger im Ruderhaus unter der Brücke. Auf der Backbordseite sprang eine Wassersäule vor dem Bug in die Höhe und durchnässte beim Zusammenfallen die Geschützbedienung und das gesamte Vordeck.

Milford Haven hatte Schlagseite. Auch wenn sie nur einen direkten Treffer weit über der Wasserlinie erhalten hatten, die Nahtreffer der Deutschen hatten regelrechte Löcher in die dünne Bordwand der Sloop gestanzt. Überall im Rumpf kämpften die Seeleute darum, die Schäden unter Kontrolle zu halten. Die Leckwehr benutzte Balken, Kopfkissen, Persenning, kurz: alles, was ihnen in die Hände fiel, um die Löcher zu stopfen oder wenigstens den Querschnitt zu verringern. Tief unten in der Bilge heulte die Lenzpumpe unter Überlast und schaffte Wasser aus dem durchlöcherten Rumpf, so schnell es ging.

Dieses Mal feuerten Bug- und Heckgeschütz der Sloop nahezu gleichzeitig. Eine dünne Wassersäule stieg am Bug des Deutschen empor, und dann, der junge Erste konnte es nicht fassen, leuchtete ein Treffer wie ein böses rotes Auge auf, gleich am Fuß des zweiten Schornsteins. Jubelnd sprang er in die Luft. »Ein Treffer, ein Treffer!« Tränen liefen ihm über die Wangen. »Ein Treffer!«

Das Deck schien unter ihm in die Höhe zu springen. Schwer stürzte er auf den nassen Stahl. Er konnte nichts mehr sehen, alles war voller Rauch. *Die haben uns getroffen!* Vor seinen Augen hing ein Fuß seltsam leblos herab. Der Richtschütze starrte ihn blicklos an. *Wenn nur dieses verdammte Schreien aufhören würde!* Ein gellendes, nicht enden wollendes Schreien. Er versuchte, sich die Ohren zuzuhalten, aber es ging nicht. Voller Entsetzen starrte er auf die blutigen Stummel seiner Hände und begriff, die Schreie waren seine eigenen.

»Da geht er hin!« Hartmann klang heiser.

Vogel nickte. »Ein tapferes kleines Schiff!« Er hob das Glas. »Er hat erreicht, was er sich vorgenommen hat. Wir erwischen vielleicht noch zwei oder drei von den Frachtern, wenn überhaupt.« Aber auch er konnte den Blick nicht von der Milford Haven wenden. Die letzte Salve hatte die Entscheidung gebracht. Ein Doppeltreffer hatte ihr fast den Bug weggerissen, den Rest hatten der Wasserdruck und die hohe Fahrt erledigt. Die rauchenden Geschütze schwiegen. Alle Augen starten auf die Sloop, die sich mehr und mehr auf den Kopf stellte. Das Heck mit der einsam rasenden Schraube hing frei in der Luft, aber wahrscheinlich gab es im Maschinenraum keine lebende Hand mehr, die die rasende Maschine hätte stoppen können. Nur von der Schanz sprangen ein paar winzige Gestalten in die See. Aber ein paar dreieckige Flossen, die sich bereits neugierig näherten, zeigten, dass auch hier jeder Rettungsversuch zu spät kommen würde.

»Steuerbord zehn! Der AO soll Zielwechsel auf den großen Frachter machen!« Die Stimme des Kommandanten klang ausdruckslos.

Ein neues Revier

Tage vergingen. Sie lieferten das Geleit in Halifax ab und machten sich auf den Weg nach Süden. Farlane und Henbane, die beiden Schiffe der Escort Group, die am längsten keine Werft gesehen hatten, gingen nach Boston, während Commander Smith seinen Stander auf Sorceress setzte, die ein Schwesterschiff seiner eigenen Farlane war. Eine Vorkriegssloop und zwei Korvetten, das war alles, was die größte Seemacht der Welt zusätzlich zur U-Boot-Jagd in die Karibik schicken konnte. Dazu kamen noch vier alte Sloops aus dem Großen Krieg. Das war alles, was an U-Jagd zur Verfügung stand. Demgegenüber standen entlang der südamerikanischen Küste und in der Karibik sechs leichte und zwei schwere Kreuzer, und ein dritter schwerer Kreuzer war mit Zerstörergeleit auf dem Weg.

»Zehn Tage Fahrt von Boston bis in die Karibik.« Maxwell, der zweite Offizier der Goosefoot, schüttelte den Kopf. »Bis wir da sind, haben die dicken Schiffe das alles schon erledigt.«

Lieutenant Philipps schüttelte den Kopf. »Der Kreuzer braucht auch eine Woche, bis er da ist. Und die Kreuzer vom Südamerikageschwader können ebenfalls nicht viel früher dort sein.«

»Aber das Karibikgeschwader ist bereits da.« Sublieutenant Maxwell schien die Aussicht, zu spät zu kommen, mehr zu bedrücken als die Idee, für eine Weile aus dem Nordatlantik wegzukommen.

Jason Philipps verzog das Gesicht zu einem schiefen Lächeln. So ging es vielen an Bord und wahrscheinlich in der ganzen Gruppe. Sie waren hier nicht daheim, es war nicht ihr Revier. Trotz des besseren Wetters und der unbestreitbaren Tatsache, dass sie hier durch amerikanische Hoheitsgewässer liefen, was an sich schon einen wirksamen Schutz gegen Torpedoangriffe darstellte. Denn die Deutschen würden es wohl kaum riskieren, die USA mit in den Krieg zu ziehen. Hatten sie nicht auf die wiederholten Provokationen der Yanks mit vorsichtigem Ausweichen reagiert? Jeder wusste das. Für eine kurze Zeit erfuhren sie etwas, was sie schon seit Monaten nicht mehr kannten – Sicherheit. Aber auch wenn der Verstand den Männern sagte, sie seien im Augenblick sicher, sie *fühlten* sich nicht sicher! Der Erste wusste das alles. Langsam nickte er. »Also zurück in den Nordatlantik? Ich fürchte, unsere Befehle lauten anders, Sub.«

»Wie üblich, zu wenig und zu spät.« Maxwell schüttelte den Kopf. »Krieg ist schon ein seltsames Geschäft.« Er sah demonstrativ auf die Uhr. »Zeit, meine Ronde zu gehen, Sir!«

»Aye, Sub.« Philipps hob sein Glas und betrachtete die nahe Küste. *Zehn Tage. Es konnte sein, dass sie gerade rechtzeitig kamen, um mitten in einen Hexenkessel zu laufen.*

HMS Wiltshire lief allein, wie üblich. Im Augenblick waren die Schiffe über die gesamte Karibik verstreut. Irgendwo trieb sich ein deutscher Raider herum. Ein Pirat, ein Schlächter. Oder auch nur ein Seemann, der in diesen Zeiten seine Pflicht tat. Es kam immer darauf an, wie man es betrachtete. Der Jerry hatte die Pflicht, möglichst viele Handelsschiffe wegzunehmen oder zu versenken. Wiltshire hatte die Aufgabe, ihn zu stellen und zu versenken, bevor er das tun konnte. Nur hatte der Deutsche bisher die Nase vorne. Nun war ihm auch noch ein Geleitzug zum Opfer gefallen. Ein Kriegsschiff versenkt und vier Frachter vermisst oder versenkt. Nur zwei kleine alte Kolcher waren dem suchenden Kreuzer im Schutz der Nacht entgangen. Verluste, wie sie jetzt im Krieg auf dem Atlantik alltäglich waren – aber nicht hier, nicht in der friedlichen Karibik.

Rufe auf der Brücke ließen den Kommandanten aus dem

Kartenraum in den offenen Kommandostand eilen. Beinahe automatisch griff er zum Glas. »Was haben wir?«

»Ein Rettungsboot, Sir!«

Der Kommandant, ein würdiger Vierstreifer, hob das Glas und blickte in die angegebene Richtung. Ein kleines Boot nur, ein Wunder, dass die Ausgucks es in dieser Wasserwüste überhaupt entdeckt hatten. Aber er konnte Bewegung erkennen. Die Männer sprangen und winkten mit den Armen. Das Glück hatte sie noch rechtzeitig eingeholt. Der Kommandant nickte. »Bringen Sie uns heran, wir nehmen sie an Bord.«

Eine halbe Stunde später stand der einzige Offizier, der in dem Boot gewesen war, auf der Brücke und sah sich ausdruckslos um. Sein scharfgeschnittenes Zigeunergesicht zeugte trotz Erschöpfung immer noch von der Härte des Mannes. »Robert Trent, Erster Offizier auf der Panama Trader.« Er blickte dem Kommandanten geradewegs in die Augen. »Mein Schiff wurde vor zwei Tagen von einem deutschen Raider versenkt.«

»Sie haben nicht gefunkt?« Es war mehr eine Feststellung als eine Frage.

Trent zuckte mit den Schultern. »Die Jerries haben uns überrascht. Der Funkoffizier ist noch in die Funkkabine, um seinen Kasten anzuheizen.« Wieder zuckte er mit den Schultern. »Volltreffer unter die Brücke. Da hat keiner überlebt.«

Der Captain des Kreuzers legte seine Stirn in traurige Falten. »Dann verzeihen Sie meine Frage. Und der Raider hat Sie nicht aufgenommen?«

»Er hätte. Er hat auch die beiden anderen Boote aufgenommen.« Trent blickte zum Himmel. »Aber Sie wissen, wie es in diesen Breiten ist. Wenn es erst einmal dunkel wird, wird es sehr schnell dunkel.«

»Also haben Sie sich mit Ihren Männern davongemacht?«

Der Erste der Panama Trader verzog das Gesicht. »Antigua war weniger als vierzehnhundert Meilen entfernt, ich hatte alles, was ich brauchte. Es erschien machbar. Besser jedenfalls, als in Kriegsgefangenschaft zu gehen.« Er grinste. »Meinen Männern erschien das auch so. Nur so aus Neugier, aber wo sind wir?« Er zerrte eine zerknitterte und zerknautschte Seekarte aus seinem verschmutzten Jackett.

Der Kommandant schnippte mit den Fingern. »NO, vergleichen Sie mal.« Er sah den Geretteten an. »Und Sie, junger Mann, erzählen mir alles, was Ihnen zu diesem verdammten Raider einfällt. Jede Einzelheit ist wichtig.«

Die See hatte mit jeder Seemeile, die die Boote zurücklegt hatten, mehr das Blau der Karibik angenommen. An die sechstausend Meilen hatten sie bereits hinter sich, und nun brachte sie jede Stunde näher an die britischen Basen in der Karibik heran. Antigua, Santo Domingo, Tortuga. Die Bezeichnungen auf dem Übersegler weckten Erinnerungen an lang vergangene Zeitalter der Seefahrt, an lang vergangene Kriege. Die Karibik war das klassische Jagdgebiet der berüchtigten Piraten gewesen, der Freibeuter und der Kaperschiffe. *Vielleicht fühlt sich Vogel ja auch ein bisschen als Pirat?*

Heinz-Georg von Hassel saß in seinem Kabuff und ging die Funksprüche durch. Interessanter als die deutschen Funksprüche erwies sich dabei, was seine Funker vom englischen Funkverkehr aus dem Äther gefischt hatten. »Die Kriegsschiffe funken natürlich verschlüsselt, da kommen wir nicht ran.« Der Kommandant verzog missmutig das Gesicht. »Aber die Frachter …« Er ließ den Rest offen.

»Mindestens zwei, dazu dieser Geleitzug.« Rudi Schneider hockte auf der Koje des Alten und schüttelte den Kopf. »Er macht weiter, als habe er gar keinen Befehl für Sternenhimmel erhalten.«

»Er muss. Das Stichwort wurde oft genug wiederholt.« Von Hassel starrte auf den großen Übersegler. In einem weiten Bogen zog sich die Inselkette über die Weiten der Karibik. Kuba, Santo Domingo, Puerto Rico, dann in einem Bogen über St. Thomas, St. Martin, St. Kitts, Antigua, Guadeloupe nach Trinidad. Irgendwo in diesem Gewirr großer und kleiner Inseln lag der Schlüssel zu dem Rätsel verborgen, das ihn beschäftigte. »Wenn er das Stichwort bekommen hat, warum in Gottes Namen greift er weiter Schiffe in der Karibik an? Er macht das ganze Revier wild.«

»Wenigstens hat er sich die letzten drei Tage zurückgehalten.«

»Soweit wir wissen, Rudi. Er kann genauso gut einen erwischt haben, der nicht mehr gefunkt hat.« Er studierte die Karte genauer. »Der letzte war ein Frachter zwischen Kuba und Florida.«

»Neunhundert Seemeilen weg von unserer derzeitigen Position.« Schneider machte einen langen Hals und warf einen Blick auf die Karte. »Er operiert an der großen Bahamabank?«

»Ja?« Der Kommandant runzelte die Stirn. »Wenn er den Treffpunkt rechtzeitig erreichen will, muss er bereits wieder auf Südostkurs gegangen sein.«

»Bei achtzehn Knoten kann er es schaffen. Wenn ihm nichts dazwischen kommt.«

»Es wird eng, sehr eng.« Von Hassel schüttelte den Kopf. »Er muss einen Grund haben. Wir erkennen ihn nur nicht.«

»Wir könnten die Funkstille brechen und …« Der IWO kam nicht dazu, seinen Vorschlag zu unterbreiten. Männer sausten die stählernen Leiterholme hinunter und polterten auf das Stahldeck in der Zentrale. Eine Stimme schrie gellend: »Alaaaaaaarm!«

Die beiden Offiziere sprangen auf und stürmten in die Zentrale. Schon senkte sich der Bug nach unten, und von oben kam die Meldung Wellenbergs: »Turmluk ist dicht!«

»Alle Mann voraus!«

Mit der Geschicklichkeit von Akrobaten stürmten Männer von achtern durch die Zentrale und verschwanden durch das Kugelschott nach vorne. Die Neigung wurde steiler. Das Hämmern der Diesel verstummte und machte dem Summen der Elekromotoren Platz.

Der Alte wandte sich um. »Was gibt es, IIWO?«

»Flieger, aber ich habe den Typ nicht erkannt.« Der ehemalige Rechtsanwalt atmete tief durch. »Weit ab, er hat uns vielleicht nicht gesehen, aber die Westmark …«

»Die kann er kaum übersehen!« Er dachte nach. »Kann ein Engländer gewesen sein, vielleicht haben die einen Träger hier draußen.«

»Glaub ich nicht, das war keine Trägermaschine, das war eine große Viermotorige.«

Von Hassel sah ihn verdutzt an. »Eine Viermotorige? Der nächste Flecken Land, der groß genug für einen Flugplatz ist, ist Puerto Rico, vielleicht auch Anagada. Aber das sind mehr als dreihundert Meilen.«

»Und Puerto Rico ist amerikanisch.« Wellenberg seufzte. »Falls die Amis sich an die Spielregeln halten, können sie den Tommies kaum einen Flugplatz auf Puerto Rico überlassen haben.«

Von Hassel wandte sich um. »Auf sechzig Meter gehen. Die Funker sollen mit ihrem Zauberkasten zusehen, dass sie rauskriegen, was oben gespielt wird.«

»Jawohl, Herr Kap'tän!« Rudi Schneider nickte kurz und setzte sich in Bewegung zum Funkschapp.

Als von Hassel sich zum IIWO umwandte, klang seine Stimme wieder ruhig und kontrolliert. »Hoffen wir, dass es ein Amerikaner ist. Der wird wenigstens nicht auf die Idee kommen, die Westmark zur Schnecke zu machen.« Er zwang sich zu einem kurzen Lächeln. »Die Amis halten sich nicht an die Spielregeln, das wissen wir alle. Aber sie versuchen auch, nicht offen in den Krieg hineingezogen zu werden.«

Wellenberg sah ihn verblüfft an. »Was bedeutet das für uns?«

»Wenn es ein Ami ist, wird er die Westmark nicht angreifen, aber die Amis werden ihren britischen Freunden flüstern, dass sich ein deutscher Versorger in die Karibik schleicht.«

»Aber …«

Der Kommandant nickte, als er das Begreifen in Wellenbergs Augen sah. »Richtig, sie werden uns einen Kreuzer auf den Hals hetzen.«

»Schraubengeräusche von der Westmark, sonst nichts.« Rudi Schneider schob sich neben die beiden anderen Offiziere. »Rückert ist am GHG. Er meint, die anderen Boote sind ebenfalls weggetaucht.«

»Na schön, dann denken wir uns mal was aus.« Von Hassel schob sich an den Kartentisch. »Lassen Sie mal sehen, Franke!«

Steuermann Franke drückte sich etwas an die Seite, um dem Kommandanten Platz zu machen. »Wenn es ein Ami ist, wird er genau das melden, was er gesehen hat. Ein einzelnes Trossschiff. Wir liegen noch ziemlich genau auf Westkurs.«

Der Alte griff nach dem Stechzirkel. »Natürlich, irgendwie mussten wir schließlich den Geleitzugrouten aus dem Weg gehen. Die Tommies fahren ja fleißig entlang der US-Küste spa...« Von Hassel ließ den Stechzirkel sinken und starrte Franke verdutzt an. »Sie haben recht.«

Der Obersteuermann nickte. »Was wird er melden, was werden die Tommies verstehen? Werden sie hören: ein Schiff aus Osten? Oder eher: ein Schiff, das nach Westen fährt?«

Von Hassels Blick folgte der Kurslinie. Ihr eigener Kurs würde sie nur noch etwas weiter nach Westen führen, bevor sie eine scharfe Kursänderung nach Südsüdwest durchführen würden. Sein Finger tippte auf einen winzigen Punkt. »Die Mona-Passage, die wollten wir ja ursprünglich nehmen.« Er dachte nach. »Der Kreuzer hat vor drei Tagen an der Großen Bahamabank operiert. Die Tommies werden annehmen, die Westmark gehört zum Kreuzer und trifft sich mit ihm.« Seine Augen glitten über die Karte. »Irgendwo an einem abgelegenen Fleck entlang der Küste Floridas.«

»Es wäre die logische Wahl für eine Seeversorgung.« Franke grinste. »Ein Tommykreuzer, der hinter unserer Westmark her ist, wird also Richtung Florida suchen.«

Von Hassel zog ein enttäuschtes Gesicht. »Nein, er wird von dorther kommen. Salamander hat sich aufgeführt wie die Axt im Walde. Sie sind bereits an der Bahamabank und vor Florida unterwegs. Sie suchen den Salamander.«

»Werden Sie ihn kriegen?« Rudi Schneider, der über die Schulter des Kommandanten spähte, machte ein besorgtes Gesicht.

»Glaube ich nicht. Sie werden annehmen, dass er weiter nach Westen fährt, die Südspitze Floridas passiert und bis nach Mittelamerika vorstößt. Dort haben wir Deutschen noch viele Freunde.«

»Oh, oh …« Wellenberg zog eine Grimasse. »Mit Mexiko herumzuspielen, hat die Amerikaner schon einmal in den Krieg gebracht.«

»Ich dachte immer, es sei die Lusitania gewesen.« Der IWO runzelte die Stirn. »Aber Sie haben recht. Die Tommies werden annehmen, wir versuchen das gleiche Ding wieder.«

Von Hassel nickte. »Es ergibt einen Sinn, mein Gott, es ergibt einen Sinn.« Er blinzelte. »Mit Kap'tän Vogel möchte ich nicht Schach spielen.«

»Setzen Sie die Männer auf das Umtarnen an!« Fregattenkapitän Vogels Stimme klang heiter, fast beschwingt. »Panama Trader. Er hat nicht gefunkt, er war in der Karibik bekannt, und er hat so ungefähr unsere Größe.«

»Jawohl, Herr Kap'tän!« Jakob Schwiering salutierte stramm. »Dunkelgraue Farbe haben wir ja noch genug.«

Vogel sah seinem Ersten hinterher. Ein guter Mann. Viele gute Männer. Langsam trat er hinaus in die Brückennock und zog eine Zigarre aus der Jacketttasche. Genüsslich, beinahe wie in einem Ritual, schnitt er die Spitze ab und entzündete das gute Stück. Sie hatten gute Arbeit geleistet. Das letzte Schiff hatten sie auf der Höhe von Floridas Südspitze erwischt, beinahe schon in Sichtweite von Kap Sable. Direkt vor der amerikanischen Haustür, aber noch außerhalb ihrer Hoheitsgewässer. Wenn die Tommies jetzt noch nicht glaubten, dass er weiter nach Mittelamerika vorstoßen wollte, dann konnte er auch nichts mehr tun. Der Salamander musste jetzt zurück in sein altes Jagdgebiet, zurück in die karibische See. Vogel grinste. *Die*

See der Piraten! Bisher hatte sie ihnen Glück gebracht. Selbst bei dem Gefecht gegen die verzweifelt kämpfende Sloop hatte der einzige Treffer nur die Schornsteinattrappe weggerissen.

Felix Hartmann, der Zweite Offizier, trat in die Brückennock. »Schiff liegt auf Südkurs, Maschinen laufen AK, Herr Kap'tän!«

»Danke, IIO.« Vogel wedelte statt eines Grußes mit der Zigarre. »Dann also zurück!«

»Wenn die Tommies uns lassen. Nach dem, was die Funker so hören, sind die Kreuzer nahe.«

Vogel winkte ab. »Nein, vergessen Sie das. Die Tommies kriegen uns wenn, dann nur durch Zufall. Wir wissen, wie sie operieren, wissen, wie sie denken. Um die Tommies mache ich mir im Augenblick keine Sorgen.« Er zögerte. »Viel mehr mache ich mir Sorgen, ob dieser von Hassel in der Lage ist, seinen Teil zu tun. Er muss die Westmark bis zum Treffpunkt bringen. Das ist das A und O. Ohne das Öl aus der Westmark liegen wir alle, die Frachter, unser guter Salamander und seine U-Boote, auf dem Trockenen.«

Hartmann nickte. »Ich verstehe. Aber er wird sich wahrscheinlich auch seine Gedanken machen, was wir hier treiben.«

»Das hoffe ich doch sehr!« Fregattenkapitän Vogel sah seinen Zweiten ernst an. »Das hoffe ich doch sehr.«

Bei Nacht und Nebel

Wach auf!« Georg Buhn flüsterte nur, aber gleichzeitig stieß er Jens hart in die Seite. »Schwing endlich deinen verdammten Arsch aus der Pennmulde!«

»Was zum Teufel ...« Lauer öffnete verschlafen die Augen. »Was willst du denn?«

Buhn seufzte. »Mann Gottes, wenn du pennst, dann richtig! Komm endlich mal auf die Füße, Jens, ich hab was für dich, da wirste staunen.«

Jens hatte tausend Fragen, und nicht die unwichtigste davon war, warum Georg ihn jetzt mitten in der Nacht aufweckte. In der ersten Nacht ohne Nachtalarm seit einer Woche. Aber etwas in der Stimme des anderen hielt ihn zurück, Zeit mit dummen Fragen zu verschwenden.

»Das Rödelzeug!« Buhn sah sich um. Dreiunddreißig Offiziersanwärter schliefen in der Baracke. Der Raum war angefüllt mit Schnarchen und Pfeifen, gelegentlichem verschlafenem Gemurmel und einer Menge warmem Mief. Alles stand voller Stockbetten, aber er glaubte nicht, dass einer der anderen wach war. Verdammt, es hatte ihn alle Mühe gekostet, wach zu bleiben.

Jens schmiss sich in Feldjacke und Feldhose. »Fertig! Was nun?«

»Kommt auf deine Nerven an. Komm!« Leise schlich er zur einzigen Tür und öffnete sie einen Spalt. Die kalte feuchte Nachtluft ließ die beiden jungen Männer schaudern. »Keiner da!«

»Die gehen ihre Ronden schön regelmäßig.« Jens griente etwas träge. »Oder gar nicht, wie es ihnen passt. Etappenhengste.«

»Heute Nacht werden ein paar etwas wacher als sonst sein.« Buhn grinste, während er hinaus in die neblige Nacht schlüpfte. »Ich glaube, Artok bekommt tatsächlich heute Nacht eine Lieferung.«

»Was …« Lauer stockte der Atem. »Wie haste denn das rausgekriegt?«

»Erzähl ich dir unterwegs. Jetzt erstmal weg hier.« Geduckt schlichen sie im Schatten der Baracken durch das Gelände. Die Ronden wurden beinahe ausschließlich nur am Zaun entlang gegangen. Solange sie sich mehr im Inneren des weitläufigen Geländes hielten, waren sie theoretisch sicher. Aber offensichtlich wollte Buhn es nicht darauf ankommen lassen. »Obermaat Schimmelpfeng hatte gestern frei.«

»Nicht, dass ich das fette Schwein wirklich vermisst hätte.«

»Aber ich!« Georg nickte eifrig. »Es ist immer das gleiche Schema. Schimmelpfeng hat einen Tag Urlaub, und am übernächsten Tag steht vor dem Kommandeursgebäude ein fremder Wagen.«

»Du hast aber gut hingesehen.«

Buhn zuckte mit den Schultern, während er geduckt weiterschlich. »Jeder weiß, dass Artok Zeug verschiebt. Es ist ja alles rationiert. Wer was extra will, muss auf dem schwarzen Markt suchen.«

»Und weiter?«

»Gar nichts weiter. Keiner hat sich Gedanken drum gemacht, wie das abläuft. Es ist einfach eine feststehende Tatsache.« Der Offiziersanwärter spähte um eine Ecke, doch außer Nebelschwaden war nichts zu sehen. »Aber irgendwoher muss das Zeug kommen. Das heißt, irgendeiner muss irgendwohin und die nächste Lieferung klarmachen. Und dann muss irgendeiner kommen, um das Geld zu bringen, damit Artok die Lieferung weiterschickt.«

»Also zieht Schimmelpfeng los und besorgt das Zeug, und der fremde Wagen bringt den Geldbriefträger?«

»So stelle ich mir das vor.«

Jens blieb stehen. »Schimmelpfeng war gestern nicht da, also …«

»Also wird heute Nacht geliefert.«

»Aber wo lagern die das ganze Zeug?«

Buhn sah ihn an. »Wo würdest du einen Haufen Zeug lagern?« Er grinste. »Da, wo sowieso keiner hinschauen darf. Waffenkammer, Munbunker.«

»Und außerdem liegen die Munbunker schön abseits.« Jens begriff. »Du willst einen Blick in die Bunker werfen?«

»Nicht heute Nacht. Die liefern heute Nacht.« Georg hielt warnend eine Hand in die Höhe. Seine Stimme wurde ein Flüstern. »Hörst du das?«

Jans lauschte. Der Nebel zog sich wie ein weißes Leichentuch über das Gelände. Aber alle Geräusche hörten sich lauter an, lauter und doch schwerer verständlich. »Das ist ein Motor!«

»Richtig!« Zufrieden grinste Buhn. »Werfen wir mal einen Blick auf die Burschen. Auf den Bauch!«

Sie brauchten eine Viertelstunde für die letzten hundert Meter. Aber robben lernte man hier ja. Geisterhaft leuchteten Handlampen durch das weiße Gewabere. Jens zählte drei Lkws und mindestens ein Dutzend Männer, die Kisten abluden. Er unterdrückte den Impuls, durch die Zähne zu pfeifen. »Die geben sich nicht mit Kleinigkeiten ab.«

»Artok ist reich, stinkreich. Muss ich mehr sagen?«

»Erkennst du die Kisten?«

Buhn starrte sich beinahe die Augen aus dem Kopf. »Sehen aus wie normale Proviantkisten. U-Boot-Proviant.«

»Wir müssen sichergehen. Wenn wir Artok und Schimmelpfeng anschwärzen, dann muss das wasserdicht sein.«

»Was hast du vor?«

Jens dachte nach. »Wir warten, bis sie weg sind, dann sehen wir nach.«

»Schau mal da …« Buhn senkte den Kopf, obwohl es kaum Deckung außer dem Nebel und den irritierenden Lichtverhältnissen gab.

»Schimmelpfeng! Du hast recht!« Jens ließ den Obermaat nicht aus den Augen. Der Unteroffizier sah keinen Grund, beim Abladen zu helfen. Gemessenen Schrittes trat er etwas zur Seite und zündete sich eine Zigarette an.

»Dreckskerl!« Jens machte sich flach. »Jetzt haben wir dich!«

Wir müssen nur den Feldjägern erzählen, was hier vorgeht. Und welche finden, die nicht mit drinnen stecken. Und dazu müssen wir nur noch heimlich zur richtigen Zeit aus dem Gelände rauskommen.

Es würde alles nicht so einfach werden.

Der Treffpunkt

Wie eine Kette liegen die Antillen mitten in der karibischen See. Einige sind ziemlich groß und bekannt, wie Kuba, Hispaniola oder Puerto Rico. Andere sind vielleicht dem erfahrenen Reisenden bekannt, wie die Isla Saona oder die Isla Mona. Nicht wenige kommen in Geschichtsbüchern vor, zum Beispiel die Saints. Aber etliche sind unbewohnt, unbedeutend und unwirtlich.

»Das Ding sieht fast nach Robinson Crusoe aus.«

Korvettenkapitän von Hassel sah seinen IIWO verdutzt an. »Na, aber ausgesetzt werden will ich hier nicht.« Er ließ den Blick über den weißen Strand gleiten, der sich gerade einmal eine halbe Meile entfernt von ihnen an Steuerbord entlangzog. »Kein Trinkwasser, ein paar Kokosnüsse und vielleicht ein paar Krabben zwischen den Felsen.«

»Das klingt anders als bei Crusoe.«

Von Hassel zuckte mit den Schultern. »Ist es auch. Die Isla San Jacob ist laut Seehandbuch etwas mehr als vierzig Quadratkilometer groß. Das meiste ist von tropischer Vegetation bedeckter Felsen.« Er nickte. »Ich habe es im Seehandbuch nachgeschlagen. ›Gefährlich für die Schifffahrt‹ war noch das Netteste, was es zu unserem Eiland zu sagen hatte.«

»Und hier treffen wir uns mit den Frachtern?«

»Und mit dem Hilfskreuzer.« Er deutete auf den Strand. »Auf der anderen Seite gibt es eine weite Bucht.«

Wellenberg beobachtete die Insel, die Palmen, den weißen Strand und vor allem die endlose blaue See. »Trotzdem, ich würde gerne im Frieden wiederkommen.«

Aus dem Turmluk erscholl ein dumpfer Ruf. »Ein Mann Brücke?«

»Fertig mit quarzen?« Von Hassel blickte kurz in den Wintergarten. »Dann Ablösung, Männer!«

Einer der Männer warf eine Kippe in die See und schwang sich zurück auf den Turm. »Ich gehe runter, Herr Kap'tän!«

»Dann schicken Sie den Nächsten hoch, Mohr.« Der Kommandant griente. »Will ja jeder mal einen Blick auf unser Eiland werfen.« Er sah zurück zum Strand. »Eigentlich gehört das hier den Amerikanern, aber es ist unbewohnt.«

Der IIWO verzog das Gesicht. »Und all das Gerede über eine Panamerikanische Sicherheitszone?«

»Die berühmte panamerikanische Sicherheitszone.« Von Hassel griente freudlos. »Von der amerikanischen Küste bis Dreißig Grad West darf kein Kriegsschiff einer Krieg führenden Macht operieren. Aber die Engländer bringen Geleite unter Bewachung nach Halifax, sie haben ein Südamerika- und ein Karibikgeschwader, und sowohl Trinidad als auch Antigua sind Flottenbasen.« Er schüttelte den Kopf. »Mr. Roosevelt ist auf einem Auge blind.«

»Und wir hoffen, dass es das Auge ist, das jetzt in diese Richtung schaut?«

Unten im Bugraum schwang der Tripper die Beine von der Koje. »Ick seeh mal, ob ick wieder hoch kann.«

»Halleluja Tripper, du warst grad vier Stund' ob'n.« Dörfler sah den Berliner ungläubig an. »Was wuist'n scho wieda do?« Mit der Routine langer Jahre mischte er ein Päckchen schmieriger Karten.

Kupinska schüttelte den Kopf. »Ick weeß, keene Weiberln auf der Insel. Is abba trotzdem mal was anneres!« Er grinste den Bayern an. »Und was machst du hier?«

Alois ließ den Blick über Hänisch und Mischka gleiten. »Wir hol'n nach, wos ma in da Grundausbildung versäumt hat!«

»Waaas?«

Hänisch schüttelte den Kopf. »Mischka kann kein Skat spielen.«

»Oh!« Kupinska starrte den jungen Seemann verdutzt an. Dann zuckte er mit den Schultern. »Rück mal 'nen Stück!« Eine Insel in der Karibik war etwas Neues, etwas Aufregendes und Interessantes. Etwas, das die meisten Männer an Bord noch nie gesehen hatten und vielleicht für den Rest ihres Lebens auch nie wieder sehen würden. Aber Skat war an Bord eines U-Bootes etwas Lebenswichtiges. Der Berliner griente, und sein Blick traf den Dörflers. »Bevor du ihm nur Schafkopf'n beibringst, alter Bazi!«

»Schiffe hinter der Landzunge!« Der Ausguck deutete nach Steuerbord voraus. Die Landzunge zog sich weit in die See, eine natürliche Verlängerung der Insel. Aber auf der anderen Seite, das wusste der Kommandant, lag eine weitgestreckte, von drei Seiten geschützte Bucht mit Wassertiefen von etwas mehr als zwanzig Metern und, sollte das Wetter schlechter werden, sicherem Ankergrund. Der Treffpunkt.

Der Alte hob das Glas und betrachtete die dünnen Masten und die Schornsteine mehrerer Schiffe, die über das flache Ende der Landzunge ragten. Für eine lange Minute sagte er gar nichts. Dann seufzte er. »Was schätzen Sie, Herr Wellenberg? Wie viele mögen es sein?«

Der IIWO versuchte, die Masten und Ladebäume zu zählen, aber er gab es wieder auf. »Mehr als ein Dutzend, Herr Kap'tän!«

»Oh ja, wesentlich mehr.« Von Hassel betrachtete das Durcheinander. »Die müssen bereits verdammt dicht liegen, so wie ich das sehe.«

»Was schätzen Sie?«

Der Kommandant runzelte die Stirn. »Mindestens das Doppelte.« Er unterdrückte einen erneuten Seufzer. »Das ist ein ganzer verdammter Geleitzug.«

Die Männer auf dem Turm starrten hinüber zur Insel. Ein ganzer Geleitzug. Wussten sie nicht am besten, wie verletzlich so ein Koloss war?

»Vartalampe auf die Brücke.« Der Alte dachte kurz nach. »Geben Sie Signal an die Westmark, vor der Bucht zu ankern.«

»Und die Boote?«

Der Alte schüttelte den Kopf. »Wir bleiben auch draußen! Wenn wir uns auch noch in dieses Durcheinander drängeln, dann kommen wir nicht einmal raus, wenn hier ein neugieriger Tommy erscheint. Das könnte uns zum Verhängnis werden.«

»Ich dachte, die Insel sei amerikanisch?«

Von Hassel sah ihn erstaunt an. »Erinnern Sie sich an die Columbus?«

»Ein Kreuzfahrtschiff, richtig?«

»Ein Kreuzfahrtschiff, richtig.« Der Alte nickte. »Sie wurde vom Kriegsausbruch hier draußen auf einer Kreuzfahrt überrascht. Ist nach Kuba, um die Passagiere aussteigen zu lassen und hat sich dann in einem mexikanischen Hafen verkrochen.« Seine Stimme wurde härter. »Im Dezember hat sie versucht, nach Deutschland auszubrechen. Aber ein Amikreuzer ist ihr gefolgt und hat fleißig gesendet, bis ein britischer Zerstörer auf der Bildfläche erschien und der Besatzung nichts anderes übrig blieb, als das Schiff zu versenken.« Er machte eine Pause, um seinen Worten mehr Wirkung zu geben. »Immerhin hat der Ami danach die Besatzung aufgenommen. Die amerikanische Neutralität ist *sehr* einseitig. Persönlich glaube ich, dass Roosevelt gerne in den Krieg einsteigen würde, aber bei seiner Bevölkerung damit nicht durchkommt, ohne sich unbeliebt zu machen.«

»Wo ist sie gesunken?«

Von Hassel zuckte mit den Schultern. »Etwa dreihundert Meilen von Kap Hatteras, habe ich gehört.« Er lächelte grimmig. »Ja, das ist tief in der Sicherheitszone. Eigentlich hätte der Ami auf den Tommy feuern müssen. Auf uns würde er jedenfalls feuern.«

Wellenberg wandte sich um und nahm die Vartalampe entgegen, die ein Seemann aus dem Luk reichte. »Wir ankern also alle vor der Bucht?«

»Ja, geben Sie die entsprechenden Anweisungen weiter.« Von Hassels Stimme klang etwas abwesend. U-68 hatte das Ende der Landzunge erreicht, und es wurde Zeit, das Flach zu runden. »Da liegt bereits einer vor der Tür!« Er deutete auf einen großen Dampfer, der in etwas Abstand vor der Bucht lag. Der ganze Rumpf war dunkelgrau gepönt, nur unterbrochen von einer gelben Linie entlang des Hauptdecks. Auch die Schornsteine ragten in dunklem Grau in den Himmel, einzig der Schornsteinkragen war schwarz gepönt, wie auf den meisten Dampfern üblich. Aus dem vorderen der beiden hohen Schlote entwich eine dünne Rauchfahne, die anzeigte, dass der Dampfer seine Maschinen auf Achtung hatte.

Wellenberg hielt den Atem an. »Mein Gott, das ist ein verdammter Tommy!«

»Beruhigen Sie sich.« Von Hassel lachte leise. »Darf ich Ihnen den Hilfskreuzer Salamander vorstellen!« Er betrachtete das Schiff mit einer Spur von Bewunderung. »Perfekt gemacht. Wenn ich nicht wüsste, wer er ist, würde ich auch darauf reinfallen.«

Auf der Brücke des Hilfskreuzers blinkte eine Lampe auf. »Willkommen auf St. Jacob.« Dann, nach einer kurzen Pause: »Wer ist U-68, Sie sehen alle gleich aus?«

»Geben Sie rüber: K an K. Einen schönen guten Tag! Nett, Sie zu sehen. Wir sind Achtundsechzig!«

Es dauerte einen Augenblick, bis der Kreuzer antwortete. »K an K. Kommandant zur Besprechung an Bord.« Wellenberg wandte sich um. »Der lässt seinen Rang aber raushängen.« Aber der Kreuzer war noch nicht fertig. »Der Smut hat frischen Kuchen!«

»Bestätigen Sie!« Von Hassel grinste wie ein Honigkuchenpferd. »Er hat zumindest seine Methoden, es schmackhaft zu machen. Fragen Sie ihn, ob er uns ein Boot rüberschicken kann.«

»Frischer Kuchen?« Die Männer der Wache starrten ihren Kommandanten sehnsüchtig an. »Bienenstich! Apfelkuchen!« Sie alle fühlten, wie ihnen das Wasser im Munde zusammenlief.

Von Hassel schlug seinem IIWO auf die Schulter. »Dann sehe ich mal zu, dass ich mir da drüben ein paar Freunde mache, vielleicht backen die noch mehr?« Er warf einen Blick in die Bucht. Alles voller Schiffe.

Vielleicht würde der Kuchen also das einzig Erfreuliche des Tages bleiben.

Der Kommandanten Entscheidung

Als die schrillen Bootsmannsmaatenpfeifen begannen, ihren Gruß zu trillern, zuckte von Hassel zusammen. Unerwartet, auch wenn diese Ehrung nach der Marinetradition jedem Kommandanten zustand. Er grüßte zur Flagge, seines abgerissenen Aufzuges schmerzlich bewusst. Es war wie die Rückkehr zur »richtigen« Marine, mit all ihrem Pomp und ihrem Zeremoniell. Keiner der Männer trug schmieriges stinkiges Lederpäckchen. Der Alte von U-68 kam sich für einen kurzen Augenblick vor wie der arme Neffe vom Lande.

Dann trat ein hochgewachsener Mann vor und streckte die Hand aus. »Willkommen an Bord, Herr Kap'tän!«

»Danke …« Von Hassels Augen überflogen die hohe Gestalt. Einen Kopf größer als er, dreieinhalb Streifen – der Kommandant des Hilfskreuzers. »… Herr Kap'tän!«

Fregattenkapitän Vogel lächelte müde. »Erlauben Sie mir, Ihnen ein paar meiner Offiziere vorzustellen?« Er wartete die Antwort nicht ab, sondern wandte sich um. »Mein Erster, Kapitänleutnant Schwiering.«

Der Kapitänleutnant hatte ein strahlendes Lächeln im Gesicht. Die Art von Lächeln, die Sorgen verbergen soll, aber dazu nur unvollkommen in der Lage ist. »Willkommen an Bord, Herr Kap'tän.« Er zuckte mit den Schultern. »Ich bin der Erste, jedenfalls seit unser alter Erster mit einer Prise weg ist.«

Von Hassel nickte und murmelte etwas von »Erfreut, Sie kennenzulernen!« Wieder ein Detail mehr, das sich zu den vielen Details gesellte, die er in sich aufnahm. Frische Farbe, die Kanten einer nachträglich aufgeschweißten Stahlplatte in den Aufbauten, die Gesichter der Offiziere, wohlgenährt und trotzdem eine Spur zu hager. Er wandte sich dem nächsten zu.

»Felix Hartmann, mein Zweiter.« In der Stimme des Kommandanten klang eine Spur Belustigung mit.

Korvettenkapitän von Hassel schüttelte dem Zweiten die Hand. »Dann haben Sie als Dritter angefangen?«

»Eigentlich als NO.« Der Leutnant grinste. Ein rundes, frisches Gesicht. Aber auch hier ein paar Kerben, die nicht zum Alter passen wollten. Irgendwie erinnerte Hartmann von Hassel an einen jungen Hund, und er brauchte sich nicht umzuwenden, um zu wissen, wo die Stimme seines Herrn stand.

Die Reihe ging endlos weiter. LI, 2I, 3I, Prisenoffiziere, gleich zwei Ärzte, ein VO, es schien kein Ende zu nehmen. Allein das Offizierskorps des Hilfskreuzers bestand aus mehr als fünfundzwanzig Mann. Andererseits war die gesamte Besatzung auch etwa vierhundertzwanzig Köpfe stark.

Fregattenkapitän Vogel grinste, als sie das Ende der Reihe erreichten. »Kaffee und Kuchen gibt's in meiner Kammer. Herr Schwiering wird dafür sorgen, dass auch an Ihre Boote geliefert wird.« Er nickte seinem Ersten kurz zu, der nur durch ein kaum merkliches Nicken antwortete. Männer, die schon seit Monaten zusammen auf See waren, das erübrigte unnötige Worte. »Wenn Sie mir bitte folgen wollen?«

Die beiden Kommandanten verschwanden im Inneren der Aufbauten, als habe das große Schiff sie verschluckt. Heinz Georg hielt unwillkürlich den Atem an, als sie die Kammer des Kommandanten betraten. Eigentlich sah er nur die Tageskajüte, einen großen Raum, der einer Mischung zwischen Wohn- und Arbeitszimmer glich. Holztäfelungen, ein Tisch, hochlehnige Stühle, und an der anderen Seite ein Schreibtisch mit einem weiteren Stuhl. An der Rückwand zeigten zwei andere Türen an, dass dies hier noch nicht das vollständige Reich des Kommandanten war.

Sie hängten ihre Mützen an die Haken neben der Tür. Marinetradition. Von Hassel lächelte kurz. Was auch immer geschah, Krieg oder Frieden, manche Dinge änderten sich nie.

Als der Kommandant des Salamander sich umwandte, zeigte sein Gesicht seine ganze Müdigkeit. »Von Hassel, wir stecken in der Scheiße!« Er zögerte. »Kaffee? Oder etwas Stärkeres?«

Der Alte der U-68 dachte kurz über die Frage nach. »Wenn wir in der Scheiße stecken, dann bitte was Stärkeres!«

Vogel brachte eine Flasche Cognac zum Vorschein und zwei Schwenker. »Den haben wir einem französischen Frachter abgenommen, den wir auf dem Anmarsch erwischt haben.« Mit großzügigem Augenmaß schenkte er ein. »Nehmen Sie Platz.«

Von Hassel ließ sich auf einem der Stühle nieder. Diese ganze Kammer war größer als der Bugraum auf seinem Boot, und da hausten mehr als dreißig Männer. Aber er verdrängte den Gedanken, er war jetzt unwichtig. »Wie ist die Lage?«

Vogel reichte ihm einen der Schwenker und ließ sich auf einem anderen Stuhl nieder. »Die Lage?« Er runzelte die Stirn. »Machen wir es kurz. Mein Schiff ist seit sechs Monaten in See. Wir haben mehrere Gefechte durchgestanden. Aber die Geschütze waren schon alt, als sie eingebaut wurden. Die Rohre leiern aus. Wenn es zu einem Gefecht gegen einen Kreuzer kommen sollte, auf große Entfernung, dann können wir nur auf einen Glückstreffer hoffen.« Der Fregattenkapitän hob das Glas. »Die Maschinen sehen ähnlich desolat aus, schließlich sind sie Monate durchgelaufen. Aber mein Leitender versichert mir, dass er die Pause hier nutzt, um die notwendigsten Überholungen durchzuführen.«

»Sie haben Gefechtsschäden?«

Vogel grinste. »Sie haben es gesehen?« Er zuckte mit den Schultern. »Mein Salamander ist ein glückhaftes Schiff. Alles Bagatellen, die wir mit Bordmitteln wieder hinbekommen haben. Ein Mann wurde von einem Splitter getroffen, aber die Ärzte haben ihn wieder auf die Beine gebracht.« Nachdenklich angelte er nach einer Zigarrenkiste auf dem Schreibtisch. »Auch eine?«

»Gerne!«

Schweigend folgten die Männer dem umständlichen Ritual,

das eine gute Zigarre und ein guter Cognac notwendigerweise erfordert. Erst als die richtige Geschmacksmischung hergestellt war, nickte von Hassel. »Mein Boot macht Ärger, seit wir es in Dienst gestellt haben. Die Männer nennen es ›die Seekuh‹ oder ›das Montagsboot‹, aber wenn es drauf ankam, hat es immer durchgehalten.« Er grinste. »Wahrscheinlich ist es bei Ihrem Salamander ähnlich.«

»Wahrscheinlich!« Vogel hob das Glas. »Dann auf zickige ausgeleierte Schiffe.« Das Grinsen verschwand von seinem Gesicht. »Was uns zum nächsten Punkt bringt.«

»Die Frachter?«

Vogel nickte ernst. »Achtundzwanzig alles in allem. Ein alter Frachter hat sich abgesetzt und versucht es auf eigene Faust. Der Kapitän war nicht sicher, ob er die sieben Knoten halten kann. Und nach dem, was uns die anderen Kapitäne erzählt haben, fehlen vier weitere Schiffe. Wahrscheinlich haben die Tommies sie gleich nach dem Ausbruch erwischt.«

»Es wären mehr, wenn Sie die Kreuzer nicht weggelockt hätten. Aber das Risiko war hoch.«

Der Fregattenkapitän stutzte kurz, aber dann nickte er. »Ich war mir dessen durchaus bewusst, Herr Kap'tän!« Er sah von Hassel ruhig an. »Was hätten Sie denn eigentlich an meiner Stelle getan?«

Der Korvettenkapitän zuckte mit den Schultern. »Dasselbe, vorausgesetzt, ich wäre überhaupt auf die Idee gekommen.«

Beruhigt lehnte sich der Hilfskreuzerkommandant zurück. »Dann verstehen Sie also?«

»Von Anfang an.« Von Hassel verzog das Gesicht und blickte aus einem der Bullaugen auf die klare blaue See. »Es konnte nicht klappen. Zu viele Kreuzer, zu viele Basen, und die Amerikaner sind alles andere als neutral.«

»Interessant!« Vogels Stimme klang ausdruckslos. »Was also schlagen Sie vor?«

Der U-Boot-Kommandant trank den letzten Rest seines Cognacs und runzelte die Stirn. »Laut meinen Befehlen kommandieren Sie den Geleitzug, ich die Sicherung. Was automatisch bedeutet, Salamander gehört nicht zur Sicherung.«

»Da muss irgendjemand irgendetwas übersehen haben.« Vogel grinste hämisch. »Schreibtischhengste. Hier draußen sieht es immer ganz anders aus als im Stab daheim.« Er stellte entschlossen das Glas ab. »Jetzt brauche ich doch einen Kaffee.«

»Und Sie schulden mir noch einen Kuchen.« Von Hassel lächelte knapp. »In welchem Zustand sind die Frachter?«

»Es gibt ein paar Sorgenkinder. Aber die meisten sind soweit in Ordnung. Jetzt, nachdem Sie die Westmark mitgebracht haben, können wir sie auch mit Brennstoff versorgen.« Vogel verzog das Gesicht. »Unsere würdigen Fahrensleute haben jedoch eine zum Teil sehr vorausschauende, zum Teil sehr gefährliche Eigeninitiative an den Tag gelegt.«

»Wie meinen Sie das?«

Vogel zuckte mit den Schultern. »Die Kapitäne der Reichenfels, der Grobenfels und der Artur Ehrmann müssen wohl auch Zweifel gehabt haben, ob der Plan funktionieren würde. Sie haben deshalb Guadeloupe angelaufen und sich mit Öl und Proviant versorgt.«

»Guadeloupe ist unter Vichy-Kontrolle.«

»Pah, Vichy!« Vogel schnaubte vor Wut. »Die Franzosen sind auf die Engländer sauer wegen Oran, aber auf uns sind sie saurer, weil wir in Paris sitzen. Wenn die Insel nicht geradezu von de Gaulles Spionen wimmeln würde, dann würde mich das sehr wundern.«

»Dann wissen die Tommies jetzt schon, dass drei Schiffe aus Südamerika in der Karibik aufgetaucht sind.« Von Hassel versuchte sich die Seekarte vorzustellen. Bluff und Gegenbluff. »Falls die Tommies oder die Amerikaner immer noch glauben, dass Sie auf dem Wege nach Mexiko sind, könnten Sie annehmen, dass die drei Schiffe …«

Vogel unterbrach ihn. »Ich habe es nachgesehen, die Dokumente für Sternenhimmel, die die Frachter erhalten haben, enthielten den vollständigen Plan.«

»Wussten nur die Kapitäne oder die ganzen Besatzungen Bescheid?«

Der Fregattenkapitän sah ihn anerkennend an. »Sie kommen immer auf den Punkt, wie?«

»Wenn es geht.«

Vogel nickte. »Der Kapitän der Reichenfels behauptet, seine Männer kannten keine Details. Aber ich glaube ihm nicht. Sie sind am Nachmittag eingelaufen und erst am Nachmittag des nächsten Tages wieder ausgelaufen.«

»Er wird über Nacht keinen Schiffsausrüster gefunden haben.« Von Hassel blinzelte. »Vielleicht hat er sogar Landgang gegeben. Seeleute, Landgang, Alkohol.«

»Wir müssen davon ausgehen, dass die Tommies wissen, dass wir in die Heimat wollen.« Vogel griff nach einem Telefon. »Kaffee und Kuchen … ja, in meine Kammer.« Er wandte sich wieder von Hassel zu. »Vielleicht fällt uns dann was ein.«

Der Alte beobachtete den anderen Kommandanten aus seinen grauen Augen. Aber es war unmöglich, auf seine Gefühle zu schließen. *Herrgott, ich bin müde! Und er ist es auch. Wochen und Monate in See, jeden Tag gejagt. Was soll er sonst sein.* »Ich glaube, wir haben nicht viel Auswahl.«

»Der logische Kurs wäre entlang der US-Küste und dann über den nördlichen Großkreis.« Auch Vogels Stimme klang völlig ausdruckslos. »Bis wir da sind, können wir bereits auf schlechtes Wetter in der Dänemarkstraße hoffen. Und falls nicht, fahren wir weiter nach Norden. Die Route, die damals die Bremen genommen hat.«

»Die Sache mit der Bremen muss die Tommies damals ziemlich schockiert haben. Das edelste Wild auf dem Nordatlantik, und doch schlüpfte es ihnen durch die Finger.« Von Hassel grinste bei der Erinnerung. Der Schnelldampfer Bremen war wie viele Schiffe vom Krieg überrascht worden. Aber die Bremen hatte in New York gelegen. Als die Wehrmacht nach Polen einmarschiert war, hatte Kapitän Ahrens Befehl erhalten, nach Murmansk durchzubrechen. Der gewagte Plan gelang, und drei Monate später brach der große Liner nach Deutschland aus, wieder unter der Nase der Royal Navy und wieder erfolgreich.

»Sie werden also wissen, dass wir davon Kenntnis haben, dass sie diese Route dicht machen.« Vogel grinste. »Außerdem haben wir ja auch die französische Küste zur Verfügung.«

»Über den Atlantik, dann die spanischen Hoheitsgewässer entlang und ab nach Lorient.« Von Hassel sah Vogel ruhig an. »Das ist es, was sie annehmen werden.« Er dachte kurz nach. »Wenn wir erstmal im Atlantik verschwunden sind, können die Tommies ihre Absicht, uns auf See abzufangen, vergessen. Die beiden wunden Punkte sind die Annäherung an die spanische Küste und die britischen Einheiten in Gibraltar. Flugzeugträger, natürlich.«

»Und dann die Biskaya selber, die sie aus der Luft überwachen können.« Vogel setzte die Überlegung fort.

»Es kann klappen, wenn sie sich direkt nach uns in Bewegung setzen. Die Kreuzer sind schneller, viel schneller als unsere Frachter. Wir geraten zwischen Hammer in Gibraltar und Amboss aus der Karibik. Einer wird uns treffen.«

»Also?« Vogel sah von Hassel nachdenklich an.

Der Alte zuckte mit den Schultern. »Raus aus der Karibik mit Ostkurs, bis wir sicher sind, dass uns ein Amerikaner oder Tommy gesehen hat.« Er verzog das Gesicht. »Dann wechseln wir im Schutz der Dunkelheit den Kurs. Nordwärts, etwa zwanzig Meilen von der Küste entfernt. Und hoffen, dass wir nicht der US Navy über die Füße laufen.«

»Baltimore und Norfolk sind kritisch, da müssen wir einen weiten Bogen machen.« Vogel grinste. »Oder uns einen neuen Trick einfallen lassen. Aber das sehen wir dann.« Er wurde ernst. »Wenn wir das versuchen, muss es Ihre Entscheidung genauso wie meine sein.«

Von Hassel nickte. Vogel brauchte den Rest nicht auszusprechen. Wenn sie das hier verbockten, fanden sie sich vielleicht in einer Geleitzugschlacht mit den Amerikanern wieder. Sie selbst waren dann so gut wie tot, und Deutschland würde sich offiziell im Krieg mit den Vereinigten Staaten von Amerika befinden. Er sah Vogel ins Gesicht. »Wann?«

»Drei Tage, so lange geben wir den fehlenden Schiffen noch Zeit. Dann laufen wir aus.«

»Drei Tage ist nicht viel Zeit, um neunundzwanzig Schiffe zu pönen. Und die Westmark fällt sowieso auf wie ein bunter Hund.«

Vogel nickte. »Schiller wird dieser Vergleich nicht gefallen.«

»Er weiß es selber.«

»Ich auch.« Der Hilfskreuzerkommandant lächelte halbherzig. »Aber wir sind zu abhängig von dem Trossschiff, als dass es alleine operieren könnte.« Er straffte sich, als es an der Tür klopfte. »Also die US-Küste, so soll es sein.« Er zögerte kurz, aber dann rief er nur: »Herein!«

Urlaub über das Wochenende

Also stehlen diese Männer U-Boot-Proviant und verschieben ihn auf dem schwarzen Markt?« Ulrike Lauer sah Jens verdutzt an. »Das was ich bisher über euer Essen gehört habe, klingt nicht so, als würde ich es kaufen.«

Jens unterdrückte ein Seufzen und sah seine junge Frau mit einem halbherzigen Grinsen an. »Das Futter ist ja eigentlich nicht schlecht, es hält sich nur schlecht im Boot.« Wie sollte man das erklären? Warum hatte er überhaupt von all dem angefangen?

Ulrike dachte nach. Das Wochenende näherte sich schon wieder dem Ende, die Zeit verflog so schnell. Aber sie hatte vom ersten Augenblick an bemerkt, dass etwas nicht stimmte. Jens war abwesend und bedrückt gewesen, und dabei hatten sie ohnehin so wenig Zeit zusammen. Es hatte sie fast das ganze Wochenende gekostet, Jens zum Reden zu bringen. Nicht zum ersten Mal in ihrer kurzen Ehe verfluchte sie die Marine.

»Der macht auf dem Schwarzmarkt einen Haufen Geld mit dem Zeug. Wie viele Obstkonserven hast du denn auf den Lebensmittelkarten?« Jens sprach weiter, ohne etwas von den Gedanken seiner Frau zu bemerken. »Oder Milchpulver, Eier, Kaffee?«

Ulrike nickte. »Auf den Marken ist genügend drauf, aber natürlich gibt es immer was, das gerade fehlt.« Sie sah ihn ernst an. »Also willst du die Kerle anschwärzen, weil dieser Obermaat dich rund gemacht hat. Klingt eigentlich so gar nicht nach dir, Jens.« Sie schlug die Decke zurück und schwang die Beine aus dem Bett. Einen Augenblick lang blickte sie an sich hinunter. Der Bauch nahm so langsam Formen an. *Was ist los mit Jens?*

Jens sah sie an. Anfang des vierten Monats. Noch ein halbes Jahr. Der Arzt hatte einen Termin im Frühjahr ausgerechnet. Frühjahr 1941. Der Krieg würde noch lange nicht zu Ende sein, so viel musste jedem inzwischen klar sein. Ulrike hatte genügend andere Sorgen. Er hätte nicht davon sprechen sollen.

Die junge Frau verschwand in Richtung des kleinen Bades. Unter dem Dach ihrer Eltern zu leben war keine optimale Lösung, aber im Augenblick ging es eben nicht anders. Sie hatte daran gedacht, eine kleine Wohnung in Wilhelmshaven zu suchen, nahe dem Stab, in dem sie als Marinehelferin arbeitete. Aber andererseits – in spätestens drei Monaten würde sie die Marinehelferinnen sowieso verlassen. Sie blieb stehen und wandte sich um. »Ich kenne ein paar Leute.«

Jens sah sie verdutzt an. »Natürlich ...« Er zögerte. Natürlich kannte sie ein paar Leute. Schließlich arbeitete sie in der Funkstelle, nahe genug beim Stab des BdU. Sie kannte alle möglichen Leute. Aber diese Leute hatten alle nicht sehr viel mit der Marineschule in Flensburg zu tun.

»Der Stab des Löwen zieht nach Frankreich um. Kernevel, das liegt irgendwo nahe bei Lorient.« Sie kicherte. »Wo auch immer das sein mag.«

»Bretagne.« Jens grinste. »Eine hübsche Gegend, aber die Franzosen hassen uns.« Er zuckte mit den Schultern. »Natürlich.«

»Nett!« Sie lächelte amüsiert. »Ein Teil seines Stabes ist schon da, aber er selber pendelt noch.« Ihr Gesicht wurde ernst. »Wenn es wichtig ist, dann kann ich versuchen ...« Sie sah ihm in die Augen. »Aber nicht, um einem Obermaat eins auszuwischen.«

Er verzog das Gesicht. »Vielleicht sollte ich wegsehen und meine drei Monate dort absitzen. Aus den Augen, aus dem Sinn.« Er schüttelte den Kopf. »Der Kerl ist ein Dieb. Gar nicht mal der Schimmelpfeng, aber dieser Artok. Die stehlen, was für die Männer auf den Frontbooten bestimmt ist. Der

Kerl ist ein Etappenhengst, der sich mithilfe seiner Parteifreunde fett frisst.«

»Also geht es mal wieder ums Prinzip?«

Er zögerte. Was waren seine Motive? Schimmelpfeng? Ulrike hatte recht, für ihn war der Obermaat unwichtig. Artok? Genauso unwichtig. Ein paar Wochen, und er würde auf die Fachlehrgänge verschwinden. Um den Bedarf der wachsenden U-Boot-Waffe zu decken, war die Offiziersausbildung so verkürzt worden, dass er in einem halben Jahr als Fähnrich auf einem Boot sein konnte. Weg von der Etappe und allem, was sie für ihn bedeutete. Aber er hütete sich, das Ulrike zu sagen. Er runzelte die Stirn. »Es geht darum, dass es falsch ist.« Nachdenklich sah er sie an. »Aber du hast recht, vielleicht ist es nicht mein Problem.« Er grinste. »Wir haben noch etwas Zeit …«

Kontrolldienst

Keith Frazier spürte das langsame Rollen seines Schiffes. Die gleichmäßige Bewegung drohte, ihn einzuschläfern, und er musste sich beinahe mit Gewalt zusammenreißen.

»Athel Beach, Liverpool. Mit Hölzern aus Südamerika nach Halifax, um sich dort einem Convoy anzuschließen, Sir!« Maxwells Stimme klang etwa so gelangweilt, wie der Kommandant sich fühlte. Seit Tagen kontrollierten sie nun Frachter in See. Es könnte ja einer der ausgebrochenen Jerries sein, der sich durchmogeln wollte. Als ob die hier durchkommen würden! Die waren längst tief im Atlantik. Ab nach Spanien, entlang der Küste und dann schwupp in einen ihrer neuen Atlantikhäfen, so würde er es machen.

»Signalisieren Sie Philipps, er soll zurückkommen, und wünschen Sie der Athel Beach eine gute Reise.«

»Aye, Sir!« Maxwell wandte sich zum Signalgasten um. »Sie haben den Skipper gehört!«

Während hinter ihm die Signallampe klapperte, wandte Maxwell sich wieder zu Frazier um. »Das war der Vierte, und es ist noch nicht einmal Mittag.«

Lieutenant-Commander Frazier blickte zum Horizont. »Viel Verkehr hier.« Er deutete voraus. »Da kommen gleich zwei.« Er griente. »Nehmen Sie Philipps' Boot an Bord, und dann nehmen Sie Kurs auf diese beiden, ich werfe mal einen Blick auf die Karte.« Mit steifen Knochen erhob er sich und ging zum Kartentisch. Wegen des schönen Wetters hatte der Steuermann die Persenninghaube abgenommen. Für einen Augenblick starrte er auf die Markierungen, die Kaffeeränder und die Schmutzflecken auf der Karte. Sie patrouillierten in einem Gebiet etwa dreihundert Meilen von der Kette der Antillen entfernt. Nares Abyssal Plain, so stand es auf der Karte geschrieben. Der Nares-Abgrund. Wenn Frazier so über die blaue See blickte, wenn er den Sonnenschein sah und den leichten warmen Wind spürte, dann war es schwer vorstellbar, dass sie über einem finsteren schwarzen Abgrund schwammen, über einer fremden Welt, mehr als zweieinhalbtausend Faden unter ihnen. Er schauderte bei dem Gedanken.

Ein Seemann kam auf die Brücke und wedelte mit einem Blatt Papier. »Funkspruch!«

»Vom Chef?« Frazier wandte den Kopf.

Der Funker schüttelte den Kopf. »Nein, von HMS Wiltshire. An alle.«

»Wiltshire patrouilliert doch westlich, südlich von Florida?«

Der Funker reichte ihm das Blatt. »Anscheinend nicht mehr, Sir. Lesen Sie selbst.«

Frazier überflog die Nachricht. »Franz. Dampfer Argolite von Guadeloupe nach Miami kontrolliert. Kapitän sagt aus, dass deutsche Schiffe um den 20. herum in Guadeloupe waren. Kapitän Argolite erwähnt außerdem, dass sie dem Dampfer Panama Trader auf etwa 22°40'N-70°14'W begegnet sind. Panama Trader wurde aber bereits am 16. von deutschem Raider versenkt.«

Der Lieutenant-Commander pfiff schrill durch die Zähne. »Da hat aber einer einen Jackpot gezogen.« Er griff nach dem Übersegler. 22°40'N-70°14'W. Er starrte auf die Karte. Die Position weckte Jugenderinnerungen an Piratenromane. »Es muss der Raider gewesen sein. Er hat sich also jetzt als eines seiner Opfer getarnt.« Sein Finger folgte den Markierungen auf der Karte. »Er stand nördlich der Silver Bank Passage.«

Maxwell trat an den Kartentisch und spähte neugierig auf die Karte. »Silver Bank? Also nicht Mexiko?«

»Nein, nicht Mexiko.« Er hob den Kopf und erblickte das zurückkehrende Boot Philipps. »Kümmern Sie sich mal um Ihr Manöver, Sub.« Dann starrte er wieder auf die Karte. Der Kommandant der Wiltshire war ein heller Kopf, der das Wesentliche sofort erkannt hatte. Es musste der Raider gewesen sein, aber was tat er dort? Und was hatten die anderen Jerries in Guadeloupe getan, beinahe genau am anderen Ende der Karibik? Über siebenhundert Meilen von der Silver Bank Passage nach Guadeloupe ... oder umgekehrt.

Winschen quietschten, als das Motorboot wieder an Bord geholt wurde. Auf dem Seitendeck wurden Befehle gerufen, und auf dem Vordeck pönten ein paar Männer die Brückenfront. Unwillkürlich hob er den Kopf. Aus dem Kombüsenschornstein quoll der Geruch von gebratenen Würstchen. Snorkels. Es wurde wirklich höchste Zeit, dass der Krieg endete.

»Boot ist wieder an Bord, Sir!« Maxwell salutierte stramm. Wahrscheinlich steckte ihm noch die letzte Bemerkung des Kommandanten im Hals.

Aber Frazier ignorierte ihn. Auf dem Niedergang erklangen bereits die Schritte seines Ersten. Philipps schien ausgesucht guter Laune zu sein. Jedenfalls lag auf der unverbrannten Hälfte seines Gesichts ein breites Grinsen. »Athel Beach, Papiere sind in Ordnung, Sir.« Er schüttelte den Kopf. »Er hätte uns trotzdem am liebsten in der Nähe behalten. Sie sind nervös. Falls Sie es noch nicht wissen, ein deutscher Raider operiert in der Karibik.«

»Ja, ja!« Frazier winkte ab. »Ich habe gerüchteweise davon gehört. So ein Witzbold! In Trinidad wollen sie bereits Schiffe zu Geleitzügen zusammenfassen.« Er reichte Philipps den Funkspruch. »Lesen Sie!«

Schweigend überflog der Erste den Funkspruch. »Das ergibt ein Bild ...« Er blickte auf. »Aber das Bild gefällt mir nicht.«

»Mir auch nicht!« Frazier runzelte die Stirn. »Die Jerries haben was vor, aber hat das mit dem Raider zu tun? Der war doch schon monatelang in See, bevor diese Sache überhaupt begann.«

»Die Frachter sind aber alle gleichzeitig ausgebrochen.« Philipps sah Frazier nachdenklich an. »Die Jerries können die doch nicht alle zu einem Konvoi zusammenfassen und ihren Raider als Geleitschutz benutzen.« Er blinzelte verdutzt ob seiner eigenen Idee. »Es ist ja nicht gerade so, dass es unsere Submarines sind, die den Atlantik unsicher machen.«

»Eher schon unsere Kreuzer!« Frazier bekam runde Augen. »Mein Gott, Sie haben recht, Jason!«

»Danke!« Der Erste blickte kurz auf die Karte. »Womit?«

Frazier blickte hinaus auf die See. »Kann der Raider sich einem Kreuzer stellen und auf Erfolg hoffen?«

»Unsere Hilfskreuzer haben das getan. Die Rawalpindi zum Beispiel.«

Frazier erinnerte sich an den Hilfskreuzer, ein großes Passagierschiff, das man mit ein paar Kanonen ausgerüstet hatte, um in der Blockade der Dänemarkstraße zu patrouillieren. Um zu verhindern, dass deutsche Handelsschiffe die Blockade durchbrachen. Aber die Jerries kamen mit nicht weniger als zwei ausgewachsenen Schlachtkreuzern. Scharnhorst und Gneisenau, die beiden hässlichen Schwestern, wie sie in der Royal Navy genannt wurden, hatten die Rawalpindi mit ihren schweren Elfzöllern in Schrott verwandelt, während der Hilfskreuzer brennend und in jeder Hinsicht unterlegen Schuss um Schuss zurückgab und seine Funker die wartende Home Fleet heranzuführen versuchten. Das Opfer war vergeblich gewesen, die beiden deutschen Schlachtkreuzer waren einmal mehr entkommen. Frazier nickte. »Aber die Rawalpindi hat verloren.« Er runzelte die Stirn. »Keine Frage, dass die Jerries kämpfen, wenn sie von einem Kreuzer erwischt werden. Aber sie würden sich keine großen Chancen ausrechnen, mit einem einzelnen Raider einen Geleitzug gegen einen ausgewachsenen Kreuzer zu verteidigen.«

»U-Boote!« Philipps dachte nach. »Können die Jerries zusätzlich U-Boote einsetzen?«

Frazier, der wie die meisten Kommandanten kleiner Einheiten die aktuellen Geheimdienstberichte nicht kannte, verzog das Gesicht. »Das wäre aber weit außerhalb ihrer Reichweite.«

Er sah Philipps misstrauisch an. »Andererseits würde es mir endlich erklären, wieso jemand bei der Admiralität auf die Schnapsidee kommt, U-Boot-Jäger in die Karibik zu schicken, um Frachter zu kontrollieren.«

»Also doch keine Schnapsidee?«

»Vielleicht nicht.« Frazier nahm die Mütze ab und fuhr sich mit den Fingern durchs Haar. »Verdammte Geheimhaltung. Wir wissen mal wieder gar nichts.« Er runzelte die Stirn. »Es gibt natürlich noch eine zweite Erklärung, aber die wird Ihnen noch weniger gefallen.«

Philipps nickte ernst. »Ja, es könnte sein, dass die Jerries ein Dickschiff draußen haben.«

»Morgen ist der 1. November.« Frazier starrte auf den Kalender. »Was auch immer sie vorhaben, im Nordatlantik, in der Dänemarkstraße oder in der Biskaya, überall bricht die Schlechtwettersaison an.« Er verzog das Gesicht. »Die Zeit, in der sie hoffen können, unbemerkt durch die Blockade zu kommen.«

Der Erste sah ihn besorgt an. »Und was nun?«

»Der Funker soll kommen, ich will einen längeren Spruch an den Chef senden.« Der Kommandant blickte über die Weiten der Karibik. »Vielleicht haben die Jerries doch einen Fehler gemacht!«

Durchbruch

Die See türmte sich zehn, zwölf Meter hoch auf. Regen und Schnee wurden durch den Sturmwind beinahe waagerecht herangeweht. Dicke Tropfen trafen wie Geschosse die wenigen Stellen Haut, die dem Wetter ausgesetzt waren. Wirklich wenige Stellen, denn die Ausgucks waren dick eingemummt in Wintermäntel. Trotz der beinahe biblischen Finsternis wagten es die Männer kaum, die schweren Gläser auch nur für einen Augenblick abzusetzen. Immer wieder trafen schwere Seen den Rumpf beinahe vierkant, und hohe Gischtfontänen stiegen in der Dunkelheit auf, Hunderte von Tonnen Wasser rollten über das lange Vorschiff und brandeten um den vorderen Turm der schweren Artillerie. Schon war Wasser in die empfindlichen Systeme eingedrungen, Teile der Mittelartillerie zeitweilig elektrisch tot gemeldet. Aber überall im Schiff wurde fieberhaft daran gearbeitet, die Schäden zu beseitigen, so schnell der Sturm sie schlug.

Es war ein Sauwetter, ein ausgesuchtes Sauwetter. Aber wenn die Männer die Chance gehabt hätten, sie hätten sich kein anderes Wetter ausgesucht. Sauwetter, das war Durchbruchswetter. Ein Wetter, bei dem vernünftige Seeleute mit der Fahrt hinuntergingen, sich einen Kurs suchten, der sie nicht genau gegen den Seegang führte. Ein Wetter, bei dem sich die britischen Kreuzer unter Landschutz zurückzogen. Durchbruchswetter!

Mit achtundzwanzig Knoten, einer Geschwindigkeit, die eigentlich viel zu hoch war, um die hohen Brecher direkt zu nehmen, kämpfte sich der gepanzerte Koloss durch die schwere See. Die Schiffsbewegungen waren kein normales Rollen und Stampfen mehr, vielmehr glich ihre Fahrt einer irrsinnigen

Achterbahnpartie. Manchmal, wenn der lange Bug sich in die Flanke eines Brechers bohrte, standen bis zu zehn Meter Wasser über dem Vorschiff. Und vom hohen Gefechtsturm wehten lange weiße Gischtfahnen zwei, manchmal drei Schiffslängen achteraus. Dann wieder schien der Bug direkt in den schwarzen Himmel zu zeigen, während die wirbelnden Schrauben versuchten, die ungeheure Masse von fast dreißigtausend Tonnen Stahl über den Wellenberg zu drücken. Mehr als fünfzigtausend Pferdestärken trieben beinahe hundertneunzig Meter Schiff durch die stürmische Nacht.

Und manchmal, wenn es besonders dumm kam, lag das Schiff beinahe auf ebenem Kiel. Wenn Bug und Heck in zwei verschiedenen Wellenbergen steckten und das Mittschiff schon beinahe frei über einem Wellental hing. Es waren die Momente, in denen die Verbände knackten und knirschten, in denen aus dem schweren Gürtelpanzer Geräusche kamen, die sich beinahe so anhörten, als würde sich das Schiff selbst in Stücke reißen.

Aber alles war besser als das, was die Tommies mit ihnen anstellen würden, sollten die Kreuzer sie erfassen. Nicht, dass man sich vor einem Gefecht mit einem Kreuzer gefürchtet hätte. Auf dem Papier war man selber nur ein schwerer Kreuzer, gehörte der gleichen Klasse an wie die Kreuzer der Briten, die hier die Blockade aufrechterhalten sollten. Aber Papier ist geduldig und das, was die Schiffsklasse in diesem Fall aussagte, erforderte sehr viel Geduld. Denn was hier ausbrach, war kein schwerer Kreuzer. Die Engländer hatten dafür einen viel sprechenderen Namen. Pocket Battleships nannten sie diese Schiffe. In der Größe etwa einem schweren Kreuzer entsprechend, waren sie viel schwerer bewaffnet und gepanzert. Bereits einmal hatte eines dieser Schiffe im Atlantik operiert. Gleich bei Kriegsausbruch. Und England hatte eine Kreuzerflotte gebraucht, um den Raider zu stellen. Eine Kreuzerflotte, die es im Augenblick nicht verfügbar hatte. Drei Kreuzer, zwei leichte und ein schwerer, hatten im Dezember ’39 die Spee gestellt.

Am Ende war der schwere Kreuzer Schrott gewesen, und die beiden leichten Kreuzer hatten Monate in der Werft zugebracht. Aber die Admiral Graf Spee hatte sich in Montevideo auf höheren Befehl selbst versenkt.

Was nun hier ausbrach, war das zweite Schiff dieser Klasse. Noch einmal größer und schwerer gepanzert. Alles was sie tun mussten, war, diesen Sturm zu nutzen, die britischen Kreuzer zu umgehen und in den weiten Atlantik auszubrechen. Denn sie konnten die Kreuzer zerschlagen, aber noch im Sterben würden die Tommies nach ihren großen Brüdern rufen. Nach den Leviathanen der Home Fleet, nach den Schlachtschiffen. Also wirbelten die Schrauben weiter, also nahm der gepanzerte Rumpf weiter die Schläge durch den Sturm hin, also harrten die Männer weiterhin auf den Posten aus. Admiral Scheer war auf dem Weg in den Atlantik. Durchbruchswetter!

Das Geleit läuft aus

Schiff um Schiff lichtete Anker und setzte sich schwerfällig in Bewegung. Dem Auge bot sich der Anblick eines wüsten Durcheinanders, aber das Chaos hatte Methode.

»Salamander signalisiert, Herr Kap'tän!« Olm las laut mit. »Nehmen Sie Positionen nach eigenem Ermessen ein!«

»Bestätigen Sie!« Von Hassel wandte sich zum WO um. »Rudi, Sie haben es gehört. Bringen Sie uns vor das Geleit. Die anderen wissen, was sie zu tun haben.«

»Halbe Fahrt voraus, Backbord zehn!« Das Boot, das bereits seit einer Stunde vor der Insel gekreuzt hatte, nahm mehr Fahrt auf. Das Heck begann, sich tiefer ins Wasser zu graben. Und der Turm schwankte etwas nach links weg, als Druck auf das Ruder kam.

»Die erste Etappe. Raus aus der Karibik.« Von Hassels Blick glitt über die Dampfer, die langsam begannen, sich zu formieren. Es würde Stunden dauern, bis jeder seinen Platz gefunden hatte, unter ständigem Antreiben der U-Boote und einer Flut wütender Signale des Hilfskreuzers. »Da fragt man sich, ob die Tommies die gleichen Probleme haben?«

»Wahrscheinlich, Herr Kap'tän!« Rudi Schneider griente. »Die von der christlichen Seefahrt sind ja alle nicht gerade dran gewöhnt, in geschlossenen Verbänden zu fahren.«

Der Alte nickte nachdenklich. »Muss wohl so sein. Und bei uns hat ja nun gar keiner Erfahrung mit Geleitzugfahrten.«

Schneider beugte sich wieder über das Sprachrohr. »Stützruder!« Ein kurzer Blick auf den Kompass. »Zwo-Sechs-Null steuern!« Die ersten Wasserspritzer kamen über, angenehm warm. Kaum zu glauben, dass sie den 1. November hatten. Der IWO schüttelte den Kopf. »Irgendwie kommt mir das immer noch vor wie ein schlechter Traum. Geleitzüge eskortieren ist nicht gerade das, wofür wir gebaut wurden.«

»Aber jetzt sind wir hier und müssen das Beste daraus machen, Rudi.« Von Hassel betrachtete die eleganten Linien des großen Schiffes, das wie ein Berg mitten im Gewimmel zu stecken schien. Die Cap Trafalgar. Der Liner wirkte wie ein Schwan unter Gänsen. Schwimmen taten sie alle, aber es gab trotzdem Unterschiede. »Wenn den ein Tommy-U-Boot ins Sehrohr kriegt, dann gibt es kein Halten mehr.« Er schüttelte den Kopf. »Aber ich glaube, U-Boote sind unser geringstes Problem auf diesem Stück des Weges.«

»Die Westmark hängt am Ende der Steuerbordkolonne.« Mit professionellem Interesse blickte Schneider hinüber zu dem Trossschiff. »Auch ein hübsches Ziel.«

»Na na, nun hören Sie aber auf.« Der Alte grinste. »Der Versorger hat ein Horchgerät, und Assmanns Boot steht direkt hinter dem Geleit.«

»Berger an Steuerbord, Hentrich an Backbord.« Der IWO sah zu, wie sie die Schiffe der Backbordkolonne passierten. »Und Salamander an der Spitze der Backbordkolonne. Das sieht von hier aus nicht gerade nach viel aus.« Er zuckte mit den Schultern. »Immerhin können wir ab und zu tauchen und rundhorchen. Das ist mehr, als die Tommybewacher können.«

»Richtig.« Von Hassel griente. »Freut mich, dass Sie Ihren Optimismus wiederfinden, Rudi!«

Unten in der Zentrale koppelte Obersteuermann Franke den Kurs vor. Generalkurs Null-Vier-Null, sieben Knoten. Vierzig Meilen, bis sie in der Mona Passage stehen würden, der Enge zwischen Hispaniola und Puerto Rico. Knapp sieben Stunden Fahrt. Er sah auf die Uhr. Halb drei am Nachmittag. Sie würden erst mit der Dunkelheit in die Passage einlaufen, bei Dunkelheit konnten die Bienen nicht fliegen. Aber es war trotzdem der erste kritische Punkt, sollte ein Kriegsschiff dort lauern. Acht Stunden später würde die Sonne wieder aufgehen, und irgendwann dann, morgen, bei klarem, wolkenlosem Himmel, würde entweder ein britisches oder wahrscheinlicher noch, eine amerikanische Maschine das Geleit entdecken. Franke verzog das Gesicht zu einer Grimasse. Es geschah selten, dass ein U-Boot von einem Flieger entdeckt werden *wollte!* Und selbst dann war es kein gutes Gefühl. So etwas konnte immer ins Auge gehen.

»Die Antwort auf Ihren Funkspruch von gestern kommt gerade rein!« Maxwell zuckte mit den Schultern. »Aber es ist was Längeres, Sir. Die Funker sind noch dabei, es aufzunehmen.«

Lieutenant-Commander Frazier lehnte sich in seinem Stuhl zurück. »Sie sollen es sofort hochbringen, wenn sie es haben!«

»Aye, Sir!« Der Sub zögerte kurz. »Darf ich Sie darauf hinweisen, dass wir uns bereits an der südlichen Grenze des zugewiesenen Patrouillenbereiches befinden?«

»Zur Kenntnis genommen!« Er nickte kurz zur Beruhigung des Sub-Lieutenants. »Warten wir ab, was der Funkspruch bringt.« Er lächelte nachdenklich. *Und hoffen wir einfach, dass ich unrecht habe.* Aber Keith Frazier fühlte, dass er recht behalten würde. Die Goosefoot befand sich bereits auf beinahe 20°N, damit endete das ihr zugewiesene Überwachungsgebiet. Im Westen befand sich irgendwo sechzig Meilen weiter westlich die Sorceress und in der gleichen Entfernung weiter östlich die Brambleberry. Und sie würden hier aus dem Loch kommen. Ohne Mühe konnte er sich die Karte vorstellen. Guadeloupe im Osten der Antillenkette, die Silver Bank Passage auf der anderen Seite im Osten zwischen Kuba und Hispaniola. Dazwischen, an der Südwestküste, nicht nur Hispaniola selbst, sondern auch eine Anzahl kleiner, teilweise unbewohnter Inseln. *Alles US-Mandatsgebiet, natürlich!* Aber wie jeder Seemann konnte er sich ausrechnen, dass es einfach unmöglich war, dieses weite Gebiet zu kontrollieren. Er sah auf die Uhr. Noch zwei Stunden bis Sonnenuntergang. Ein Lächeln spielte um seine Lippen. Die Jerries würden die Passage bei Dunkelheit passieren. Bei Sonnenaufgang würden sie nur noch ungefähr vierzig bis sechzig Meilen vom 20. Breitengrad entfernt stehen. Irgendwo, es fragte sich nur, wie weit östlich oder westlich.

»Der Funkspruch, Sir!«

Frazier sah überrascht auf den Funker, der neben ihm stand. Er war so tief in Gedanken versunken gewesen, dass er den Mann nicht einmal bemerkt hatte. »Dann geben Sie das Ding mal her.« Seine Augen flogen über die Zeilen. »... Kontakt melden, nicht in Gefecht verwickeln lassen ...« Und wieder »... Kontaktmeldungen sind von äußerster Wichtigkeit ...« Endlich fand er die Information, die er suchte. » ... Wiltshire versucht im Laufe der morgigen Nacht aufzuschließen.« Wütend knüllte er das Papier zusammen. »Bollocks!*«

»Sir!«

Frazier blickte auf und grinste. Maxwell und der Funker starrten ihn indigniert an. Reumütig glättete er das Papier wieder. »Schon gut!« Er erhob sich aus seinem Stuhl und streckte sich. »HMS Wiltshire beehrt uns mit seiner Gegenwart.« Er verzog das Gesicht. »Morgen Nacht!«

Der Sub-Lieutenant begann zu strahlen. »Dann brauchen wir uns keine Sorgen mehr zu machen, der Kreuzer macht mit einem Raider kurzen Prozess.«

Frazier starrte den Mann für einen Augenblick verdutzt an. In seinem Inneren spürte er den Drang zu lachen. Er unterdrückte ihn mit beinahe physischer Anstrengung. Denn wenn er nachgeben würde, das wusste er, würde er nie wieder aufhören können. *Eine Nacht zu spät! Eine einzige verdammte Nacht zu spät!*

---

* Brit. Ausdruck anstelle des heute gebräuchlichen amerikan. »Bullshit«.

Nachtwachen

Die Diesel verstummten, und das allgegenwärtige Summen der Elektromotoren erfüllte das Boot. Mischka schob den Kopf aus seiner Koje und sah sich verblüfft um. »Was ist los? Ich habe gar keinen Alarm gehört.«

»Ratz weiter, Kloaner!« Dörfler stapfte zusammen mit den anderen Männern der Wache durch das Schott und ließ sich auf die Unterkoje fallen. »Der Alte taucht zum Rundhorch'n!«

»Wo sind wir denn?«

»Wia zum Deifi soll i des wiss'n?« Der Bayer sah den Moses müde an. »Es is' kurz vor Mitternacht und mer san a paar Meil'n vor dem damischen Geleit. Mona Passage hat d'r Alte g'sagt.«

»Sagt mir gar nichts.« Mischka schwang die Beine aus der Koje und kletterte nach unten. »Kurz vor Mitternacht, sagst du?« Er gähnte herzhaft. »Lohnt sich nicht mehr weiter zu rucksen. Da bin ich ja sowieso gleich auf Wache, wenn wir wieder auftauchen.«

»Aa wieda richtig.« Der Bayer grinste. Die Männer rückten ein Stück zusammen und machten dem kleinen Mischka Platz. »Is' no was vom Kujambelwasser da?«

»Hier, ist aber warm.« Mischka schob die Blechkanne über die Back.

»Was ist denn hier los? Volksversammlung?« Daniel Berger betrachtete die Ansammlung der Männer unter sich. »Wir sind getaucht?«

»Juten Morjen, Dani. Du merk'st abba auch alles!« Kupinska sah demonstrativ auf die Uhr. »Jetzt hoffe ick bloß, der Alte bleibt im Keller bis nach Mitternacht! Dann kann ick mir aufs Ohr hauen!«

»Zehn Minuten.« Mischka rappelte sich auf. »Ich schau mal, ob der Smut noch Kaffee hat.« Er verschwand durchs Schott und machte sich leise auf den Weg in Richtung Zentrale.

Das Boot wirkte wie erstorben. In der F-Messe lagen leise schnarchende Gestalten auf den Kojen. Aber aus dem Funkraum hörte er leise Gespräche. Im Gang vor dem Schapp stand der Alte und unterhielt sich mit Olm. »Gar nichts, Herr Kap'tän!« Der Funker räusperte sich. »Achteraus, das ist unser Geleitzug. Den Höllenlärm kann man noch bis New York hören.«

New York? Mischka griente. Seine Vorstellung davon, wo New York lag, war etwas nebulös. Irgendwo in den USA, wahrscheinlich noch Tausende von Seemeilen entfernt. *Hoffentlich übertreibt Olm nur!*

Er quetschte sich am Kommandanten vorbei, der ihn kaum zur Kenntnis nahm. Für einen Augenblick beobachtete er die zierliche Gestalt des Alten. Nicht gerade ein Riese, aber das brauchte er auch nicht zu sein. Der Kommandant hatte die Augen halb geschlossen und lauschte in die Kopfhörer, während Olm das Handrad ein weiteres Mal im Kreis drehte. »Nichts!«

Mischka schlich weiter durch die Zentrale zur Kombüse. Der Smut schlief schon, aber mit einer Strippe gesichert standen zwei Thermoskannen auf dem Ofen. Zufrieden grinste der junge Seemann und machte sich mit einer der Kannen auf den Rückweg.

»Wir bleiben zwei Stunden unten. Das gibt dem Geleit genug Zeit, aufzuschließen.« Aus dem Funkschapp hörte er wieder die Stimme des Alten. Er trat zur Seite und ließ den Alten passieren. Dann verschwand er in Richtung Bugraum. Zwei Stunden.

»Du kannst dich hinhauen, Tripper!« Mischka setzte die Kanne auf dem Tisch ab. »Der Alte sagt, wir bleiben zwei Stunden unten. Ich hab grad gehört, wie er das dem Olm gesagt hat.«

»Kaffee?« Daniel Berger kletterte von seiner Koje. »Zwei

Stunden unten ist für euch Seeleute ja ganz nett.« Er griff nach der Kanne. »Aber die Maschinenwache geht ja durch.«

»Ablösung!« Jason Philipps tippte an die Mütze. »Wo ist der Skipper, Sub?«

Maxwell erwiderte den Gruß. »Er hat sich etwas hingehauen.« Er sah den Ersten ruhig an. »Kurs ist Eins-Acht-Null, große Fahrt! Keine besonderen Vorkommnisse auf Wache.«

»Sehr schön, ist noch Tee da?«

Maxwell zuckte mit den Schultern. »Ein kümmerlicher Rest, Sir. Ich kann den Smut wecken lassen …«

Philipps winkte ab. »Lassen Sie mal. Sie sind abgelöst. Eine ruhige Nacht wünsche ich!«

Nacht? Maxwell verzog unwillkürlich das Gesicht. Vier Stunden, dann würde er den Ersten wieder ablösen. Sie brauchten einen Dritten Offizier, und das dringend. Aber soweit es den Stellenplan betraf, waren die Korvetten immer noch Küstengeleitschutz und gar nicht dazu gedacht, sich wochenlang auf See herumzutreiben. Zweierstroppschiffe eben. Die Leute, die sich das ausgedacht hatten, sollten mal hier unterwegs sein. Der junge Sub-Lieutenant tippte kurz an die Mütze. »Eine ruhige Wache dann.«

Philipps sah dem Zweiten hinterher, bis dessen Mütze im Niedergang verschwunden war. Dann atmete er tief durch und ließ den Blick über den klaren Sternenhimmel gleiten. Es gab vieles, worüber Lieutenant Philipps, RNR, nachzudenken hatte, und was eignete sich dazu besser als eine langweilige Nachtwache bei gutem Wetter?

»Wenn Sie wollen, kann ich Tee in der Messe machen.« Die Stimme des Signalgasten drang in Philipps Gedanken. Ein junges rundes Gesicht. Irgendwie eifrig. Philipps grinste. »Ein Mann mit einem Plan! Tun Sie das!«

»Aye, Sir!« Der Junge wirbelte davon.

Das Grinsen des Lieutenants, auch wenn es sich nur über die unverbrannte Hälfte seines Gesichts erstreckte, wurde breiter.

Der ist sicher noch zu jung für die tägliche Rumration. Aber dann erinnerte er sich wieder an das junge Gesicht. Willby, ja, Willby, das war sein Name. Ein Produkt der Londoner Slums. Da mochte einem sogar die Navy im Krieg als ein Fortschritt erscheinen. Ein junges Gesicht, ein Gesicht voller Vertrauen ... und ein Gesicht, das keinen Schrecken und keine Abscheu gezeigt hatte, als es in sein eigenes entstelltes Antlitz gesehen hatte. Vorsichtig berührte Philipps die Brandnarben, spürte das dicke unregelmäßige Gewebe. *Das Leben geht weiter.*

Als Willby kurze Zeit später mit einer Kanne heißen Tees zurückkam, fand er Jimmy the First unter der Persenning über die Karte gebeugt vor. Überrascht lauschte er, denn der Offizier summte leise eine Melodie vor sich hin. Portsmouth Lass?

»Geben Sie rüber: Nummer drei: Halten Sie gefälligst Ihre Position!« Fregattenkapitän Vogel verdrehte etwas melodramatisch die Augen. »Man könnte meinen, man hat es mit einer verdammten Bande von Landratten zu tun!«

In der Brückennock klapperte die Morselampe. Mit Blauscheibe, selbstverständlich. Aber trotzdem war dieser Morseverkehr immer ein Risiko. Und von der Brücke der Artur Ehrmann, der Nummer drei, blinkte das einzelne Lichtzeichen zur Bestätigung sogar in hellem Weiß auf. Vogel zog scharf die Luft ein. »Sagen Sie ihm ...« Dann schüttelte er den Kopf. Er wandte sich um und sah seinen Wachoffizier mit einem Anflug von Verzweiflung an. »Wenn ich jetzt rübergeben lasse, er soll seine Morselampe abblenden, was glauben Sie, wird er tun, Felix?«

Felix Hartmann gluckste. »Er wird zunächst mit der nicht abgeblendeten Signallampe bestätigen.«

»Eben!« Vogel schüttelte den Kopf. »Dabei ist das erst die erste Nacht.« Er sah auf die Brückenuhr. »Und selbst die ist gerade einmal halb herum.«

»Die sind nervös!« Der junge Zweite hob das Glas und studierte die Schiffe der nächsten Kolonne. Der Salamander lief als Spitzenschiff der Backbordkolonne, gefolgt von Reichenfels, Grobenfels, Artur Ehrmann und sechs weiteren Frachtern. In der Mittelkolonne lief, gleich an Steuerbord, ein älterer Stückgutfrachter namens Rio Negro, aber dahinter kamen dann gleich mit zwei Kühlfrachtern, der gewaltigen Cap Trafalgar und einem Tanker, die wertvollsten Schiffe des Geleitzuges. Dumm nur, dass der Tanker in Ballast lief. Ein zusätzlicher Tanker voll Brennstoff hätte so etwas wie zusätzliche Sicherheit bedeutet, sollte der Westmark etwas geschehen. Nur hatte man kaum eine Ladung organisieren können, wenn man einen überraschenden Ausbruch plante, und so lief das Zehntausendtonnenschiff in Ballast.

»Ich glaube, es geht wieder los, dieses Mal in der Steuerbordkolonne!« Hartmanns Stimme klang belegt. »Nummer 22 fällt zurück.«

Der Fregattenkapitän seufzte. »Können Sie das Boot von Kaleun Hentrich irgendwo erkennen?«

»Keine Spur!« Hartmann zuckte mit den Schultern. »Mit dem grauen Anstrich sind die bei Nacht nahezu unsichtbar.«

Ein blaues Licht blitzte weit an Steuerbord auf. Vogel nickte zufrieden. »Aber er ist da und passt auf.« Laut las der Kommandant mit. »Nummer 22, aufschließen!« Eine kurze Pause, dann setzte er hinzu: »Verdammt nochmal!« Er blinzelte. »Scheint, als ob Hentrich genervt ist.«

»Wenigstens hat er die Westmark in der Steuerbordkolonne. Schiller wird mit aufpassen, dass sich unsere Schäfchen nicht verirren!«

»Eine halbe Meile von Schiff zu Schiff, acht Kabel zwischen den Kolonnen.« Der Kommandant blickte suchend nach Steuerbord achteraus, aber die Westmark war außer Sicht. Stattdessen zogen sich die Kolonnen des Geleits scheinbar endlos in die Dunkelheit hin. »Sie sind nervös, fürchten eine Kollision mehr als die Tommies.«

Hartmann senkte das Glas. »Wenigstens achten sie noch auf Signale.« Der Zweite runzelte die Stirn. »Aber wenn wir wirklich in Ärger kommen, mag der Teufel wissen, was die machen werden.«

Vogel grinste schief. »Felix, wenn wir wirklich auf Ärger stoßen, dann werden die gleichen Kapitäne, die sich jetzt anstellen wie ein Pfund Schmierseife, genau das tun, was wir signalisieren, und sie werden es genau dann tun, wenn wir es signalisieren.« Er atmete durch. »Weil sie dann darauf hoffen, dass wir ihre Ärsche retten.«

Felix Hartmann erwiderte das Grinsen. Der Kommandant fand doch immer wieder einen Weg, sich unmissverständlich auszudrücken. Aber als er den Blick wieder über das Geleit schweifen ließ, verschwand das Grinsen von seinem Gesicht. Das war einfach unvorstellbar. Dreißig Schiffe, wenn man den Hilfskreuzer nicht mitrechnete, das machte beinahe zweihunderttausend Tonnen Schiffsraum. Wären diese Schiffe beladen gewesen, dann hätten sie über den Daumen gepeilt knapp eine halbe Million Tonnen Güter aller Art transportiert. Felix Hartmann konnte sich nicht einmal vorstellen, wie viele voll beladene Güterzüge das sein mochten. Genug, um ganze Städte zu versorgen, genug, um Armeen mit allem auszurüsten, was der Krieg benötigte. Und das war nur ein Geleit, ein einziges. Wie viele Geleite der Tommies mochten gerade jetzt auf den Weltmeeren unterwegs sein? Zwanzig, dreißig, vielleicht mehr? Aber der klare Sternenhimmel, zu dem er emporsah, verweigerte ihm jede Antwort.

Alte Feinde

Die Sonne stand noch nicht sehr hoch am Himmel, aber trotzdem verwandelte sie die See in eine weite glitzernde Fläche. Wie mit Tausenden und Abertausenden Spiegeln schien die See jedes Licht zu reflektieren. Und es war unmöglich, die Augen nicht zusammenzukneifen, wenn man über dieses Spiel aus Licht und Bewegung sah.

Der Kommandant schob die Mütze etwas tiefer ins Genick. Wie die meisten Männer trug er das Hemd beinahe bis zum Bauchnabel offen und ansonsten nur Shorts. Braun gebrannt, wie seine Wachgänger, wirkte er ganz anders als die teigigen blassen Gesichter, die man üblicherweise auf U-Booten sah. Aber das hier war auch nicht das normale Einsatzgebiet deutscher U-Boote. Die ganze Sache hier war nicht, wofür die Boote gebaut und die Besatzungen ausgebildet waren. Der Kommandant verzog das Gesicht. *Wer sich das hier ausgedacht hatte, muss verrückt gewesen sein … oder verzweifelt!* Aber er hütete sich, diesen Gedanken laut auszusprechen. Er wusste, wer sich das hier ausgedacht hatte. Und er wusste, dass der Mann nicht verrückt war. Eher verzweifelt. Und außerdem hatten sie alle über dieses Thema bereits tausend Mal nachgedacht, und am Ende war es immer auf das Gleiche hinausgelaufen: Befehl war Befehl.

Langsam hob er das Glas und beobachtete die Schiffe achteraus. Frachter verschiedener Größen und verschiedenen Alters. Einige qualmten mehr, andere weniger. Aber alle hielten ihre Position, sauber aufgereiht in drei Kolonnen. Für einen Augenblick blieb der Blick des Kommandanten am Führungsschiff der Backbordkolonne hängen. Ein Frachter von knapp sechstausend Tonnen, durch dessen Anstrich bereits die ersten

Rostflecken leuchteten. Ein Schiff, das scheinbar schon bessere Zeiten gesehen hatte. Scheinbar!

Noch während er hinsah, veränderte sich das Bild. Schrill zwitscherten die Bootsmannsmaatenpfeifen, und große Klappen senkten sich aus der glatten Bordwand. Die Rohre der Fünfzehner schwenkten in Sekundenschnelle aus und erfassten ein angenommenes Ziel. Geschützdrill! Von Hassel griente. Die Männer auf dem Hilfskreuzer würden Vogel heute mal wieder verfluchen. Aber Seeleute fluchten immer und gerne auf ihre Kommandanten. Es war etwas, das einfach dazugehörte.

»Salamander fühlt sich heute mal wieder so richtig als Kreuzer!«

Der Alte wandte sich um und betrachtete seinen IWO. »Hoffen wir, dass er dem Gefühl nicht noch näher kommt.«

Der Oberleutnant spähte zu dem Hilfskreuzer hinüber. »Hoffen wir es!« Und tatsächlich hofften das alle in diesem Geleit. Denn alles andere hätte bedeutet, dass der Hilfskreuzer es mit einem der britischen Patrouillenkreuzer würde austragen müssen, und noch nie hatte ein für den Frieden gebautes Schiff ein für den Krieg geschaffenes besiegt*. Es würde, wenn sie nicht sehr viel Glück hatten, das Ende dieser Mission bedeuten. Tod oder Gefangenschaft, Selbstversenkung oder Aufbringung.

Wieder einmal kontrollierte der Kommandant den blauen Himmel. Aber alles war leer, kein verräterischer dunkler Punkt, kein Glitzern der Sonne auf einer Kanzel, kein fernes Brummen von Motoren zeigte an, dass sich ein Flugzeug in der Nähe befand. »Es scheint, unsere amerikanischen Freunde

---

* Das blieb dem deutschen Hilfskreuzer Kormoran vorbehalten, der am 5. November 1941 den leichten Kreuzer HMAS Sidney versenkte, aber dabei selber so schwer beschädigt wurde, dass das Schiff aufgegeben werden musste. Der einzige Fall, in dem ein für den Frieden geschaffenes Schiff ein für den Krieg geschaffenes vernichtete.

nehmen es mit der Überwachung ihrer Seegebiete nicht so genau.«

Rudi Schneider griente gequält. »Es wird so langsam Zeit, dass uns jemand entdeckt.« Er sah auf seine Uhr. Zeit war es, die jetzt die entscheidende Rolle spielte. Noch hatten sie ein paar Stunden, aber jede Schraubenumdrehung brachte sie näher an den Punkt im Ozean, an dem sie ihren Kurs wechseln würden. Gut, es wäre kein Beinbruch, ein paar Stunden länger auf dem alten Kurs zu bleiben. Ein Umweg, eine Verzögerung, die sich am Ende eventuell in einem Seetag mehr niederschlagen würde. Kein Beinbruch. Aber wenn sie bis zum Einbruch der Dunkelheit nicht entdeckt wurden, würde niemand sie auf diesem Kurs sehen. Es würde für die Tommies keine Gelegenheit geben, auf die falsche Idee zu kommen. Es würde bedeuten, dass die Tommies sie vielleicht im richtigen Gebiet jagen würden, und das wäre eher ein Hals- als ein Beinbruch.

Von Hassel schüttelte die trüben Gedanken ab. Noch nie war ein feindliches Flugzeug so sehnsüchtig erwartet worden, und wahrscheinlich würde auch nie wieder eines so sehnsüchtig erwartet werden. Aber herbeizaubern konnten sie es auch nicht, und immerhin gab es ja noch die schwache Chance, dass die Tommies auch ohne Mithilfe auf die falsche Idee kommen würden.

»Signal von Salamander: Vorsetzen und rundhorchen!«

Der Alte verzog das Gesicht. »Bestätigen Sie!« Er blickte auf die freie See vor ihnen. Beinahe glaubte er, bereits den Atlantik riechen zu können, aber das war natürlich eine Täuschung, denn so weit und unendlich die See auch schien, bis zur wirklich offenen See waren es noch immer ein paar hundert Meilen, und die Karibik selbst erschien zwar groß, aber unendlich war sie nicht. Von Hassel beugte sich über das Sprachrohr. »Große Fahrt voraus!«

»Jawohl, Herr Kap'tän!« Unten in der Zentrale zögerte Wellenberg. »Frage: Kurs?«

Von Hassel lächelte. Also hofften sie unten auch, aber leider musste er sie enttäuschen. »Wie bisher, Null-Vier-Null!« Er richtete sich auf. So würde das den ganzen Tag gehen. Zwei Stunden mit großer Fahrt vorsetzen, dann tauchen und mit den scharfen Ohren des GHG herumhorchen. Das Horchgerät konnte ein einzelnes Schiff auf mehr als zwanzig Meilen, einen Geleitzug unter guten Bedingungen auf sechzig Meilen erfassen. Viel weiter, als die Sichtweite vom Turm des Bootes aus betrug. Viel weiter, als ein Ausguck auf einem anderen Schiff sehen konnte. Aber als von Hassel zurückblickte, wusste er, dass er sich selbst belog. Die Dampferfahnen aus den Schornsteinen der Schiffe stiegen wie ein Wald in die Höhe, hundert Meter und mehr. Ein Ausguck konnte diese Rauchsäulen bereits erkennen, lange bevor der Rumpf der dazugehörigen Schiffe über den Horizont kroch.

Minuten verstrichen, reihten sich zu Viertelstunden, dann zu ganzen Stunden. Am Ende war es fast ein ganzer Tag, von Sonnenaufgang bis zum späten Nachmittag, den sie warteten. Das Schiff war gefechtsbereit, die Kombüse geschlossen. Alles, was es gab, waren Corned Beef Sandwiches mit Gurken, die aus Gläsern von beinahe ehrwürdigem Alter stammten. Hinuntergespült wurden diese widerspenstigen Nahrungsmittel mit Tee, von dem Engländer ja bekanntlich unendliche Mengen trinken können. Doch selbst diese nationale Eigenart wurde während dieses Tages an Bord von HMS Goosefoot auf eine harte Probe gestellt.

Auf der engen Brücke tigerte der Kommandant gereizt auf und ab. Natürlich, dafür fuhr er lange genug zur See, wusste er, was seine Männer fühlten, was sie sprachen. War der Skipper jetzt völlig durchgedreht? Den ganzen Tag auf Gefechtsstationen und dann … gar nichts.

Vorne, bei ihrem einzigen Geschütz, sah Lieutenant Philipps zum wohl tausendsten Mal auf seine Uhr. Der Tag schien kein Ende zu nehmen. Vielleicht lag der Skipper mit seinen Vermutungen ja doch falsch. Oder die Jerries hatten einen Kurs weiter östlich gewählt, um schneller in den offenen Atlantik zu entkommen. Oder das Südamerikageschwader, das mit voller Fahrt in die Karibik lief, hatte die Jerries schon gefunden, oder, oder, oder. Aber immer, wenn Philipps zur Brücke hoch blickte, sah er den Kommandanten, stets nur für Minuten, wenn er mit dem Glas die See absuchte, bevor er seine ruhelose Wanderung wieder aufnahm. Heute. Der Skipper war sicher, er fühlte es in seinen Knochen. Er wandte sich wütend um, als er das Tuscheln der Männer hörte. »Ruhe!« Er starrte sie an, dann grinste er plötzlich. »Und eine Extraration Rum für den, der die Jerries zuerst entdeckt.«

»Rauchfahne, Sir!« Der Ausguck auf dem Signaldeck rief die Meldung nach vorne in die offene Brücke. »Und da, noch eine!«

Frazier fuhr herum. Im ersten Moment konnte er die dünnen Rauchsäulen kaum erkennen. Zwanzig Meilen? Vielleicht dreißig? Solange man nur die Dampferfahnen erkennen konnte, war es schwer zu sagen. Eine dritte Rauchfahne wurde sichtbar. Nordostkurs, beinahe genau auf sie zu. Die Deutschen waren da! Aber als er sich umwandte, klang seine Stimme völlig ruhig. »Funkspruch an den Chef, Admiralität und alles Weitere: Kontakt, 20°0'N-65°54'E, Geleitzug, Kurs Nordost!« Er warf einen weiteren Blick auf die Rauchsäulen. In der Zwischenzeit konnte er schon fünf ausmachen. »Setzen Sie hinzu: Halten Kontakt.« Er nickte dem Posten am Sprachrohr zu. »AK! Und lassen Sie die Gefechtsflaggen setzen.« Selbst für ihn klang das wie ein Grabspruch.

»Kontakt! Drei-drei-null Grad, mittlere Entfernung!« Funkmaat Rückert schien beinahe in sein Horchgerät hineinkriechen zu wollen, während er die Meldung in die Zentrale rief.

Der Alte fuhr auf dem Absatz herum. »Was haben Sie?«

»Weiß noch nicht genau, Herr Kap'tän!« Rückert lauschte hinaus in die See. »Scheint eine Kolbenmaschine zu sein. Was

Kleines auf jeden Fall. Hört sich an wie eine Korvette bei den Geleitzügen, aber wo soll die herkommen?«

Von Hassel schloss für einen Augenblick die Augen. *Ja, wo soll die herkommen? Es sei denn, jemand weiß, dass U-Boote beteiligt sind.* »Ist er allein?«

»Soweit ich hören kann.« Rückert runzelte die Stirn. »Komisch, dass ich ihn so spät gehört habe. Er muss still gelegen haben und gerade erst mit der Fahrt hochgegangen sein.«

»Wie weit ist er weg, schätzen Sie?«

»Fünfzehn Meilen? Vielleicht eine oder zwei weniger.« Der Funkmaat legte einen warnenden Ton in seine Stimme. »Kann sein, dass da noch andere mit abgestellten Maschinen liegen und warten. Dann kann ich sie nicht hören.«

»Alles klar, horchen Sie trotzdem mal herum.« Von Hassel wandte sich ab und kehrte in die Zentrale zurück. Die anderen Offiziere blickten ihn erwartungsvoll an. Er lächelte schmal. »Eine Korvette, ich bin ziemlich sicher, da hat sich der Rückert nicht verhört.« Nachdenklich blickte er sich um. »Er hat still gelegen und gewartet. Auf uns gewartet. Also ist zumindest ein Tommy auf die Idee gekommen, dass wir hier lang kommen werden.«

Rudi Schneider verzog das Gesicht. »Eine Tommykorvette, das ist nicht gerade das, was wir wollten.«

Der Alte sah auf die Uhr. Nicht mehr lange, bis die Sonne untergehen würde. Und in diesen Breiten gab es keine lange Dämmerung. Eine Korvette, ein U-Boot-Jäger also, das war wirklich nicht, was sie sich gewünscht hatten. Aber manchmal musste man nehmen, was man kriegen konnte. Er sah seine Offiziere an. »Was mich viel mehr bewegt, ist, ob der Kerl alleine unterwegs ist. Die Tommies müssen ja in der Zwischenzeit wissen, dass wir einen HSK dabei haben, gegen den eine einzelne Korvette keine Aussichten hat.«

»Sie wollen ihn annehmen?« Leutnant Wellenberg sah den Kommandanten ruhig an. Eine einzelne Korvette, das war nicht aussichtslos. Es ergab nur einfach keinen Sinn, sich mit einem U-Boot an einen U-Boot-Jäger anzuschleichen. Nicht, wenn man ein größeres Kriegsschiff hinter sich wusste, das den Störenfried ohnehin aus dem Wasser blasen konnte.

Aber von Hassel lächelte nur. »Wir gehen hoch und setzen einen kurzen Funkspruch an Salamander ab. Fünfzehn Meilen, das sollte uns außer Sicht halten.« Er dachte kurz nach. »Danach gehen wir in den Keller und schleichen uns etwas zur Seite. Nach Westen.« Er warf einen kurzen Blick auf die Karte. »Diese Korvette würde kaum einfach abwarten, wenn der Kommandant nicht wüsste, dass größere und stärkere Einheiten im Anmarsch sind. Aber was auch immer es ist, es muss von Westen kommen.« Seine Stimme wurde härter. »Und wenn es kommt, werden wir alles daransetzen, unsere Aale anzubringen. Bringen Sie das Boot in Gefechtsbereitschaft!«

Die Goosefoot legte den stumpfen Walfängerbug etwas auf die Seite, als Druck aufs Ruder kam. Sechzehn Knoten und ein bisschen, das war es, was die einfache Maschinenanlage hergab. Frazier glich die Bewegung in den Knien aus und richtete sein Glas auf den fernen Geleitzug. *Kontakt halten?* Der Lieutenant-Commander lächelte traurig. Smith, der den Befehl geschickt hatte, wusste genauso gut wie er selbst, dass der Raider wahrscheinlich schneller war und mit Sicherheit schwerer bewaffnet als eine Korvette. Und was die U-Boote betraf, so hatte sich die Goosefoot bereits mit einem herumgeschossen. Die großen U-Boote hatten ein ebenso schweres Kaliber auf dem Vordeck wie der U-Boot-Jäger selber, und im Gefecht an der Oberfläche hatte sich zumindest das eine, mit dem sie sich erst vor ein paar Monaten im Atlantik herumgeschossen hatten, als zäher Gegner erwiesen. Schnell, wendig und wegen der flachen Form schwer zu treffen, wenn man nicht gerade den Turm erwischte. Er wandte sich zum Posten an den Sprachrohren um. »ASDIC soll jeden Kontakt sofort melden. Jeden, auch wenn sie nicht sicher sind.«

»Aye, Sir!«

Wieder hob er das Glas und studierte die Rauchsäulen. Ein ganzer Wald in der Zwischenzeit. Und schon erschienen unter den ersten Säulen dunkle Punkte, die auf dem Horizont zu balancieren schienen. Eine optische Täuschung natürlich. Masten und Brückenaufbauten waren bereits über dem Horizont, während die eigentlichen Rümpfe noch dahinter verborgen lagen. Die Sichtweite auf See ist immer von zwei Faktoren begrenzt: von der eigenen Augenhöhe, und die war auf einer kleinen Korvette nicht so hoch, und von der Höhe des Objektes, das man betrachtete. Frazier, der aus der Handelsschifffahrt stammte, hatte eine gute Vorstellung davon, wie weit diese Schiffe über das Wasser ragten und konnte dementsprechend auch die Entfernung schätzen. Etwas unter zwanzig Meilen. Er verglich die Peilungen erneut. Immer noch Nordostkurs. Die Jerries hielten stur durch.

»Steuerbord zehn!« Er beugte sich über das Sprachrohr und hörte den Quartermaster bestätigen. »Steuern Sie Zwo-Sieben-Null!« Es gab keine Notwendigkeit, den Mann mit zusätzlichen Ruderanweisungen zu verwirren. Der Gefechtsrudergänger galt ohnehin als ein zuverlässiger, erfahrener Mann.

Wieder legte sich das Schiff in eine Wendung und begann, den Bug nach Westen zu drehen. Weg von dem Geleit, Abstand halten, das war die Devise der Stunde. Trotzdem musste er näher ran. Bald würde die Sonne untergehen, und wenn er dann Kontakt halten wollte, musste er sehr viel näher dran sein. Denn bei Dunkelheit würde der deutsche Konvoikommodore den Kurs wechseln lassen. Wohin? Genau Ost? Dem fernen Europa zu? Südost, weil er annahm, seine Gegner würden das nicht erwarten? Oder vielleicht Nord, in weitem Abstand zur US-Küste?

»Die Funker haben einen Spruch von Sorceress aufgefangen. Er bestätigt!«

Frazier nickte dem Posten kurz zu. »Danke!« In sich spürte er die Enttäuschung. Er hatte gehofft, der Kreuzer würde seine

Kontaktmeldung auffangen und bestätigen. Aber kein Wort vom Kreuzer.

Fregattenkapitän Vogel biss unwillkürlich die Zähne zusammen, als er die dünne Rauchfahne beobachtete. Die Korvette darunter war nicht mehr als ein schwarzer, konturloser Punkt. Wenn er nicht die kurze Funkmeldung von U-68 gehabt hätte, er hätte nicht einmal sicher sein können, es mit einer Korvette zu tun zu haben.

»Wir können ausscheren und uns den Burschen greifen!« In Hartmanns Stimme klang offener Zorn mit. Zorn auf dieses kleine Kriegsschiff, das aller Wahrscheinlichkeit nach bereits dabei war, seine schweren Brüder heranzurufen. Der Feind, der sich außer Reichweite hielt. »Die laufen um die sechzehn Knoten, soviel ich weiß.«

»Beruhigen Sie sich, Felix. Wir machen gerade einmal zwei Knoten mehr als er. Wenn wir jetzt ausschwenken, kann das eine stundenlange Verfolgungsjagd werden, bevor er überhaupt in Reichweite unserer Geschütze ist.« Es kostete Werner Vogel physische Anstrengung, ruhig, beinahe beiläufig zu sprechen. Aber ein Kommandant konnte nie seine Aufregung, seinen Zorn zeigen. Die Männer auf der Brücke sahen auf ihn. Jede Unsicherheit würde ihre Unsicherheit werden, und bei jedem Kontakt mit anderen Stellen des Schiffes würden sie diese Unsicherheit weitergeben, über Sprachrohre, als Meldeläufer und über die wenigen Telefonverbindungen, die sich durch den Rumpf zogen. »Warten Sie es ab, wir kriegen ihn noch.« Der Fregattenkapitän hoffte, dass sein Lächeln nicht so verkrampft aussah, wie es sich anfühlte. »Er muss näher kommen. Viel näher. Und zwar noch vor Anbruch der Dunkelheit, wenn er uns nicht während der Nacht verlieren will.« *Für ihn selbst klang es beinahe wie eine Beschwörung. Er muss näher kommen!*

* * *

»Die Korvette dreht!« – Von Hassel fuhr mit einer heftigen Bewegung herum. »Wohin?«

»Kann ich noch nicht sagen, Herr Kap'tän. Peilt jetzt in eins-null-fünf Grad! Er läuft immer noch hohe Fahrt.«

Hohe Fahrt, wahrscheinlich die ganzen sechzehn Knoten, die der Zossen hergab. Nicht viel, aber viel mehr als ein getauchtes U-Boot. Die Seekuh machte im Augenblick vier Knoten. Mit AK konnten sie etwas über sieben machen, aber das würde innerhalb von zwei Stunden die Batterien regelrecht leer saugen. Und er hatte unter Wasser auch bei AK keine Chance, eine Korvette auszudampfen. Wenn er andererseits mit der Fahrt heruntergìng und versuchte, das kleine Kriegsschiff anzugreifen ... Er verfolgte den abenteuerlichen Gedanken für einen kurzen Augenblick, und offensichtlich war er nicht der Einzige.

Rudi Schneider sah ihn fragend an. »Wenn er nach Westen dreht, läuft er uns beinahe mundgerecht vor die Rohre. Gemeldet hat er uns schon längst.« Der IWO grinste spitzbübisch. »Ein kleiner Schwenk, je nachdem, welche Rohre sie benutzen wollen. Er macht es uns einfach, wahrscheinlich ahnt er nicht mal, dass wir hier rumhängen.«

Der Alte verzog das Gesicht und fragte über die Schulter nach. »Rückert? Läuft sein S-Gerät?«

»Ich höre Pings, aber sehr unklar. Er ist zu weit weg, um uns einzupeilen.«

Zufrieden ließ sich von Hassel auf seinem Stammplatz im Schott nieder. »Sie hören es, Rudi, er sucht nach U-Booten. Er ahnt, dass wir hier sind, irgendwo.«

»Vielleicht dreht er auch gar nicht nach Westen.« Enttäuschung klang in Rudi Schneiders Stimme mit.

»Er dreht nach Westen, verlassen Sie sich darauf, Rudi!« Der Alte wandte den Kopf. »Melden, wenn Sie es genau wissen, Rückert.«

»Jawohl, Herr Kap'tän.«

Von Hassels Augen suchten den LI. »Sehr schön, dann lassen Sie uns mal ganz gemütlich auf Tiefe sacken. Zweihundert Meter, wenn ich bitten darf.«

»Zweihundert?«

Der Kommandant nickte. »Zweihundert, so sagte ich.« Er grinste. »Und bitte, ohne die Nachbarschaft zu wecken.«

Vorne im Bugraum bekam man normalerweise nicht viel mit, jedenfalls nicht, bevor es nicht sowieso zu spät war. Deswegen hatte sich auf U-68 die Tradition der Apfelkiste eingebürgert. Die Apfelkiste stand halb verborgen hinter dem Christbaum mit seiner Unzahl von Ventilen in der Zentrale. Während eines Gefechts hatte sie sich zur inoffiziellen Gefechtsstation des IIWO entwickelt, der immer wieder einem der bereitstehenden Läufer im Schott ein paar Informationen zuraunte. Die wurden dann weitergeflüstert über Funkschapp und F-Messe bis in den Bugraum. So bekam man dort wenigstens auch ab und zu etwas von dem zu hören, was sich abspielte.

Nur war es kein perfektes System, wie einem jedes Kind, dass einmal »stille Post« gespielt hat, sagen kann. Die Sätze, die Leutnant Wellenberg dem Läufer zuflüsterte, hatten oft wenig Ähnlichkeit mit dem, was im Bugraum wirklich ankam.

Dörfler runzelte die Stirn und versuchte, aus den Brocken, die Mischka gerade in den Raum geraunt hatte, schlau zu werden. »D'r Alte is a Maikäfa?« Er wusste, dass er kein geistreiches Gesicht machte. »Wos soll'n des hoaß'n?«

Mischka zuckte mit den Schultern. »Weiß ich auch nicht, kam so von der Zentrale.«

»Stell dich nich so an. Dat muss heißen, dat er grinst wie een Maikäfer.« Kupinska schüttelte den Kopf. »Meeensch, Bazi!« Der Berliner sah sich grinsend um. »Ick versteh ja sowieso nich, warum der Alte den Pott nich eenfach unter Wasser tritt.«

»Koa Ahnung, Tripper. Is' des wirklich nur oa oanziga?«

Mischka, der auf der anderen Seite des Bugraums hockte, verzog das Gesicht. »Das ist alles, was ich gehört habe.«

Ein Knacken ging durch die Hülle, und die Männer verstummten. Einen Augenblick lang herrschte Stille. Dann kreischte der Stahl gequält auf, als der Wasserdruck das Boot um ein paar Zehntel eines Millimeters zusammendrückte. »Wir gehen tiefer!«

»Du merkst aber auch alles, Tripper!« Dörfler nickte langsam. »Also glaubt da Alte, dass der damische kloane Oamer ned alloanz is'!«

Die Männer starrten ihn verblüfft an. Alois grinste. »Er will dem Tommy ned verrat'n, wo mer stecken. Er wartet auf was Größer's!«

Lieutenant-Commander Frazier hob erneut das Glas. Die Frachter waren größer geworden. Nur noch zehn bis zwölf Meilen. Schon konnte er im Glas die unterschiedlichen Farben der Rümpfe erkennen, vermochte, die unterschiedlichen Konturen der Aufbauten einzuschätzen.

Jason Philipps, der kurz auf die Brücke gekommen war, studierte ebenfalls die Schiffe. »Der Dicke in der Mitte?«

»Wäre logisch.« Aber Fraziers Stimme klang nicht so, als würde er selber daran glauben. Die Engländer setzten Passagierschiffe als Hilfskreuzer ein, vorwiegend im Geleitschutz und zur Seeraumüberwachung. Schiffe mit großer Seeausdauer und große Schiffe mit entsprechend hoher Geschwindigkeit. Aber die Jerries? »Es muss ein Frachter sein, ein Schiff, dass getarnt werden kann, ein Schiff, dass nicht gleich auffällt wie ein bunter Hund in Liverpool.«

Wieder studierten die beiden Männer die Schiffe des Geleits. Eigentlich nur die in einem Teil des Geleitzuges, denn der ganze Konvoi zog sich über eine Länge von etwas über fünf Meilen und eine Breite von wenigstens zwei Meilen dahin. Nur der vordere Teil und davon auch eigentlich nur die Backbordkolonne war nahe genug, um Einzelheiten zu erkennen.

»Ich erkenne nichts Ungewöhnliches. Keine Frachter, die größer wären, keine Schiffe mit großen Decksladungen oder

Deckshäusern.« Philipps ließ das Glas enttäuscht sinken. »Wir sehen nur ein paar der Frachter. Vielleicht hängt er weiter achteraus?«

Frazier antwortete nicht. Es konnte sein, dass der Raider nicht stolz vorneweg fuhr, wie es ihm als Flaggschiff gebührte. Es konnte sein, dass die Deutschen doch ein Passagierschiff als Raider benutzt hatten. Aber es mochte auch sein, dass Königin Elisabeth* ihren Gin liebte. Es mochte alles sein, aber … sein Blick blieb an dem ersten Schiff der Backbordkolonne hängen. Grau, nur durch einen dünnen roten Streifen unterbrochen. Selbst auf die Entfernung schien sich eine braune Linie an der Wasserlinie entlangzuziehen. Rost. »Fyffes & Blackmore.« Noch während er die Bemerkung murmelte, kam die Erleuchtung. »Jason, schauen Sie sich das erste Schiff an. Das erste in der Backbordkolonne!«

Der Erste hob das Glas erneut. »Ein ganz normaler Frachter. Etwa sechstausend Tonnen, würde ich schätzen.«

Aber Frazier hörte nicht mehr zu, er wirbelte bereits herum. »Der Rudergänger soll zacken! Schnell! Und geben Sie mir den Chief! Dreimal Wahnsinnige voraus!«

»Ich verstehe nicht …« Aber bevor Jason Philipps seine Frage aussprechen konnte, gab ihm ein fernes Rumpeln bereits die Antwort.

»Er enttarnt!« Fraziers Stimme klang plötzlich völlig ruhig. »Runter mit Ihnen, brennen Sie ihm eins auf den Pelz!«

Philipps setzte sich in Bewegung. Aber am Niedergang hielt ihn die Stimme seines Kommandanten noch einmal auf. »Und falls wir uns nicht mehr sehen, es war nett, Sie kennenzulernen!«

Der Erste kam nicht mehr dazu, etwas zu erwidern. Dumpf knallten die Abschüsse der schweren Kanonen über die See.

* * *

---

* Königin Elisabeth, geb. Bowes-Lyon, also die Frau König Georgs VI., nicht zu verwechseln mit ihrer Tochter, Elisabeth II. Gerüchte, dass die (spätere) Queen Mum ihren Schnaps liebte, gab es auch damals schon.

»Entfernung Einundzwanzig-Hundert!« Die Stimme des AO klang völlig konzentriert. Für ihn war die britische Korvette kein Schiff, für ihn ging es in diesem Moment nicht um eine Besatzung, die er im Begriff war, mitsamt ihrem schwimmenden Untersatz einzustampfen. HMS Goosefoot – er kannte nicht einmal ihren Namen, und wenn er ihn gekannt hätte, hätte er ihn nicht interessiert – war in seiner Schießtafel als Ziel »Nummer eins« gekennzeichnet. Einundzwanzig-Hundert, also einundzwanzig Kilometer Entfernung, Sprenggranaten mit Bodenzünder, Backbordbatterie, 47 Grad. Das Ziel wanderte nach links aus. Das war alles. Eine Ansammlung von Zahlen und Richtwerten, ein eher technisches Problem. Artillerieoffiziere mussten so agieren, um effektiv zu sein.

Auf der Brücke wandte Fregattenkapitän Vogel sich zu seinem Zweiten um. »Enttarnen, Felix, Feuer frei!«

Wieder einmal hoben sich die großen Klappen, gehalten von Kontergewichten, wieder einmal klang das typische Rumpeln des Enttarnmanövers über die See. An der Gaffel flog die Reichskriegsflagge in die Höhe.

»Nach der ersten Salve drehen wir etwas nach Backbord. Informieren Sie den AO.«

»Jawohl, Herr Kap'tän!«

Die erste Salve verließ die Rohre, und der Salamander hüllte sich in eine Wolke säuerlichen Korditrauchs. Das Deck unter Vogels Füßen erbebte, als der Rückstoß der Fünfzehner auf den Rumpf übertragen wurden. Er biss die Zähne zusammen. Einundzwanzig-Hundert, das war das Maximum, das ihre alten Fünfzehner hergaben. *Nach Backbord, Entfernung verkürzen! Aber nicht zu nahe ran.* Zu nahe hätte bedeutet, dass die Tommies ihr eigenes Geschütz hätten zum Tragen bringen können.

Drei Wassersäulen sprangen backbords der Korvette in die Höhe. »Weit. Und alle drei Backbord!« Felix Hartmanns Stimme spiegelte seine Enttäuschung wieder.

Aber schon hörten sie wieder die Stimme des AO, völlig ungerührt. »Hundert zurück, neue Zielrichtung Null-Vier-Null!«

»Backbord zehn!«

Der Salamander begann zu drehen, und gleichzeitig schoben die Schrauben den Hilfskreuzer immer schneller durchs Wasser. Zwei Probleme, ein mathematisches und ein taktisches, begegneten sich. Aus der rein taktischen Sicht musste der Kommandant sein Schiff auf Fahrt bringen, den Abstand verringern, aber gleichzeitig immer eine der Breitseiten auf den Gegner gerichtet halten. Denn genau nach vorne konnte der Salamander, wie alle Hilfskreuzer, nicht feuern.

Für den AO bedeuteten Kurs- und Geschwindigkeitsänderungen dynamische Änderungen seiner Schussunterlagen. Seine Seitenrichtung wanderte aus, die Verzögerung in der Übermittlung der Schusswerte hieß, dass das Schiff zum Zeitpunkt des Abfeuerns schon nicht mehr da war, wo es rein rechnerisch hätte sein sollen. Das Problem war weniger, dass sie auf ein bewegliches Ziel feuerten, das hatten sie im Griff. Das Problem beim Seezielschießen war vielmehr, dass sie von einer beweglichen Plattform aus schossen.

Wieder schossen drei Wassersäulen in die Höhe, zwei an Backbord, eine an Steuerbord der Goosefoot.

»Eine Gabel!« Hartmanns Stimme überschlug sich beinahe vor Aufregung. »Eine Gabel!«

Schon kam die Bestätigung aus dem Artilleriesprachrohr. »Deckend!« Der Entfernungsmesser auf dem Brückendach quietschte etwas, als er dem fernen Ziel folgte. »Entfernung Zwanzig-Hundert!« Sie kamen näher, langsam, aber unaufhaltsam.

Die Einschläge der Granaten in die See waren auch ohne Horchgerät im ganzen Boot zu hören. Hier unten, verzerrt und gleichzeitig verstärkt durch das Wasser, hörte es sich eher nach harten, scharfen Schlägen an. Aber keine Druckwelle erreichte das Boot, das in zweihundert Metern Tiefe durch die

Dunkelheit schlich. Hier unten war eine fremde Welt. Kälte, Dunkelheit, Druck. Eine Welt der Meereslebewesen, die so gar nichts gemein hatte mit dem Bild der Karibik an der Oberfläche. Nur für eine kurze Zeit, solange Batteriestrom und Luft reichten, war es den U-Booten möglich, zu einem Teil dieser fremden Welt zu werden. Sich in der Tiefe zu verstecken, um zu entkommen … oder unbemerkt an den Gegner heranzukommen.

Von Hassel lauschte dem Knacken und Knirschen des Rumpfes. Das Boot war nicht zum ersten Mal in solche Tiefen getaucht. Es konnte immer noch etwas zulegen. Aber es protestierte lautstark. Immer wieder hallten die Entladungen von der fernen Oberfläche durch die See, aber in den stillen Pausen dazwischen, wenn Wut und Furcht von dort oben nicht an ihre Ohren dröhnten, hörten sie ihre eigenen Ängste.

Der Kommandant war nicht immun gegen diese Ängste. Er spürte sie, wie jeder andere Mann in der Röhre auch. Das hier war nicht ihre Welt. Aber er durfte diese Ängste nicht zeigen, durfte sie nicht Gewalt über sich gewinnen lassen. Als er wieder Befehle gab, klang seine Stimme flach und ausdruckslos. »Es geht los! Steuern Sie genau West, Rudi! AK!« Er wandte den Kopf. »Rückert, auf Schraubengeräusche achten.«

»Was für Schraubengeräusche? Die Korvette, Herr Kap'tän?« Der Funkmaat schien verwirrt zu sein.

Der Alte schüttelte langsam den Kopf. »Dickschiff, ich kann nicht sagen, was für eines.« Er zögerte. Dass ein dicker Pott aus dem Westen kommen würde, war natürlich nur eine Vermutung. Vielleicht standen die Tommykreuzer auch immer noch westlich von Florida und suchten nach dem Salamander. Aber die Korvette war hier. Sie hätte sich nie mit dem Hilfskreuzer angelegt, wenn sie nicht ein größeres Schiff hinter sich gewusst hatte. Der Tommy versuchte, Zeit zu erkaufen, um den Preis seines eigenen Schiffes. Eine versenkte Korvette gegen einen vernichteten Geleitzug, aus der Sicht des Krieges war es das wert.

Das Summen der Elektromotoren wurde lauter. Langsam entfernten sie sich von dem ungleichen Gefecht an der Oberfläche. Es war nicht ihr Kampf. Aber von Hassel spürte es, auch ihre Chance würde kommen.

Frazier sah sich um. Goosefoot hielt sich gut. Es war ein überraschend klarer Gedanke, inmitten des Irrsinns. Trotzdem, lange würden sie das hier nicht durchhalten. Der Schornstein war von Splittern durchlöchert, an allen Seiten quoll dichter fettiger Qualm aus der Metallröhre und wehte nach achtern aus. Goosefoot zog einen dichten Schleicher hinter sich her. In den Aufbauten klafften rauchende Risse, wo glühend heißer Stahl in die dünne Metallhaut gefahren war. Bisher hatte es keinen direkten Treffer gegeben, aber die Summe der Beinahetreffer war es, die sein Schiff in Stücke zerlegte.

»Der Chief soll Rauch produzieren!« Der Kommandant blickte nach achtern. »Noch mehr Rauch!« Wie eine lange Schleppe wehte der Rauch hinter ihnen aus und machte jede Sicht unmöglich. Aber es war egal. Sie schossen im Augenblick ohnehin nicht. Ihre kümmerliche Vierzollkanone zeigte nutzlos nach vorne, der Feind war hinter ihnen. Und die Deutschen? Die hielten einfach auf das vordere Ende des Rauchschirms.

Frazier beugte sich über die Brückenbrüstung. »Jason, sind Sie bereit?«

»Bereit?« Philipps starrte nach oben.

»Ich wende und stoße durch unseren eigenen Rauchschleier zurück. Wenn wir wieder rauskommen, haben Sie vielleicht Zeit für zwei oder drei gute Schüsse.«

Für einen Augenblick sahen sich die beiden Männer über die Entfernung hin an. Dann legte der Erste die Hand an den Helm. »Aye, Sir. Bereit, wenn Sie es sind!«

Frazier richtete sich auf. Seine Hand strich kurz über das Holz der Reling. Eine kurze, zärtliche Geste. Er spürte die Trauer, aber sein Schiff starb, und es gab nichts, was er noch dagegen tun konnte. Wieder heulten Granaten heran und schlugen in die See. Wasser schlug auf das Seitendeck, ja sogar auf die Brücke. Einer der Ausgucks wirbelte herum und begann zu schreien, aber schon zogen andere den Verletzten in die kümmerliche Deckung der Aufbauten. Frazier spürte ein Zupfen am Ärmel und blickte nach unten. Ein Splitter hatte den Stoff des Hemdes säuberlich aufgetrennt, ohne seine Haut auch nur zu ritzen. Man wusste eben nie, wo so ein Ding hinging. »Hart Backbord!« HMS Goosefoot begann, auf dem Teller zu wenden.

Die See füllte sich mehr und mehr mit Rauch, mit Geschützqualm genauso wie mit dem Rauch aus Schornsteinen. Der Geleitzug zog stur weiter seines Weges, während Salamander sich immer weiter entfernte, um das kleine britische Kriegsschiff zu bekämpfen. Schon lagen etwa fünf Meilen zwischen der Reichenfels, die nun an der Spitze der Backbordkolonne fuhr, und dem Salamander.

»Sechzehn-Hundert, Feuer!« Immer und immer wieder korrigierte der AO seine Werte, immer wieder verließen neue Salven die heißgeschossenen Rohre. Die Männer, die im Batteriedeck ständig weitere Granaten in die Geschütze stießen, waren halb betäubt von Lärm und Geschützqualm. Sie feuerten schon lange blind, denn der Gegner war hinter einer dichten Rauchwand verborgen.

Aber nun sollten sich die unzähligen Stunden des Geschützdrills auszahlen. Mit der Präzision von Maschinen luden und feuerten die Männer, wurden selbst zu einem Teil der Kriegsmaschinerie. Laden, richten, feuern. Ihre Welt hatte sich auf ihr Geschütz und das Stück See vor ihnen reduziert. Alles andere war im Augenblick belanglos. Nur am dritten Geschütz der Backbordseite herrschte Stille. Die Kanone konnte bei diesem spitzen Winkel nicht mehr weit genug vorwärts gerichtet werden.

»Halten Sie einen Strich weiter ab.« Vogels Stimme klang

gespannt. »Dann kann der AO das achtere Geschütz auch einsetzen.« Er studierte den Winkel. »Ein Strich sollte reichen.«

»Jawohl, Herr Kap'tän!« Der Zweite postierte sich neben dem Rudergänger. »Steuerbord zehn!«

Langsam, beinahe zögerlich, begann der Hilfskreuzer, etwas von seiner Beute wegzudrehen. Aber Fregattenkapitän Vogel hatte bereits wieder das Glas erhoben und versuchte, durch den dichten Qualm das kleine Kriegsschiff zu erspähen. *Wie viel wollen die noch einstecken, bevor sie aufgeben?* Für einen Augenblick meinte er, eine Silhouette im Rauch zu erkennen, aber als er genauer hinsah, war der dunklere Schatten wieder verschwunden. Der AO musste bereits blind schießen, aber auch das war egal, er musste ja nur auf den Anfang des Rauchschleiers halten. Irgendwann würde ein Treffer den kleinen Zossen einfach zerreißen.

»Kontakt! Mehrere Schrauben, große Entfernung!« Rückert blinzelte verdutzt. »Peilt in Null-Null-Fünf!«

Fast genau voraus! Heinz-Georg von Hassel spürte den Drang zu grinsen. »Da haben wir den Burschen ja! Ein Schiff?«

»Ein Schiff bisher. Hört sich an wie Turbinenantrieb. Läuft hohe Fahrt.« In der Stimme des Horchers klang eine Warnung mit. »Sehr hohe Fahrt. Entfernung weniger als dreißig Meilen!«

Der Alte spürte, wie das Hochgefühl wieder verflog. »Weniger als dreißig Meilen?«

Jason Philipps hörte ein paar Granaten hoch über sich. *Wir sind unter der Feuerglocke!* Er grinste schief. *Die Jerries haben die Wendung nicht mitbekommen!* Er stieß den Richtschützen zur Seite und presste den Kopf selbst gegen die Optik. Jeden Augenblick, jede Sekunde mussten sie jetzt aus dem Rauchschleier brechen. Jeden Augenblick musste vor ihnen der Feind sichtbar werden.

Oben auf der Brücke starrte Keith Frazier ebenfalls in die wallenden Rauchschwaden. Der Qualm kratzte im Hals und ließ die Männer husten. Er hörte schwere Schritte auf dem Signaldeck, aber ignorierte es. Seine ganze Aufmerksamkeit war nach vorne gerichtet, dorthin, wo der Feind auftauchen musste.

Manchmal gab es im Leben eines Kriegsschiffes einen Moment, in dem man nicht mehr mit Aussicht auf Erfolg kämpfen, aber auch nicht mehr flüchten konnte. HMS Glowworm* hatte diesen Moment erreicht, als sie am 8. April um 8 Uhr morgens im Nebel in ein Rudel deutscher Zerstörer lief und sich plötzlich im Gefecht mit einem schweren Kreuzer wiederfand. Für HMS Acasta und HMS Ardent** war dieser Moment am 8. Juni um 4 Uhr nachmittags gekommen, als die Zerstörer, der Geleitschutz für den Flugzeugträger Glorious, die deutschen Schlachtkreuzer Scharnhorst und Gneisenau über den Horizont kommen sahen. Ein Anblick, den ein paar Monate zuvor HMS Rawalpindi erleben musste. Ein Moment, der auch noch vielen deutschen Schiffen bevorstehen würde.

---

* HMS Glowworm, Commander Roope, wurde am 8.4.1940 von Admiral Hipper versenkt, schaffte es aber noch, den Kreuzer zu rammen. Commander Roope wurde als erster britischer Soldat im Zweiten Weltkrieg posthum mit dem Victoria Cross ausgezeichnet. Die Begründung dafür lieferte Kapitän z.S. Heye, der Kommandant der Hipper, in einem Brief, der der britischen Admiralität über das Rote Kreuz zugestellt wurde und in dem er die außerordentliche Tapferkeit des Kommandanten und der Besatzung der HMS Glowworm besonders hervorhob.

** HMS Acasta und HMS Ardent geleiteten den Flugzeugträger HMS Glorious aus norwegischen Gewässern zurück nach England. Der Flugzeugträger war mit evakuierten Maschinen überladen und daher nicht in der Lage, Flugzeuge einzusetzen. Obwohl die Zerstörer technisch in der Lage gewesen wären, sich abzusetzen, verteidigten sie den Flugzeugträger bis zum bitteren Ende. Acasta erzielte dabei noch einen Torpedotreffer auf Scharnhorst, der zusammen mit mehreren Artillerietreffern die deutschen Schiffe zwang, in Trondheim einzulaufen. Wodurch die Gefahr für die Evakuierungsgeleite von Norwegen gebannt war.

Aber im Augenblick war die Reihe an HMS Goosefoot, diesen Moment zu akzeptieren.

Wenn es keine Hoffnung mehr gibt, wenn Männer mit dem Rücken zur Wand stehen, dann versuchen sie nur noch eines. Den Feind zu treffen, da zu treffen, wo es wehtut. Der Rauchschleier wurde dünner, und dahinter zeichnete sich die hohe Silhouette des deutschen Raiders ab. Schon spien seine Geschütze wieder Feuer und Verderben, aber wieder in die falsche Richtung, dahin, wo Goosefoot gestanden hätte, hätte Frazier nicht gewendet, um dem Feind die Stirn zu bieten.

»Einhundert-Einhundert!« Das Geschütz stand auf größter Erhöhung. Jason Philipps sah, wie die eckige Brücke des umgebauten Frachters in sein Fadenkreuz wanderte. Er hielt den Atem an, als würde er ein Gewehr abfeuern … einen Augenblick noch … einen Herzschlag länger warten … Er zog den Trigger, und mit einem scharfen Knall schlug eine Flammenzunge aus dem Rohr. Schon schlug das Verschlussstück auf, und die rauchende Kartusche fiel achtlos an Deck und rollte davon. Fliegende Hände schoben die nächste Granate in die Kammer, und der Verschluss schlug zu.

Eine einzelne Wassersäule stieg in die Höhe. Philipps blinzelte kurz. Kümmerlich klein im Vergleich mit den Wassertürmen, die nun wieder neben der Goosefoot aus der See brachen. Nicht einmal bis zur halben Höhe der Brücke reichte die Einschlagsäule des kleinen Vierzöllers. Aber sie war nahe, sehr nahe. Aus der Sicht von Jason Philipps sah es so aus, als würde sie direkt an der Bordwand des Raiders emporsteigen.

Philipps zielte erneut, richtete etwas nach und feuerte. Noch durch das Fadenkreuz sah er das Aufblitzen der feindlichen Geschütze. *Beinahe gleichzeitig!*

Ein infernalisches Heulen zerriss die Luft. Lauter, viel lauter als alle Granaten, die der Erste bisher in diesem Gefecht gehört hatte. Philipps starrte ungläubig auf das Bild vor sich. Statt der einen kümmerlichen Wassersäule brachen gleich vier aus der See. Aber was für welche! Turmhoch, bis weit über die

Brücke des Raiders, und dicker als dessen Ladebäume. *Was zum Teufel …*

Die Korvette wurde wie mit einer riesigen eisernen Faust zur Seite geschlagen. Neuer Rauch breitete sich aus. Auf der Brücke sahen sie eine Feuerwand achtern des Schornsteins aus dem Deck brechen. Die Schreie der Flakbedienungen brachen abrupt ab, als sei eine Tür zugeschlagen worden.

Für Jason Philipps fühlte es sich an, als sei das Schiff in voller Fahrt auf ein Riff gelaufen. Der plötzliche Ruck warf ihn auf das Deck, und ein scharfer Schmerz zuckte durch eine Hand. Aber dann rannte er bereits, ohne zu wissen, wie er dahin gekommen war, das Seitendeck entlang. Ein großes gezacktes Loch stoppte seinen Spurt. Abrupt kam er zum Stillstand und starrte in das Einschlagloch. Wie in einer Querschnittzeichnung konnte er die Deckskanten sehen und tief unten Wasser. Für einen Augenblick wusste er nicht, was er tun sollte, aber dann gewannen Disziplin und Ausbildung wieder die Kontrolle.

Auf dem Achterdeck stand Sub-Lieutenant Maxwell und blinzelte verdutzt. Eine der Wabo-Schienen war völlig verschwunden, aus den Resten der anderen rollten gerade die letzten Bomben und verschwanden in der Tiefe.

»Oh, Scheiße!«

Maxwell wandte den Kopf und starrte den Bootsmann verständnislos an. »Sie stehen auf vierhundert Fuß.«

Der Bootsmann blinzelte kurz. »Vierhundert Fuß, Sir?«

»Die Wabos.« Maxwell runzelte die Stirn. »Vierhundert Fuß.« Verzweifelt versuchte er sich zu erinnern, wie lange eine Wasserbombe brauchte, um auf vierhundert Fuß Tiefe zu sinken. Er hatte es mal gewusst. Die Ausbilder hatten es ihm eingetrichtert. Aber nun, als er es wirklich wissen wollte, war sein Gehirn wie leergeblasen.

Fregattenkapitän Vogel ließ die Zigarre sinken und starrte ungläubig auf die riesigen Wassersäulen. Gerade erst hatte eine der kleinen Granaten der Korvette sein Schiff getroffen, und er hatte noch keine Schadensmeldungen, und nun das! »AO, wo kam das her?«

Leutnant Hartmann gab die Frage an den Artillerieoffizier weiter, aber aus dem Sprachrohr schlug ihm nur Schweigen entgegen. Auf dem Brückendach quietschte der E-Messer, während der AO den Horizont nach dem neuen Gegner absuchte. Als endlich eine Antwort kam, klang die Stimme des AO rau. »Die Schüsse kamen von hinter dem Horizont. Wir schätzen hier oben Zwanzig-Dreier.«

Vogel fuhr herum und starrte den Zweiten an. »Sagte er Zwanzig-Dreier?«

Hartmann nickte stumm. Für einen winzigen Augenblick herrschte Schweigen, dann nickte der Kommandant entschlossen. »Hart Backbord!« Er zögerte. »Die Funker sollen versuchen, in die Heimat durchzukommen.«

»Was sollen sie senden?«

Vogel warf die inzwischen durchnässte Zigarre über Bord. »Befinde mich im Gefecht mit einem schweren Kreuzer.«

Wie zur Bestätigung meldete sich wieder der AO. »Artilleriestand kommt über die Kimm. Entfernung Zweiunddreißighundert, geschätzt.«

Zu weit, viel zu weit, und er wird uns nicht ranlassen!

»Acht Meilen, sicher nicht mehr!« Rückert schüttelte den Kopf. »Der muss mindestens dreißig Knoten laufen.«

Von Hassel verzog das Gesicht. »Der kommt seinem Kameraden zu Hilfe. Ich glaube, der ist stinksauer!«

Rudi Schneider horchte auf. Etwas in der Stimme des Kommandanten hatte seltsam geklungen. *Der Tommy ist stinksauer, aber es klingt, als würde es den Alten freuen.* Er runzelte die Stirn. »Bei dieser Fahrt ist er in fünfzehn Minuten hier.«

»Ja, kommt ungefähr hin.« Der Kommandant dachte kurz nach. »Was macht die Korvette?«

Rückert nahm sich einen Augenblick Zeit, mit dem GHG

in die Richtung zu lauschen. »Etwa drei Meilen, die Maschine läuft noch. Aber es klingt, als ob sie in den letzten Zügen …«

In der Tiefe ging die Welt unter. Vierhundert Fuß, das war die Wassertiefe, auf welche die Wasserbomben der Goosefoot eingestellt waren. Vierhundert Fuß, das bedeutete rund hundertzwanzig Meter, oder eine Sinkzeit von etwas mehr als siebzehn Sekunden. In der achtzehnten Sekunde war ein ganzer Schwarm Wasserbomben in die voreingestellte Tiefe gesunken. Ein heftiger Doppelschlag kündigte das Unheil an, dann krepierte Ladung um Ladung, manchmal drei oder vier auf einmal. Rückert versuchte gar nicht, die Wasserbomben mit Strichen auf seiner Tafel zu markieren, zu schnell folgten die krachenden Schläge, das unheimliche Gurgeln und die nächsten Schläge aufeinander. Selbst drei Meilen entfernt von dem Inferno wurde das schwere Boot kräftig durchgeschüttelt. Wieder einmal platzten Glühbirnen, wieder einmal zerbarst das Glasrohr des Papenberg in tausend Splitter. Die üblichen Bagatellschäden. Ungeheure Druckwellen liefen durchs Wasser und pressten die Seekuh auf die Seite. Für kurze Augenblicke stand der große Tiefenmesser am Anschlag, weit hinter der letzten Zahl auf der Skala. Dann rutschte der Zeiger wieder zurück, um von der nächsten Druckwelle ans Ende der Anzeige gepresst zu werden.

Die donnernden Explosionen schienen kein Ende nehmen zu wollen. Eine Ewigkeit, so schien es den malträtierten Nerven der Männer, bis endlich wieder Stille einkehrte. Eine Stille, in der nur das unheimliche Gurgeln zu hören war, mit dem das Wasser zurück in die Löcher strömte, die von den Explosionen in die See gerissen worden waren.

Frazier wusste, dass seine Goosefoot erledigt war. Das mussten gleich zwei Treffer gewesen sein. Einer sehr weit achtern, einer etwas weiter vorne an der Seite. Und er spürte, wie das Stampfen der Maschine schwächer wurde. Er kämpfte sich wieder auf die Füße und spähte nach achtern. Sie verloren Fahrt. Das

Signaldeck war ein Chaos aus Flammen und Rauch, aber er wusste, dass die Brände im Deck darunter tobten. Seitlich ragte verbogener Stahl in die Höhe, und es dauerte ein paar Sekunden, bis der Skipper begriff, dass ein Teil des Decks einfach nach oben gebogen war wie der Deckel einer Konservendose.

Dann war auch für Frazier die achtzehnte Sekunde gekommen. Goosefoot war im Augenblick des Treffers über sechzehn Knoten gelaufen. Das machte ungefähr hundertsechzig Yards Abstand zu der Stelle, an der die Wabos im Meer versunken waren. Genügend Abstand, wenn man zwei oder auch mal vier Bomben geworfen hatte. Aber in den Wabo-Schienen hatten noch sechsundzwanzig schwere Wabos gelegen. Der erste Doppelschlag hob das Heck an und schob das ohnehin schwer beschädigte Schiff einfach vorwärts, aber dann explodierten gleich mehrere auf einmal. Die See hinter der Korvette schien zu kochen. Die Druckwellen trafen den Walfängerrumpf schräg von unten wie ein gewaltiger Hammerschlag. Goosefoot rollte wie betrunken hin und her. Aber bevor sie wieder eine stabile Lage finden konnte, krepierten die nächsten Ladungen, näher am Schiff. Erneut fand sich der Kommandant auf dem Deck wieder, als Goosefoot aus dem Wasser zu springen schien.

Jason Philipps versuchte unter Deck gerade, einen Feuerlöschtrupp an die Brände zu führen, als die ersten Explosionen das Schiff erschütterten. Feuer, die fürchterlichste seiner Ängste, aber selbst das ließ das Adrenalin ihn vergessen. Er war einmal durch die Hölle gegangen, er konnte es wieder tun. Aber die Schläge, die das Schiff trafen, erwischten auch ihn unvorbereitet. Wie Spielzeugfiguren wurden die Männer durcheinandergewirbelt und stürzten übereinander. Das Licht fiel von einem Augenblick zum anderen aus. Es blieb nur der schaurige rote Schein vor ihnen. Ein angeschlagenes C-Rohr mit geöffnetem Ventil wand sich wie eine Schlange durch das Chaos und durchnässte die Männer mit einem harten, schmerzhaften Strahl. Neben Philipps wurden einem Mann vom Druck des Wasserstrahls die Rippen gebrochen. Er konnte das Geräusch der brechenden Knochen hören. Aber er hatte keine Zeit dafür. *Wasserbomben!* Sein Gehirn schrie ihm die Erkenntnis zu. Das mussten ihre eigenen Wasserbomben sein, die da krepierten.

Ein lautes Pfeifen setzte ein, das jedes Wort unverständlich machte. Die Sicherheitsventile hatten sich geöffnet, die Maschine blies den überschüssigen Dampf ab. Oben an Deck schrien Männer sich gegenseitig Befehle zu, aber keiner verstand den anderen bei diesem Lärm. Frazier versuchte sein Glück mit Zeichensprache. Endlich hatte der Meldeläufer ihn verstanden und raste davon, den Befehl im Schiff zu verbreiten.

Der Kommandant wandte sich um und blickte über sein geschlagenes Schiff. Mehr noch als das Heulen und Pfeifen der Sicherheitsventile verriet ihm die zunehmende Schlagseite, wie es stand. Ihre Zeit lief ab. Er nahm die Mütze ab und stand einen Augenblick bewegungslos in der plötzlich von allen verlassenen Brücke. Verwundert hörte er die Abschüsse der deutschen Kanonen und dann ein neues Geräusch, als würden ein paar Expresszüge über ihn hinwegdonnern. Die Ventile hatten sich wieder geschlossen, das war ein anderes Geräusch. Benommen stützte er sich auf die Brückenreling und sah sich um. Am Horizont stand HMS Wiltshire. Die weißen Gefechtsflaggen wehten hoch über den dunklen Korditwolken. Aber schon schob sich der Bug des Schiffes aus dem Pulverqualm. Die hohe Bugwelle schien direkt auf ihn zu zeigen. Der Kreuzer war da. Stunden früher als angekündigt. Zu spät für seine Korvette, aber rechtzeitig genug, um den angefangenen Job zu erledigen. Als er auf sein Bein hinabblickte, sah er das Blut, das sein linkes Hosenbein durchnässte. Er runzelte die Stirn. Es tat gar nicht weh. Aber da spürte er auch schon die Schwäche. Langsam sackte er zurück an Deck. Der Himmel über ihm erschien ihm grenzenlos blau. Aber sie hatten ja gewendet, dem Feind die Stirn geboten. Waren aus dem schützenden Rauchschleier herausgebrochen wie ein angreifender Stier. Er lächelte bei der Erinnerung. Mehr wie eine in die Ecke getriebene Ratte.

»Sehrohrtiefe, LI! Schadensmeldungen!« Von Hassels Stimme klang scharf durch die plötzliche Stille. Eine Stille, die nicht lange währte. Wieder schlugen Granaten in die See. Dumpfer, grollender als alle zuvor. Schweres Kaliber. Von Hassel blickte kurz auf die Uhr. Eine halbe Minute? Hatte die Kette der Explosionen wirklich nur zwanzig Sekunden gedauert? Es war ihm wie eine Ewigkeit erschienen. Vielleicht hatte er auch eine der Salven des Kreuzers verpasst, einfach nicht gehört in dem unendlichen Donnern und Krachen der Wasserbomben.

»Keine Beschädigungen außer etwas Glasbruch, Herr Kap'tän!« Leutnant Wellenberg kam von achtern. »Maschinenraum alles klar, Außenbordsverschlüsse dicht!«

»Sehr gut!« Fünfzehn Minuten, so lange brauchte der Kreuzer, um hier zu sein. Fünfzehn Minuten, genauso gut hätte er fünfzehn Stunden, fünfzehn Tage oder fünfzehn Jahre verlangen können. Der Salamander würde nicht einmal so nahe an den Kreuzer herankommen, dass er auf einen Glückstreffer hoffen konnte. »AK, verdammt nochmal!« Äußerste Kraft, das mochte ihnen ein paar Minuten sparen, um in Schussposition zu kommen.

Der Bug richtete sich nach oben, und er angelte nach Halt. »Rudi, Bugrohre fluten. Fächerschaltung Eins bis Vier, zwei Grad Streuung, Zieldaten folgen.« Er dachte kurz nach. »Die Korvette ist erledigt, jetzt muss der Kreuzer ran, bevor es dunkel wird.«

»Sonnenuntergang in zehn Minuten.« Obersteuermann Franke blickte von seinen Tabellen auf.

Von Hassel nickte. »Zehn Minuten, vielleicht eine halbe Stunde Dämmerung, nicht länger in diesen Breiten.«

»Hundert Meter gehen durch!« Der Zentralemaat sang unbeeindruckt vom Geschehen rund herum seine Meldungen aus.

Schneider, der IWO, machte sich am Torpedovorhaltrechner zu schaffen. »Fächer eingestellt.«

»Danke!« Von Hassel lächelte knapp. Normalerweise galt er als eher geizig mit den Aalen. Andere Kommandanten neigten schneller dazu, einen Fächer zu schießen. Den letzten Viererfächer hatte er während der Ausbildung geschossen. Aber heute würde er nur eine Chance bekommen. Definitiv die falsche Zeit, mit Aalen zu sparen.

An der Oberfläche waren die Rollen vertauscht. Salamander zackte und legte Nebelschleier, nicht nur, um sich selbst, sondern auch um die Handelsschiffe zu schützen. Aber der schwere Kreuzer kam immer näher, und sein Feuer lag immer besser.

»Die Korvette ist erledigt.« Hartmann senkte das Glas. »Sie setzen Boote aus.«

Vogel nickte kurz, aber ließ den Kreuzer nicht aus den Augen. »County-Klasse.« Er nickte. »Sozusagen unser natürlicher Feind, nicht wahr?«

»Wenn man es so sieht.« Felix Hartmann betrachtete die mit Brassfahrt heranpreschende Kriegsmaschine. Seine Stimme klang ruhig, aber der Blick seiner Augen verriet ihn. »Zu weit, um ihm eins aufzubrennen, Herr Kap'tän!«

Wieder blitzte es auf. Vier Rohre, der Kreuzer konnte auf diesem Kurs nur seine beiden vorderen Türme einsetzen, die achteren Türme konnten nicht weit genug geschwenkt werden. Die Granaten brauchten über diese Entfernung eine messbare Zeit. Dann, mit dem Donnern von Expresszügen, jaulten die schweren Koffer heran.

»Deckend!« Wassersäulen sprangen in die Höhe und durchnässten Vogel in seiner Brückennock aufs Neue.

»Hart Steuerbord!« Vogel wandte sich zum Rudergänger um. »Steuern Sie immer auf den letzten Einschlag zu.« Er zwang sich zu einem Grinsen. »Der Blitz schlägt ja auch selten an der gleichen Stelle zweimal ein.« Tatsächlich war etwas an dieser Theorie dran, denn der Kreuzer lief ja hohe Fahrt. Die nächste Salve würde er von einer Position mehr als zweihundert Meter entfernt abfeuern. Wieder einmal schlug die Mathematik des Seezielschießens erbarmungslos zu.

Als die Sonne die See zu berühren schien, begann für Goosefoot der letzte Akt. Männer drängten sich auf dem Seitendeck. Nur ein Boot hatte das ungleiche Gefecht überlebt; aber sie hatten eine ganze Zahl an Rettungsflößen, ohnehin das Einzige, auf das man sich verlassen konnte, wenn ein Schiff schnell sank.

Die Schlagseite war so stark, dass es nur eines Schrittes bedurfte, um auf ein Rettungsfloß zu gelangen. In das einzige Boot wurden die Verwundeten gebracht, zusätzlich zu einer Anzahl Seeleute, die das Boot rudern sollten.

Das Heck lag bereits überspült im Wasser, aber irgendwo im Rumpf war noch genügend Auftrieb, das Schiff über Wasser zu halten, wenigstens für eine Weile. Jason Philipps brüllte die Männer an wie ein Irrer. Kein würdevoller Auftritt, aber es half, sie daran zu hindern, einfach wie die Wilden von Bord zu springen. Er hatte noch keine Übersicht, wie viele Männer hier oben und wie viele vielleicht noch unter Deck irgendwo eingeklemmt waren.

Ein paar der Männer, bereits drauf und dran, sich einen Platz auf einem der Flöße zu sichern, kehrten um, um den letzten Verwundeten zu helfen, die in das Boot geladen werden mussten.

Wo ist der Kommandant, wo ist Maxwell? Philipps suchte vergeblich in der Menge. Er konnte nicht weg, er war hier der letzte Offizier. Während die Männer die Flöße eines nach dem anderen besetzten, hielt er die Stellung, brüllte hier einen Mann an, stieß dort einen anderen auf eines der Flöße.

Mit einem grauenvollen Knirschen in den Verbänden sank

das Achterschiff etwas tiefer ein, und der Bug begann sich aus dem Wasser zu heben. Die ersten der Männer stürmten aus der Reihe auf die Flöße. Andere versuchten, noch die letzten beiden Rettungsflöße zu Wasser zu bringen. Der Erste hörte das Wasser mit triumphierendem Rauschen in ihr geschlagenes Schiff dringen. Nun konnte es nicht mehr lange dauern.

Er spürte ein Zupfen an seinem Ärmel. Ein rundes Gesicht, nun voller Furcht, blickte zu ihm auf. »Wo ist der Kommandant? Sollte er nicht hier sein?«

Philipps Gehirn brauchte einen Augenblick, sich an den Namen zu erinnern. Willby, Signalmaat. Er hatte Tee für sie gekocht, während einer Nachtwache, die jetzt eine Ewigkeit zurückzuliegen schien. Dabei war das erst in der letzten Nacht gewesen. Er zwang sich zu einem traurigen Lächeln. »Sollte, aber die Brücke hat viele Splitter abgekriegt.« Er legte dem Jungen die Hand auf die Schulter. »Geh, und such dir einen Platz auf einem der Flöße, Willby.«

Der junge Signalgast zögerte. Er hätte auch auf der Brücke sein sollen, aber der Signalmeister hatte ihn runtergeschickt. »Sir, der Kommandant.«

Philipps sah sich um. Jede Ordnung war zusammengebrochen. Für den Augenblick regierte der Selbsterhaltungstrieb. Die Todesfalle des Mannschaftsquartiers unter dem Vorkastell war leer, Gott sei Dank. Er sah die Männer hier oben, und das Schiff war schließlich in Gefechtsbereitschaft gewesen. Auch die Maschinisten waren rausgekommen, kämpften nun mit den Seeleuten um die Plätze auf den Flößen. Er nickte. »Such dir einen Platz, Willby, ich sehe nach dem Kommandanten.« Aber als er sich umwandte und entschlossenen Schrittes zum Niedergang ging, hörte er den Jungen hinter sich.

Der Salamander brannte. Tief unten in der Schiffssicherungszentrale versuchte Jakob Schwiering seine Leute so effektiv wie möglich einzusetzen. Bisher hielt sich das Schiff gut, aber das würde nicht so bleiben.

Er sah, wie sich einer der Befehlsübermittler versteifte und hörte die neue Meldung. »Brand im C-Deck unter Kontrolle, Herr Kaleun! Ein Mann leicht verletzt.«

Der Erste nickte. »Sehr gut!« Einer der Männer veränderte eine Markierung auf einer der großen Plantafeln. Ein Mann leicht verletzt, vier weitere einer Lecksicherungsgruppe vermisst. Die Granate war genau da eingeschlagen, wo die Lecksicherungsgruppe gewartet hatte, um irgendwo im Schiff eingesetzt zu werden. Ein relativ sicherer Ort, aber gegen diese schweren Koffer gab es keine wirklich sicheren Orte.

Es war bereits der zweite Treffer, mit dessen Auswirkungen sie hier kämpften. Beim ersten war es die dünne Haut des umgebauten Handelsschiffes gewesen, die sie gerettet hatte. Die Granate war einfach in die Aufbauwand geschlagen, hatte ein Deck verwüstet und war zum Schluss, als ihre kinetische Energie verbraucht war, in eine Decke gewickelt unter einer Koje liegen geblieben. Trotzdem hatte sich alleine schon der Einschlag im Achterschiff wie ein Hammerschlag angefühlt. Aber Schwiering wusste, dass sie Glück gehabt hatten, unglaubliches Glück.

»Hart Backbord!« Vogel peilte über den Kompass. »Steuern Sie Eins-Neun-Null!«

Weiter donnerten die Kanonen des Hilfskreuzers. Eine Geste, nicht mehr. Der schwere Kreuzer war immer noch an der äußersten Grenze ihrer Reichweite, wahrscheinlich etwas darüber hinaus. Ein winziger Teil seine Gehirns fragte sich, warum der Tommy bereits jetzt so nahe heranging. Aber die rote Sonne, die langsam im Meer zu versinken schien, gab ihm die Antwort. Auch den Tommies lief die Zeit davon.

Wieder stiegen Wassersäulen auf, dieses Mal mehr. Und ein harter Schlag ließ das Schiff erbeben und zeigte ihm, dass die Engländer dieses Mal nicht nur Wasser getroffen hatten. Der dritte Treffer, die schossen gut.

»Treffer im Vorschiff!«

Vogel blickte kurz nach vorne. Mit lautem Rumpeln lief eine Ankerkette aus. Ein Stück der Back mitsamt der Ankerwinsch fehlte. Schon quoll dicker Qualm aus der aufgerissenen Vorpiek. Der Fregattenkapitän wusste, dass dort Hunderte von Farbeimern lagerten. Unverzichtbar für ein Schiff, das in See umtarnen musste. Nun, im Gefecht, war es ein Lager aus brennbarer Ölfarbe. Aber schon schwärmten Männer mit Schläuchen über das Vorschiff aus. Die Schiffssicherung war jedenfalls auf Zack.

»Nichts Lebenswichtiges.« Vogel schüttelte den Kopf. »Felix, haben Sie gesehen, wo unsere Einschläge hingingen?«

»Kurz, aber nicht mehr so sehr!« Der junge Zweite des Kreuzers griente. Sein Gesicht war inzwischen rußverschmiert, weil immer wieder, je nach Kurs, Qualm vom Brand zwei Decks unter ihnen bis in die Brücke geweht wurde.

Vogel erwiderte das Grinsen. »Wir machen es ihnen nicht so einfach, wie sie gedacht haben!« Er wusste, dass der Kreuzer sie in Fetzen schießen würde. Aber der Salamander war ein Schiff von über sechstausend Tonnen. Statt der großen kathedralenartigen Laderäume waren Zwischendecke eingezogen. Wasserdichte Schotts unterteilten das Innere des Schiffes in einem Maße, das überhaupt nicht mehr vergleichbar mit einem normalen Handelsschiff war. Der Kreuzer würde sie versenken, aber es würde ihn Zeit kosten. Zeit, die er nicht hatte. Denn die Dunkelheit kam näher, und mit der Dunkelheit kam für die Frachter die Chance, zu entwischen. Dann würde der Kreuzer näher heran müssen, würde sich nicht nur in die Reichweite seiner Fünfzehner wagen müssen, die dem verdammten Elefanten wahrscheinlich sowieso kaum einen Schaden zufügen konnten, sondern er würde vor allem in die Reichweite der U-Boote kommen. Trotz der verzweifelten Situation wurde das Grinsen breiter. *Und die können dem Bastard wehtun!*

»Hart Steuerbord!« Vogel nickte dem Rudergänger zu. »Halten Sie unser Heck weg von ihm!« Er verzog das Gesicht.

»Das Letzte, was wir brauchen können, ist ein Treffer im Achterschiff!«

Felix Hartmann wandte sich um und starrte ihn entgeistert an. An diese Möglichkeit hatte der junge Zweite noch gar nicht gedacht. Der Kommandant nickte Hartmann ruhig zu. »Besser, wir machen mit dem Heck etwas vorsichtig, Felix!«

»Jawohl, Herr Kap'tän!« Hartmann schluckte hart. Es war wirklich besser, wenn sie keinen Treffer ins Achterschiff kassierten. Nicht nur, weil dort die Ruderanlage lag. Wie für alle Hilfskreuzer, so war ursprünglich auch für Salamander vorgesehen gewesen, Minensperren vor feindlichen Häfen zu legen. Nur war der Salamander nicht nahe genug an Trinidad herangekommen. Im Achterschiff des Hilfskreuzers standen immer noch einhundertachtzig Ankertauminen auf ihren Schienen und warteten auf einen Einsatz, der wahrscheinlich nie kommen würde. Aber im Augenblick stellte das Minendeck nichts anderes dar als eine gewaltige Bombe, die nur darauf wartete, dass eine Granate dort einschlug*.

»Boot ist auf Sehrohrtiefe!«

Von Hassel spürte die leichte Nickbewegung, mit der der LI eventuell eingeklemmte Luftblasen aus den Zellen schüttelte. Eine Vorsichtsmaßnahme, denn nichts mochte sich als verhängnisvoller erweisen als ein unkontrollierbarer Faktor im Trimmverhalten des Bootes. Er griff nach der Leiter. »Ich nehme das obere Sehrohr!«

Wieder einmal fuhr er den Spargel aus, sah wie die Farbe des Wassers vor seinen Augen von Schwarz zu Grünlich-Blau wechselte. Dann brach der Sehrohrkopf durch. Ein schneller

---

* Am 8. Mai 1941 schlug eine Granate des Kreuzers Cornwall in die Minendecke des Hilfskreuzers Pinguin. Die Explosion der 130 dort lagernden Minen riss das Heck in Fetzen, und das Schiff sank innerhalb von Minuten. 330 Besatzungsmitglieder und über 200 Gefangene kamen dabei ums Leben.

Rundblick, dann sah er den Kreuzer. »Drei Meilen, er scheint etwas auf uns zu zu drehen.« Aber noch während er sprach, wusste er, dass er falsch lag. Der Kreuzer drehte nur zufällig in ihre Richtung. Eigentlich hielt er etwas vom brennenden Salamander ab, um auch seine beiden Hecktürme einsetzen zu können.

Der Alte spürte den Drang, sich nach dem Hilfskreuzer umzusehen. Das Wenige, was er bei seinem Rundblick erspähen konnte, hatte nicht gut ausgesehen. Das Schiff brannte und hatte anscheinend auch schon etwas Schlagseite. Salamander würde nicht mehr lange durchhalten. Es grenzte schon an ein Wunder, dass er so lange durchgehalten hatte.

Zwei Meilen, das machte bei dreißig Knoten etwa vier Minuten aus. Vier Minuten, zweihundertvierzig Sekunden, sind keine lange Zeit. Es sei denn, man wartet auf etwas. Von Hassel wartete, und es schien ihm wie den Männern unten in der Zentrale nicht zweihundertvierzig Sekunden, sondern zweihundertvierzig Ewigkeiten zu dauern. Immer wieder hörten sie von der Oberfläche das Dröhnen der Geschütze, die grollenden Einschläge der schweren Granaten und dazwischen die helleren, flacheren Einschläge der Fünfzehner des Salamanders.

»Er dreht weiter!« Das logische Manöver. Der Kreuzer konnte seinen Kurs nicht lange halten, sondern musste im Grunde einen halben Kreis um den Hilfskreuzer fahren. Nur so konnte er sicherstellen, nicht in die Reichweite von dessen Geschützen zu kommen, und gleichzeitig alle vier Türme einsetzen. »Steuerbord zehn! Gegner Bug links, dreißig Knoten. Tiefe sechs Meter. Abstand Tausendachthundert. Lage etwa achtzig.«

Von unten hörte er das Klicken der Schalter am Torpedovorhaltrechner. »Eingestellt!«

»Stützruder!« Von Hassel nahm den Kopf von der Gummimanschette und blickte auf die Kompasstochter oben im Turm. Die Drehung der Zahlen wurde langsamer. Aber der

Kommandant wartete ab, bis sie ganz zum Stillstand kam, bevor er wieder durchs Sehrohr blickte. Der Kreuzer wanderte mit hoher Fahrt ins Fadenkreuz. Brücke türmte sich über Brücke. Die schweren Türme waren nach Steuerbord voraus, weg vom Boot und auf den Hilfskreuzer gerichtet, aber er konnte die auf Überhöhung gerichteten Rohre sehen, die wieder Feuer und Vernichtung spien. Er hielt den Atem an. »Torpedos … looos!«

Er spürte den vertrauten Ruck, dann wieder und wieder und wieder. Vier Aale machten sich auf den Weg, während der LI noch Wasser in die Trimmzellen strömen ließ. Immerhin hatten gerade rund vier Tonnen Gewicht das Boot verlassen. Er klappte die Griffe hoch und fuhr den Spargel ein. Vor seinem geistigen Auge sah er die Torpedos durchs Wasser rasen, sah, wie sie sich zu einem tödlichen Fächer ausbreiteten, der mit vierzig Knoten auf den Kreuzer zueilte.

»Schnelle Schrauben! Torpedos im Wasser!«

Von Hassel blinzelte kurz. Natürlich waren Torpedos im Wasser, sie hatten sie gerade selbst … er wischte den Gedanken zur Seite. Rückert hätte die Meldung nie so voller Schrecken gebrüllt, wenn es die eigenen Torpedos gewesen wären. »Alarmtauchen! Runter auf sechzig Meter!«

Schon während er die Leiter herunterrutschte, knallten die Schnellentlüfter auf. Luft zischte aus den Zellen, und der Bug sackte nach unten wie ein Stein. Eine Litanei von Befehlen ergoss sich über die Zentrale. »Vorne oben fünfzehn, hinten unten zehn, AK!« … »Schotten schließen!« … »Backbord zwanzig! Torpedolage melden!«

»Mindestens zwei, Herr Kap'tän, Lage beinahe Null, Abstand etwa zwei Meilen!«

Hentrich! Von Hassel begriff. Hentrichs Boot hatte auf der Backbordseite des Geleitzuges gestanden. Als der ganze Kalaika losging, musste auch er begriffen haben, was es geschlagen hatte und sich auf den Weg gemacht haben. Gleicher Abstand, fast die gleiche Entfernung und auch die gleichen

Geschwindigkeiten. Am Ende auch das gleiche Ziel, kein Wunder, dass sie beide gleichzeitig hier angekommen waren. Von Hassel wusste nicht, ob er fluchen oder beten sollte.

Die eckige Brücke sah aus wie ein Schlachthaus. Als habe ein Irrer eimerweise Blut ausgekippt. Der Signalmeister war von Splittern zu einer unförmigen Masse zerfleischt worden. Unkenntlich, wenn in der Masse nicht noch die Reste einer Gefechtsflagge zu erkennen gewesen wären. Bis zum letzten Augenblick auf seinem Posten. Philipps unterdrückte die Übelkeit, die in ihm aufstieg.

Einer der Läufer hatte nur ein kleines Loch, genau mitten in der Stirn, aber sein Kamerad hatte buchstäblich den Kopf verloren. Unwillkürlich sah sich Philipps um, aber er konnte das abgerissene Haupt nirgendwo sehen.

Willby kniete neben einem Körper. »Der Kommandant!« Er blickte zum Ersten auf. »Ich glaube …«

Jason kniete nieder und griff zum Hals. »Er lebt, so gerade noch!« Sein Blick fiel auf die große Wunde im Bein. Sie knieten in einer Blutlache, aber überall war Blut. Hoffentlich nicht alles vom Skipper! »Fass mal mit an, das Bein abbinden. Wir bringen ihn runter ins Boot!« Er griff nach dem Gürtel des Kommandanten, etwas anderes hatte er nicht zur Hand. Blind und taub gegenüber dem Horror rundherum machte er sich ans Werk.

Sie brauchten nicht lange, das Bein abzubinden, aber den Bewusstlosen hinunter auf das Seitendeck zu schaffen, ging nicht so schnell. Immer wieder wiegte sich der sterbende Rumpf unter ihnen unruhig hin und her. Metall knackte, als würde das Schiff sie ungeduldig mahnen, endlich zu gehen. Es war eigentümlich still geworden. Die Abschüsse der Artillerie waren inzwischen weit entfernt, das Jaulen des abblasenden Dampfes war verstummt, und sogar die Rufe auf dem Seitendeck waren nicht mehr zu hören. Eine abwartende Stille hatte sich über die Goosefoot gelegt.

Als sie das Seitendeck erreichten, gerade in dem Augenblick, als die Sonne unterging, wusste Philipps, warum er die Rufe nicht mehr gehört hatte. Eilig paddelten die Rettungsflöße weg von dem sinkenden Schiff. Aus brennenden Augen starrte er hinterher. Sie würden nicht umkehren, Panik regierte in diesem Augenblick. Eine blinde Panik, die nur den Gedanken ans eigene Überleben zuließ. Seine Stimme klang kratzig. »Ich hoffe, du kannst schwimmen, Willby?«

»Nicht sehr gut, Sir!« Der Junge blickte unsicher auf das Wasser, das nur wenige Fuß unter ihnen wartete. »Aber wir haben nicht viel Auswahl, Sir?«

»Dann auf Drei! Eins … Zwei … Drei!« Philipps und Willby sprangen, den bewusstlosen Kommandanten zwischen sich. Hinter ihnen schrie Metall gequält auf, als wieder ein Schott brach. Mit kräftigen Beinschlägen versuchte Philipps, sie aus der Nähe des Schiffes zu bringen. Weg von dem zu erwartenden Sog, wenn Goosefoot endgültig auf Tiefe gehen würde.

Als sie auftauchten, bot sich ihnen ein erschreckender Anblick. Dort, wo das Heck gewesen war, sprudelte ein Schwall von öligen Luftblasen an die Oberfläche. Aber der Bug kam höher und höher aus dem Wasser. Philipps konnte den Algenbewuchs auf der Rostschutzfarbe sehen. Wie ein Turm ragte das Vorschiff vor ihm auf, nur etwa zwanzig Yards entfernt. Dann sackte das Schiff achteraus in die See. Schneller und immer schneller, bis auch der Bug mit der Gösch verschwand.

»Die Beine nach unten!« Philipps spuckte Wasser. »Da kommt einiges wieder hoch!«

Die Warnung kam gerade rechtzeitig. Balken, Teile der Reling, ein Fender, kurz, alles, was schwimmbar war und nicht absolut fest mit dem sinkenden Schiff verbunden, riss sich los und kam mit der Gewalt einer Dampframme zurück an die Oberfläche geschossen. Teile eines zerschossenen Rettungsfloßes sprangen beinahe neben Willby aus dem Wasser und klatschten zurück in die See. Die Schwimmkörper waren von

Splittern durchlöchert, aber irgendwie hatte es immer noch etwas Auftrieb. Mit letzter Kraft angelte Willby nach dem Floß oder dem, was davon übrig war. Die weiteste Entfernung, die er in seinem jungen Leben bis dahin jemals schwimmend zurückgelegt hatte, waren etwas über fünfundzwanzig Yards gewesen, in einem öffentlichen Schwimmbad in London. Eine halbe Stunde später fand das Rettungsboot sie.

HMS Goosefoot sank auf 20°0'N-65°54'E. Von den fünfundachtzig Männern, mit denen sie aus Liverpool ausgelaufen war, überlebten dreiundfünfzig. Aber normalerweise gab es, wenn eine Korvette sank, so gut wie überhaupt keine Überlebenden, und so blieb die Goosefoot auch in ihrem Ende ihrem Ruf als glückhaftes Schiff treu. Wenigstens, wenn man es unter statistischen Gesichtspunkten betrachtete.

»Können Sie gegenfluten, um das Schiff wieder auf ebenen Kiel zu bringen?« Fregattenkapitän Vogel warf einen Blick über die Schulter, während er den Telefonhörer an sein Ohr presste. Der Erste zögerte mit seiner Antwort. Aber dort draußen kam der Kreuzer näher, in Reichweite ihrer Geschütze. Alles, was sie brauchten, war eine Chance, die Rohre hoch genug zu richten. Aber genau das verhinderte die Schlagseite nach Backbord.

»Herr Kap'tän, nach meinen Berechnungen haben wir etwa dreihundert Tonnen Wasser im Schiff. Wenn ich gegenfluten lasse, wird es eng mit unserer Schwimmfähigkeit. Wir können natürlich ...«

Der Kommandant spürte den Drang, loszulachen. Schwimmfähigkeit? Selbst mit sechshundert Tonnen Wasser im Schiff würde der Salamander noch schwimmen – aber wenn der Tommy ihn weiter Stück für Stück in Fetzen schoss, dann war das auch egal. »Gegenfluten, das ist ein Befehl. Und sofort!«

»Aye, Herr Kap'tän!«

Vogel knallte den Hörer auf die Gabel. »Felix, der IO flutet gegen! Sagen Sie dem AO Bescheid!« Der Kommandant rannte in die Brückennock und peilte über die Kompasstochter. Der verdammte Kreuzer begann bereits wieder, achteraus zu wandern. »Hart Backbord! Der Leitende soll Rauch produzieren, viel Rauch!« Er spürte den Wind auf seiner Wange. Eine beiläufige Wahrnehmung, unwichtig im Zeitalter der Schiffe, die mit Maschinenkraft getrieben wurden. Oder vielleicht doch nicht so ganz. Vor seinen Augen stand immer noch das Bild der kleinen trotzigen Korvette, die aus der dichten Rauchwand brach und das Feuer eröffnete.

HMS Wiltshire war ins offene Messer gelaufen. Zum Teil eine Folge der übertriebenen Geheimhaltung, denn keiner hatte die Kreuzer darüber informiert, dass Raider mit U-Booten zusammenarbeiteten. Taten sie ja auch normalerweise nicht, aber in diesem Fall waren die Boote da. Hätte der Kommandant der Wiltshire das auch nur geahnt, hätte er sich möglicherweise anders verhalten. Aber das war im Nachhinein Spekulation.

Dieter Hentrich hatte den Spargel oben behalten. In den meisten anderen küstennahen Seegebieten wäre das Selbstmord gewesen, aber hier konnte er es riskieren. Wie von Hassel hatte auch U-122 einen Viererfächer geschossen, auch wenn die Lage des Kreuzers zu seinem Boot erheblich ungünstiger war, und wie auf U-68 hatte auch sein Horcher die anderen Torpedos kurz nach dem Abfeuern gemeldet. Doch die Lage war stumpf, die Torpedos liefen nicht auf ihn zu.

»Der Kreuzer dreht!« Hentrichs Kehle wurde trocken, als er sah, wie die Silhouette des großen Kriegsschiffes kürzer zu werden schien. »Er dreht in die anderen Laufbahnen.« Er begriff, der Kommandant des Kreuzers hatte sich entscheiden müssen. Es war ein Manöver wie aus dem Lehrbuch. In die Blasenbahnen drehen, ein kleines Ziel bieten. Wenn man Glück hatte, blieb einem dadurch der Treffer erspart. Aber durch das Manöver, das ihn in von Hassels Laufbahnen brachte, bot er dem Fächer von U-122 beinahe die Breitseite.

Wiltshires Glück war am Ende. Noch bevor der Kreuzer die Drehung weit genug herumziehen konnte, schlug der erste Torpedo an der Backbordseite ins Vorschiff, Sekunden später folgte der zweite. Aber immerhin reichte das Drehmoment aus, das Heck aus dem Weg des dritten und vierten Aals zu bringen. Mit nur wenigen Yards Abstand rasten die beiden Torpedos an seinem Achterschiff vorbei ins Leere.

Hentrich sah im Periskop die verräterischen Wassersäulen am Bug des Kriegsschiffes aufsteigen. »Zwei Treffer, nicht von uns.« Er knirschte mit den Zähnen. »Beide im Vor…«

Weitere Wassersäulen stiegen auf, dieses Mal auf der Steuerbordseite des Kreuzers. *Unsere Seite!* Für Augenblicke war Turm Berta von einer hochspringenden Treffersäule verdeckt, aber dahinter leuchtete es feurig rot auf, als Wiltshire erneut feuerte. Dann erschien, noch bevor die erste Wassersäule in sich zusammenfiel, eine zweite, etwa auf Höhe des mittleren Schornsteins, und eine dritte, weiter achtern. Hentrich wartete vergeblich auf den vierten Einschlag. Entweder der war daneben gegangen, oder er hatte mal wieder einen Blindgänger erwischt. Es kam immer noch vor, viel zu häufig, dass die Torpedos vor dem Ziel oder auch gar nicht explodierten. Aber drei von vier, das war unter diesen Bedingungen gut. »Das sind unsere!«

Die Männer in der Zentrale hatten die Einschläge gehört. Keine krachenden Explosionen, mehr ein Knacksen oder ein Reißen, als würde jemand ein Stück Stoff zerreißen. Kein Geräusch, das man normalerweise mit der Explosion einer Vierteltonne Sprengstoff in Verbindung bringen würde. Aber sie kannten das Geräusch, hatten es schon mehrfach gehört. Jubel brach aus. Der IWO schlug sich auf die Schenkel. »Den hat's erwischt!«

Auch Hentrich spürte den Triumph. Das hier war kein Handelsschiff, kein unbewaffnetes Opfer. Dieses Mal hatte es ein Kriegsschiff erwischt, einen Man o' War, wie die Tommies das nannten. Er presste das Gesicht wieder gegen die Manschette des Angriffssehrohres. »Er verliert Fahrt!« Tatsächlich fiel die Bugwelle in sich zusammen. Am Heck schäumte Wasser auf. »Der lässt die Schrauben rückwärts laufen.«

Auch auf U-68 hörte man die Einschläge. Erst zwei, dann nach ein paar Herzschlägen Pause drei weitere. Aber auf der Seekuh kümmerte sich kaum jemand darum, und am allerwenigsten fühlten die Männer Jubel.

»Torpedo kommt näher!« Rückert brüllte seine Meldung. »Lage muss beinahe Null sein!«

Schon konnten sie in der Zentrale auch ohne das Horchgerät ein neues Geräusch hören. Ein hohes Summen. Das musste ein elektrischer Torpedo sein. Keine Blasenbahn, etwas langsamer als die dampfgetriebenen G7a. Es war eine Erkenntnis nebenbei. Hentrich musste also ebenfalls einen vollen Fächer geschossen haben, und in einem Rohr war eben ein G7e gewesen. Fünf Einschläge, drei davon nach einer Pause.

Das Summen kam näher, war im ganzen Boot zu hören. Rückert nahm die Kopfhörer ab. Sekunden, nur Sekunden waren es.

»Hinten oben fünfzehn!« Die Stimme des LI klang scharf. Beinahe sofort schien der Bug aufzukommen. Eine Täuschung, denn in Wirklichkeit war es das Heck, das durch das Manöver energisch in die Tiefe gedrückt wurde.

Von Hassel blickte nach oben. Nach oben, denn von dort schien das Geräusch plötzlich zu kommen. *Sie konnten den Aal hören – hören, wie er das Boot passierte!* Der Alte atmete tief durch und blinzelte. Keiner wusste genau, wie weit entfernt der Torpedo an ihnen vorbei gegangen war. Einen Meter, zehn Meter? Vielleicht fünfzig Meter? Aber es hatte sich dicht angehört. Es war eine der Situationen, für die es keine exakte Meterangabe gab. Vielleicht hatten sie sogar noch Reserve gehabt, vielleicht auch nicht. Aber diejenigen, die dieses Geräusch schon lauter gehört hatten, konnten nicht mehr darüber berichten.

Im Boot brach Jubel aus. Männer schlugen einander auf die Schultern. Von Hassel nahm die Mütze ab und wischte sich über die Stirn. Er wusste, dass ein guter Teil des Jubels der simplen Tatsache galt, dass sie wieder einmal überlebt hatten.

Auf dem Salamander bebten die Decks, und das ganze Schiff wurde zur Seite gedrückt, als gleich zwei Granaten durch die dünne Hülle fuhren. Ein Treffer schlug in ein Proviantmagazin. Die Granate krepierte, und der Druck riss das darüberliegende Deck auf. Fregattenkapitän Vogel auf der Brücke stockte der Atem, als eine Fontäne aus zerfetztem Kohl, Nudeln, Kartoffeln, Dosen mit eingekochten Tomaten und dem allseits beliebten eingezuckerten Dosenobst aus seinem Deck brach. Aber seine Erstarrung dauert nicht lange, und er hechtete eiligst zurück in die Brücke, als die Dosen wie Schrapnell auf die Aufbauten regneten.

Der zweite Treffer war von der Brücke aus nicht sofort ersichtlich. Die Granate schlug seitlich in die Bordwand, nicht allzu weit über der Wasserlinie, durchbrach im Inneren des Schiffes ein Deck und krepierte, als der Aufschlagzünder auf einen der Generatoren im Generatorenraum I traf, also auf der abgewandten Seite des Schiffes hochging. Vier Männer der Maschinenwache wurden hier sofort zerfetzt. Ihnen blieb keine Chance.

Explosionsdruck geht immer den Weg des geringsten Widerstandes. Die Außenhaut des Schiffes war ungefähr zweieinhalb Zentimeter dick, und dahinter stand der Druck des Wassers. Aber nach der anderen Seite gab es ein Brandschott. Stabil genug, damit der Druck sich aufbauen konnte, aber dann nicht mehr stabil genug, um ihm standzuhalten. Die Stahlwand zwischen den Generatorenräumen I und II wurde zerfetzt wie ein Stück Papier. Trümmer und Druckwelle töteten vier weitere Männer. Eine Ölleitung barst, Elektroleitungen wurden zerrissen, und die Generatoren mit ihren hohen

Drehzahlen spien ihre Einzelteile durch den Raum. Blitze aus Kurzschlüssen zuckten über das Trümmerfeld. Und dann entzündete sich das Öl.

Überall im Schiff merkten die Männer gleichzeitig, dass etwas geschehen war, aber nur die wenigsten wussten auf Anhieb, was. Denn der Salamander war elektrisch von einem Augenblick zum anderen tot.

Strom bedeutet für ein Kriegsschiff, gleich welcher Art, Leben und Kampffähigkeit, die Fähigkeit, sich seiner Haut zu wehren. Die Pumpen, die das Wasser aus dem beschädigten Rumpf schafften, liefen mit Strom. Der große E-Messer wurde mit Elektrizität bewegt. Die Kanonen selbst wurden zwar manuell gerichtet, aber die Munitionsaufzüge, die Granaten aus den tief darunterliegenden Magazinen heranbrachten, benötigten Strom. Und schließlich und endlich brauchten auch solche selbstverständlichen Dinge wie Ventilatoren und Lampen Strom.

Während im Inneren des Schiffes die Männer im düsteren Licht der Notbeleuchtung und mit Taschenlampen begannen, nach den Schäden zu suchen, warteten die Männer auf der Brücke darauf, dass der Kreuzer näher kam, um ihnen den Todesstoß zu versetzen.

Aber Wiltshire hatte seine eigenen Probleme. Kreuzer waren hart im Nehmen, das sollte man in diesem Krieg noch einige Male erfahren, und ein paar Mal hatte man es ja schon erlebt. Exeter hatte über zwei Stunden den schweren Elfzöllern der Spee die Stirn geboten* und immer noch gekämpft. Ca-

---

* Exeter, Achilles und Ajax trafen am 13. Dezember 1939 vor dem Rio de la Plata auf die Admiral Graf Spee. Exeter wurde mindestens von fünf schweren Granaten getroffen, verlor 61 Mann und konnte keines ihrer schweren Geschütze mehr einsetzen, aber das Schiff blieb seetüchtig und erreichte später aus eigener Kraft die Falklands. Umgekehrt erlitt die Spee 16 Treffer und blieb gefechtstauglich, aber wegen Verlust der Frischwassererzeuger nicht seetauglich.

lypso* war nach einem schweren Torpedotreffer noch eineinhalb Stunden im Mittelmeer geschwommen, Curlew wurde erst nach stundenlangen Bombenangriffen in Norwegen auf den Strand gesetzt**. Kreuzer starben im Gegensatz zu anderen Schiffen langsam und hart. Es gab keinen einzelnen Coup de Grace, Kreuzer musste man regelrecht totschlagen.

Fünf Torpedos waren in den Rumpf des schweren Kreuzers geschlagen, etwa eineinviertel Tonnen hochexplosives Hexanit waren explodiert. Der erste Torpedo hatte den Rumpf weit vor dem Gürtelpanzer getroffen und ein Loch in den Stahl gerissen, durch das ein Mann aufrecht hätte hindurchschreiten können. Mehrere Räume waren geflutet. Das Horchgerät, das tief unten im Vorschiff nachträglich installiert worden war, war nicht mehr erreichbar. Es hatte zwei Tote in der Abteilung gegeben, die von dem Torpedo direkt getroffen worden war. Drei weitere Männer wurden vermisst. Aber alle anderen Männer hatten diesen Teil des Schiffes verlassen können. Es war dieser Treffer, der den Kommandanten zwang, die großen Schrauben rückwärts gehen zu lassen, um den Druck vom beschädigten Vorschiff zu nehmen.

Der zweite Treffer war heimtückischer. Bei einer Lauftiefe von sechs Metern schlug der Aal unterhalb des Gürtelpanzers ein. Der größte Teil des Explosionsdruckes verpuffte wir-

* Calypso wurde am 12. Juni 1940 von einem Torpedo des italienischen U-Bootes Bagnolini getroffen. Der Treffer lag unterhalb des Turms B. Die Brände bedrohten ein Munitionsmagazin. Und zur Brandbekämpfung stand auch nicht genug Zeit zur Verfügung, weil sich Calypso zusammen mit Caldon in Gewässern befand, wo mit dem Auftauchen schwerer italienischer Einheiten zu rechnen war. Eineinhalb Stunden nach dem Treffer wurde das Schiff daher aufgegeben.

** Curlew war nach mehrstündigen Bombenangriffen im Lavangsfjord, wo der Flakkreuzer einen schweren Kampfverband deckte, nur noch zu eingeschränkter Fahrt fähig, während der Kampfverband selbst sich mit hoher Fahrt absetzte. Die Besatzung setzte daher das Schiff auf Grund und barg einen großen Teil der Waffen ab, die von den britischen Expeditionsstreitkräften in Norwegen eingesetzt wurden.

kungslos im Wallgang. Allerdings wurde auch die innere Schiffswandung leicht beschädigt, und durch Kurzschlüsse entstand ein Schwelbrand in einer Kabelführung. Da aber bei Gefechtsalarm niemand in diesem Bereich stationiert war, sondern nur in den darüber und hinter dem Panzer liegenden Munitionsräumen, erschien dieser Treffer, abgesehen von dem Lärm und dem harten Schlag, der Besatzung als wirkungslos. Aber die schwelenden Kabel führten eben genau in diese Munitionskammern für die Flak-Munition.

Der dritte Treffer hatte ebenfalls den Gürtelpanzer unterlaufen. Hier war die Wirkung sofort ersichtlich. Eines der Achtzollmagazine wurde geflutet, noch bevor die Männer, die hier unten arbeiteten, entkommen konnten. Aber da die Schotten im Gefechtszustand ohnehin geschlossen waren, konnte sich das Wasser nicht weiter ausbreiten. Die beiden Geschütze in Turm B vier Decks höher mussten ihre Munition eben aus dem Magazin auf der anderen Seite beziehen.

Es war der vierte Treffer, der Wiltshire in ernste Schwierigkeiten brachte. Da, wo der Wallgang nicht die gleiche Stärke hatte, weil die Kesselräume mehr Platz gebraucht hatten, konnte der Aal durchschlagen. Heißdampfrohre wurden zerfetzt, und hochgespannter Dampf entwich in den Raum, der sich über die Höhe zweier Decks erstreckte. Die Männer wurden nicht zerfetzt, denn die Explosionswucht war verbraucht worden, als die Druckwelle den Wallgang durchschlug. Sie verbrannten auch nicht. Das Maschinenpersonal wurde von dem heißen Dampf gekocht, der in Sekunden jeden Winkel erreichte.

Augenblicke später strömte kaltes Seewasser in den Kesselraum. Natürlich, einem Menschen wäre es nicht kalt erschienen. In der Tat hatte es für Menschen eher eine angenehme Badetemperatur. Nur empfanden das die heißen Kessel, in denen hochgespannter Dampf für die Turbinen erzeugt wurde, durchaus anders. Mit dumpfen Schlägen explodierten die unter Hochdruck stehenden Stahlbehälter und beschädigten den

Schiffsboden und das Schott zum zweiten Kesselraum. Nicht nur, dass Wiltshire mit einem Schlag die Hälfte seiner Antriebskraft verloren hatte. Zusätzlich strömten auch über tausend Tonnen Wasser in den Rumpf, und sie verlor ein komplettes E-Werk. Erst später würde sich zeigen, dass die Nachfolgeexplosionen den Rumpf strukturell bis hinunter zum Kiel geschädigt hatten. Auch wenn das Schiff noch schwamm, es war ab diesem Moment ein Totalverlust.

Der fünfte und letzte Treffer schlug in einen Bunker und zerfetzte dessen Außenwandung. Öl lief aus einem großen Loch in die See und bildete einen Teppich an der Steuerbordseite des Schiffes. Aber da Wiltshire über insgesamt sechs Treibölbunker verfügte, war das ein eher minimales Problem.

Noch wusste niemand genau, wie schwer das Schiff getroffen war. Lecksicherungsgruppen schwärmten aus, Elektriker machten sich auf die Suche, und die Messe, das Behelfslazarett, füllte sich mit stöhnenden, blutenden Körpern. Aber oben auf der Brücke musste man sich entscheiden. Noch hatte man genug Strom, um zwei der Türme weiterfeuern zu lassen. Noch waren alle Feuerleitsysteme intakt. Selbst verkrüppelt war Wiltshire dem Raider immer noch haushoch überlegen. Aber sie war zur Beute geworden, zur Beute für die U-Boote, die immer noch irgendwo in der Nähe lauerten, vielleicht bereits dabei waren, ihre Rohre nachzuladen, um den Kreuzer endgültig zu erledigen. Ablaufen oder den Raider versenken, das war hier die Frage.

Nach und nach liefen die Meldungen in der Schiffssicherungszentrale ein. Schwiering hatte bereits über dreißig Mann verloren, Männer, die jetzt überall fehlten. Die Kommunikation war schwieriger geworden, seit auch die Telefone ausgefallen waren. Zunehmend fühlte Jakob Schwiering, wie ihm die Situation entglitt. Viel mehr konnte der Salamander nicht einstecken.

Einer der Posten an den Sprachrohren richtete sich auf.

»Brand im C-Deck gelöscht. Obermaat Willes fragt an, ob er mit seinen Leute nach achtern gehen soll?«

Es dauerte einen Augenblick, bis der Kapitänleutnant sich erinnerte, wer Willes überhaupt war. Aber dann erschien das Bild eines bärenstarken Seemannes vor seinen Augen. Kein Elektriker, aber ein geschickter Handwerker und ein guter Seemann. »Er soll! Pronto!«

Der Posten gab die Meldung weiter. Einer der anderen Männer änderte die Markierung auf den großen Plänen in »gelöscht«. Das C-Deck war zwar nur noch eine ausgebrannte Höhle voller Löschwasser, aber immerhin konnte sich der Brand nicht mehr weiterfressen.

Schwiering konzentrierte sich jetzt wieder. Strom, sie brauchten Strom, verdammt noch mal! Er runzelte die Stirn und wandte sich an einen der Läufer. »Versuch mal, einen E-Mixer zu finden, ich will wissen, ob wir einen Munitionsaufzug mit einem tragbaren Generator betreiben können.«

»Jawohl, Herr Kaleun!« Der junge Seemann schoss davon.

Der Erste sah sich um. Blasse Gesichter, aus denen die Furcht sprach, die Furcht vor dem Unvermeidlichen. Er zwang sich zu einem Grinsen. »Nun macht mal nicht auf schwach hier, Männer. Noch sind wir nicht erledigt.«

Von Hassel spähte durchs Sehrohr. »Bug links, Fahrt … hmmm … drei Knoten rückwärts?« Er stutzte. Auf ein rückwärts fahrendes Schiff zu schießen, war im Torpedoschießverfahren nicht vorgesehen. »Probieren Sie es mit Bug rechts und drei Knoten.*«

»Das sollte funktionieren, aber irgendwie …« Rudi Schneider fluchte unter ihm in der Zentrale. »Der Torpedoleitrechner ist immer noch verwirrt!«

Von Hassel runzelte die Stirn. Wie konnte eine Ansamm-

* Der Torpedovorhaltrechner kannte nur Geschwindigkeiten vorwärts.

lung von Zahnrädern verwirrt sein? Dann kam die Erleuchtung. »Der nimmt einen Knoten Eigenfahrt an.«

»Oh ja!« Schneider verstummte kurz. »Was nun?«

Der Kommandant seufzte. U-68 fuhr ebenfalls rückwärts. Er musste die Heckrohre einsetzen und gleichzeitig vermeiden, durch eine Wende nach vorne den Abstand weiter zu vergrößern. Nur konnte der Torpedoleitrechner mit einem rückwärts fahrenden U-Boot genauso wenig anfangen wie mit einem rückwärts fahrenden Ziel. Soviel also zu den Grenzen moderner Technik. »Alles Stopp!«

Er presste das Gesicht wieder gegen das Sehrohr. Zwei Torpedos in den Heckrohren, das war alles, was er hatte. Die vier Bugrohre waren leer, und es würde mindestens zwei Stunden dauern, alle vier nachzuladen. In zwei Stunden konnte der Kreuzer den Salamander versenken und bereits Meilen weg sein.

Der Kommandant der Wiltshire traf seine Entscheidung. Die Schrauben stoppten nur kurz, dann begannen sie wieder in die andere Richtung zu drehen. Nur die halbe Maschinenanlage stand zur Verfügung, aber auch das waren immer noch etwa vierzigtausend Pferdestärken. Der Rudergänger musste immer etwas gegenhalten, denn das schwere Schiff wollte aus dem Kurs laufen, weil nur zwei der vier Schrauben drehten. Aber HMS Wiltshire nahm Fahrt auf. Zwanzig Knoten würde sie schaffen, das hatte der Chief dem Kommandanten versichert. Aber es würde eine Ewigkeit dauern, diese Geschwindigkeit wirklich zu erreichen. Der Wasserdruck von zwanzig Knoten Fahrt gegen die abgestützten Schotten im Vorschiff.

Die beiden Türme auf der Back begannen wieder zu feuern, das Gefecht war noch nicht zu Ende. Noch hatte Wiltshire die Chance, näher an den Raider heranzugehen und die U-Boote abzuhängen, bis es zu spät war.

* * *

»Rohr fünf los! Rohr sechs los!« Wieder bockte das Boot unter ihm, als die Aale die Rohre verließen, wieder einmal rauschte Wasser in die Zellen, um das Gewicht der beiden Torpedos auszugleichen. Aber für von Hassel war das im Augenblick alles Nebensache. An der Oberfläche wurde es von Minute zu Minute dunkler. Trotzdem sah er das Wasser am Heck des Kreuzers aufschäumen. *Der nimmt wieder Fahrt auf!* Der Kommandant unterdrückte einen wütenden Fluch.

Vierzigtausend Pferdestärken gegen die Masse von knapp dreißigtausend Tonnen Schiff, die sich mit drei Knoten Geschwindigkeit rückwärts bewegten … und auf der anderen Seite die beiden Torpedos, die bei vierzig Knoten eine Laufzeit von etwas über einer Minute hatten, um das Ziel zu erreichen.

HMS Wiltshire hätte es beinahe geschafft, aber »beinahe« ist im Krieg niemals gut genug. Der Aal aus Rohr fünf schlug achtern des Gürtelpanzers in die Stahlhaut des Riesen und zerfetzte das komplizierte Innenleben des Rudermaschinenraumes in kleine Teile. Von den beiden Matrosen, die hier Dienst getan hatten, wurde nie wieder eine Spur gefunden.

Manövrierunfähig, nur mit halber Maschinenleistung und am Rande der Schwimmfähigkeit konnte Wiltshire nur noch abwarten, dass die U-Boote ihnen den Fangschuss versetzten. Aber trotzig brüllten die beiden Bugtürme weiter. Die Flagge zu streichen, war in den Dienstvorschriften der Royal Navy nicht vorgesehen.

Der Salamander zackte. Aus Luke drei schlugen hohe Flammen, der Rumpf lag erschreckend tief im Wasser. Doch das Schiff war noch steuerfähig. Vogel wusste nicht, wie schwer sein Gegner von den U-Booten beschädigt worden war. Aber er erkannte eine Chance, wenn er sie sah. »AK, alles, was die Maschine hergibt!« Seine Stimme klang rau, kratzig vom Geschützqualm. »Wir drehen auf Zwo-Fünf-Null, Felix!«

»Jawohl, Herr Kap'tän!«

Vogel hob das Glas. *Wir müssen hinter ihn kommen! Er kann die Hecktürme nicht mehr einsetzen!* Alles in ihm schrie und jubelte, sie waren noch einmal davongekommen. Ein paar Salven noch, dann konnte der Tommy seine beiden einzigen feuerbereiten Türme in keinem Fall mehr weiter achteraus richten.

Wieder heulten Granaten heran, schlugen in die See und rissen turmhohe Wassersäulen hoch. Splitter schlugen in die Aufbauten. Aber es war kein direkter Treffer dabei. Dreißig Sekunden, solange brauchten die schweren Geschütze, um nachzuladen.

»Hundert-Hundert!« Der AO hustete. »Steuerbordbatterie laden-laden-laden.« Der AO musste die Entfernung mit dem kleinen E-Messer genommen haben, denn der große brauchte Strom, um bewegt zu werden.

Noch nie waren die Geschütze des Hilfskreuzers so schnell geladen worden wie an diesem Tag. Die Munitionsaufzüge waren nicht mehr einsetzbar, weil es keinen Strom mehr gab. Nur die Granaten der Bereitschaftsmunition standen zur Verfügung, während schwitzende Männer versuchten, mehr Munition durch dunkle Niedergänge nach oben auf das Batteriedeck zu mannen. Alle Schusswerte wurden durch Sprachrohre weitergegeben, und eine Zentralabfeuerung hatte es auf dem umgebauten Handelsschiff nie gegeben. Endlich zuckten die Hände der Geschützführer nach oben, zeigten die Feuerbereitschaft an.

»Feuer!« Die Steuerbordseite feuerte zum ersten Mal in diesem ungleichen Gefecht. Das Deck füllte sich mit Geschützqualm, dicke Wolken quollen an der Bordwand empor. Drei Granaten unterwegs. Sie würden Sekunden brauchen, bis sie das Ziel erreichten. Aber die Geschützbedienungen hatten bereits wieder die Verschlüsse aufgerissen, die rauchenden Kartuschen fielen auf das Deck, und schon brachten die Ladenummern die nächsten Granaten. Mochte das Kaliber des Salamander auch kleiner sein, einen Vorteil hatte es: Im Gegensatz zu den Achtzöllern der Wiltshire wurde es manuell geladen. In dieser kurzen Gefechtsphase brachte der Salamander zwei Salven pro einer der Wiltshire raus.

Aber auch der Kreuzer feuerte, gerade, als die zweite Salve aus der Backbordbatterie jagte. Wieder schienen Expresszüge durch die Luft zu jagen, wieder rissen Granaten hohe Wassersäulen aus dem Ozean. Aber es waren wenige, verdächtig wenige.

Der Salamander schwankte kurz wie ein Boxer, der einen Schwinger hatte einstecken müssen, aber das Schiff richtete sich schnell, beinahe ruckartig wieder auf. Für einige lange Sekunden wusste niemand genau, wo die Granaten eingeschlagen waren, nur, dass die Tommies getroffen hatten, wieder getroffen hatten.

Die Sonne war untergegangen, und wie es so üblich ist, je näher man dem Äquator kommt, hatte es nur eine kurze Dämmerung gegeben. Die Rauchfahnen des Geleits wurden von der Dunkelheit verschluckt, dann verschwanden auch die Rümpfe.

Es war nicht völlig dunkel geworden. Sterne standen am Himmel. Tausende von Sternen, ein Anblick, den sich der Bewohner einer Großstadt in den nördlichen Breiten gar nicht vorzustellen vermag. Ein Anblick unglaublicher Größe und Schönheit.

Doch selbst der Sternenhimmel vermochte sich nicht mit dem schrecklichen Anblick der beiden Kriegsschiffe zu messen, die hier aufeinander einhämmerten. Die Entfernung schrumpfte, als die beiden Gladiatoren aufeinander zudampften. Für Salamander gab es kein Verstecken in der Dunkelheit, genauso wenig wie für Wiltshire. Brände tobten in den Aufbauten, hohe Flammen schlugen aus den Decks. Wiltshire musste einen weiteren Schlag hinnehmen, als der Schwelbrand die vordere Munitionskammer erreichte und die hier gelagerte Flakmunition entzündete. Das Deck vor Turm A brach auf, und ein Feuerwerk aus Zwo-Zentimeter und Pompom stieg in die Luft. Wieder wurden Männer getötet, wieder nahmen die empfindlichen Systeme mehr Schaden. Wiltshire war am Ende. Aber mit dem Trotz, der den Briten zu eigen ist, wenn es um Seegefechte geht, kämpfte das Schiff weiter. Turm A fiel aus, aber B feuerte durch die explodierende Munition hindurch weiter auf den Gegner.

Vom Salamander war nicht mehr viel zu sehen. Eine große schwarze Wolke, die sich durch die Nacht schleppte. Meilenlang hing die Rauchschleppe hinter dem Hilfskreuzer. Und aus diesem schwarzen Inferno schienen feuerrot die Brände. Flammen, fünfzig, sechzig Meter hoch, schlugen aus den Decks.

Aber wenn Briten trotzig sind, wenn es ans Leder geht, dann können Deutsche stur sein. Auf Sechzig-Hundert war die Entfernung geschrumpft, und nach wie vor feuerte die Steuerbordbatterie auf das flammende Inferno namens HMS Wiltshire. Noch immer teilte der Hilfskreuzer für jeden Treffer, den er einsteckte, auch einen aus.

»Es hat die Brücke erwischt!« Der Posten am Sprachrohr knallte den Verschluss zu, als plötzlich schwarzer Rauch aus dem Sprachrohr quoll.

Für einen Augenblick herrschte Stille, dann griff Schwiering zu seiner Mütze. »Dann gehe ich mal hoch. Brandlöschtrupps und Sanis auf die Brücke!«

Während der Kapitänleutnant durch die verqualmten Gänge und über die dunklen Niedergänge rannte, gingen ihm viele Dinge durch den Kopf. Aber als er endlich den Kartenraum hinter der Brücke erreichte, verhielt er im Schritt. Ungläubig starrte er auf das Durcheinander.

Die Wand, die Brücke und Kartenraum getrennt hatte, fehlte. Der Funkraum, gleich neben dem Kartenraum, war ein wüstes Durcheinander aus Kabeln, zertrümmerten Geräten und abgetrennten Gliedmaßen.

Hinter sich hörte er Schritte den Niedergang empor eilen. »Verzeihung, Herr Kaleun!« Eine große Hand schob ihn einfach zur Seite.

Für einen kurzen Augenblick sah Jakob Schwiering in ein paar leere Augen. Blau und blass wie die See und dabei absolut leer. Als habe ihr Besitzer mit Gewalt jedes Gefühl aus sich herausgerissen. Dann war der Obermaat vorbei und stürmte mit seinen Männern auf das, was von der Brücke noch übrig war. »Verdammt, wo bleibt der Sani?«

Es kostete Jakob Schwiering all seine Kraft, weiterzugehen, den Männern auf die Brücke zu folgen. Die Steuerbordseite der Brücke fehlte ganz. Der Rudergänger war von der Wucht des Einschlages gegen das Ruder gedrückt worden, während ihn die Splitter zerfleischten. Auch der Posten Maschinentelegraf war zu einer beinahe unkenntlichen Masse zerfleischt worden.

Der Kommandant saß halb an die Backbordseite gelehnt. Blut lief aus seinem Mundwinkel. Die Männer wollten ihn aufrichten, aber er winkte ab. »Lasst mal, Männer.« Seine Stimme klang überraschend ruhig. »Mein Kreuz hat's auch erwischt!« Er hustete, und mehr Blut lief aus dem Mund.

Schwiering hockte sich neben Vogel und griff nach dessen Hand. »Wir bekommen Sie wieder hin, Herr Kap'tän!«

»Lügner!« Auf dem blutverschmierten Gesicht erschien etwas, das wahrscheinlich ein Grinsen darstellen sollte. »Es hat mich erwischt …« Der Kommandant zögerte. »Weht die Flagge noch?«

Der Erste musste sich räuspern, bevor er sprechen konnte. »Ja, die Flagge weht noch, Herr Kap'tän!«

»Gut!« Vogel entspannte sich. Aber diese Entspannung war von kurzer Dauer. Ein Hustenkrampf schüttelte den Fregattenkapitän, und dieses Mal war es viel Blut, das über seine Lippen lief.

Schwiering spürte, wie sich die Hand des Alten verkrampfte. Dann sah er, dass sich die Lippen bewegten. Er musste sich bis zum Gesicht des Sterbenden herunterbeugen, dann hörte er die Worte: »Denken Sie … denken Sie daran, was ich … Ihnen gesagt habe … denken Sie daran.« Ein neuer Hustenanfall unterbrach ihn. »Das ›Wie‹ … nicht vergessen, das ›Wie‹!« Dieses Mal endete der Blutstrom nicht mehr. Der Erste fühlte, wie der Druck auf seine Hand nachließ, aber noch immer schienen die blicklosen Augen des Kommandanten auf ihn zu starren.

Jakob Schwiering erhob sich, als laste eine Zentnerlast auf ihm. Aber als er sprach, klang seine Stimme klar und fest. »Schadensmeldungen! Der Zweite Ingenieur soll seinen Arsch in die Schiffssicherung bewegen. Aber pronto!« Er lauschte. Von unten hörte er immer noch das Donnern der Geschütze. Er nickte. »Ich brauche eine Verbindung zum Rudermaschinenraum.« Er deutete wahllos auf einen Seemann der Lecksicherung. »Ans Ruder mit Ihnen!«

»Der Kompass ist im Eimer, Herr Kaleun!«

Jakob Schwiering zwang sich zu einem Grinsen, obwohl es ein Gefühl war, als würde sein Gesicht in Scherben springen. »Dann halten Sie das Ruder fest und passen auf, dass es nicht wegläuft!«

Der Mann blinzelte verdutzt, dann nickte er. »Jawohl, Herr Kaleun!«

Der Erste warf einen kurzen Blick auf die stille Gestalt an der Backbordseite. Im Tod wirkte der Kommandant irgendwie kleiner. Nicht mehr so überlebensgroß. *Nicht vergessen, was er gesagt hatte.*

Schwiering nickte. Es waren zwei Dinge, an die er sich erinnerte, zwei Dinge, die der Kommandant ihm immer wieder eingetrichtert hatte. Es war nicht immer wichtig, ob man gewann oder verlor. Es war das »Wie«, das den Unterschied machte. Jakob Schwiering schwor, das nie zu vergessen … sollte er diesen Tag überleben.

* * *

HMS Wiltshire starb den Tod der Kreuzer. Granaten schlugen in den Rumpf und die Aufbauten. Nach einer Weile fiel auch der letzte Geschützturm aus, aber ein paar Geschütze der Mittelartillerie feuerten immer noch weiter.

Tief unten im Rumpf hatte die letzte Phase bereits begonnen. Die Pumpen schafften es nicht mehr, das eindringende Wasser unter Kontrolle zu halten. Zu viele Abteilungen waren aufgerissen, zu viele Schotten verzogen und nicht mehr wasserdicht. Aus immer mehr Räumen drängte das Wasser die Männer nach oben. Aber oft waren die Wege nach oben, aufs rettende Deck, versperrt. Trümmer blockierten Gänge, die Stahlluken ließen sich nicht mehr öffnen, Feuer machte Fluchtwege unpassierbar.

Oben auf der Brücke waren die meisten Offiziere durch Splitter getötet worden. Es fiel dem Zweiten Offizier zu, den Befehl zu geben, die Verwundeten an Deck zu schaffen.

Weitere Granaten schlugen in das sterbende Wrack und brachten auch den letzten Widerstand zum Schweigen. Durch Sprachrohre wurde der Befehl gegeben, das Schiff zu verlassen. Aber niemand wusste, wie viele der Räume diese Nachricht überhaupt noch erhielten.

Unter Deck gab es Hunderte von wasserdichten Räumen, und zu einigen gab es schon seit den ersten Torpedotreffern keine Verbindung mehr.

Als die ersten Flöße – denn Boote hatten das Gefecht nicht überlebt – zu Wasser gelassen wurden, stellte der Raider sein Feuer ein. Das brennende Schiff erweckte nicht den Eindruck eines Siegers, nur den eines Überlebenden, und nicht einmal das schien sicher.

Die plötzliche Stille nach dem Gefecht erschien ohrenbetäubend. Selbst die Männer, die auf die Rettungsflöße drängten, taten dies in grimmigem Schweigen. Aber die meisten waren ohnehin noch halb betäubt vom Donner der Geschütze, von der Panik in den Räumen unter Deck und dem plötzlichen Umschwung der Ereignisse. Vom sicheren Sieg zum absoluten Desaster, in weniger als zwei Stunden. Nicht wenigen liefen Tränen über die erschöpften, rußverschmierten Gesichter. Und dann kam der Augenblick, auf den alle gewartet hatten, der Augenblick, den sie gefürchtet hatten. Während sich die Männer noch auf den Decks drängten und das Schiff immer tiefer sackte, und lange bevor sie alle Rettungsflöße, die den Kampf überstanden hatten, zu Wasser hatten bringen können, schäumte die See auf und das erste U-Boot erschien an der Oberfläche. Die stählernen Haie lauerten auf den Fangschuss.

Schieber und anderes Gesocks

Es war einfach gewesen, so einfach. Ulrike sprach mit dem Schreiber des Admirals, den sie noch von anderen Begebenheiten kannte*. Der wiederum sprach mit dem Admiral, und der wiederum setzte, nachdem er einige sehr giftige Bemerkungen vom Stapel gelassen hatte, einen Kapitän seines Stabes in Marsch zu Ulrike.

Ulrike wiederum wurde vom Auftauchen eines ausgewachsenen Vierstreifers ziemlich überrascht, und es kostete den Mann Mühe, sie davon zu überzeugen, dass sich seine Aktivitäten nicht gegen Jens richten würden. Also hatte sie ihm die komplette Geschichte berichtet.

Ein paar Tage später, es war der Morgen nach einer neuen Lieferung, und der unbekannte Wagen mit zivilen Kennzeichen stand mal wieder vor dem Stabsgebäude, tauchten am Tor plötzlich zwei Lkws voller Feldjäger auf, gefolgt von einem Kübel mit Marinekennzeichen und einem Kapitän zur See auf der Rückbank, der dem ganzen Geschehen eher gelangweilt zu folgen schien. Aber der Eindruck täuschte.

Der erste Schlag war schnell und hart. Kapitän zur See Artok wurde in seinem Dienstzimmer verhaftet, zusammen mit einem Zivilisten, der zunächst jede Aussage verweigerte. Aber die Marine war nicht die SS oder die Gestapo, und so blieb zunächst nichts anderes übrig, als mit diesem Umstand zu leben.

Obermaat Schimmelpfeng wurde auf dem Exerzierfeld vor den Augen der Offiziersanwärter verhaftet. Jens und Georg, die beide wussten, was vor sich ging, mussten sich bemühen, nicht

* Siehe Peter Brendt, *Weiter Atlantik*

laut über das verblüffte Gesicht des Obermaats zu lachen, als ein paar Feldjäger von hinten kamen und ihm überraschend Handschellen anlegten.

Insgesamt fünfzehn weitere Unteroffiziere und Soldaten in der Marineschule wurden verhaftet. Die Verhaftungen gingen nicht leise und diskret vor sich, im Gegenteil, beinahe schien es, als sei man regelrecht um Zuschauer bemüht. Aus einem der Munbunker wurden mehrere Tonnen eingedoster Schiffsverpflegung geholt und demonstrativ auf die Lkws der Feldjäger geladen.

Aber damit war, auch wenn die Verhaftungen abgeschlossen waren, soweit es die Marineschule betraf, die Sache noch lange nicht erledigt. Artok hatte viele Beziehungen, zum Teil sehr hoch in der Hierarchie von Marine und Partei. Seine Verhaftung löste eine Lawine aus. Nicht, dass es nicht viele Schieber gegeben hätte. Artoks Pech war, dass er erwischt worden war. Aber er war ein Parteimann, und deren gab es nicht sehr viele in der Marine, auch wenn sie es verstanden hatten, sich in Schlüsselpositionen breit zu machen. Es mag typisch für solche Leute erscheinen, dass sie immer rarer wurden, je näher man einer Front kam.

Nicht einmal die Partei traute sich, eine laufende Ermittlung einfach niederzuschlagen. Man war sich der Tatsache zu bewusst, dass man gerade innerhalb von Heer und Marine nicht so stark war, wie man es sich wünschte. Aber man musste handeln. Denn über die nächsten Tage drängte sich etlichen Altparteimitgliedern, nicht ganz grundlos, der Verdacht auf, dass Teile des Militärs versuchten, sich von dem Einfluss der NSDAP zu befreien. Bei Weitem nicht jeder überzeugte Nazi war ein Schieber, auch war nicht jedes Parteimitglied ein wirklich überzeugter Nazi. Und oft musste man sich auch die Frage stellen, was ein Mann zuerst war, Offizier oder Parteimitglied. Aber man kann auch ruhig erwähnen, dass kein Militär der Welt jemals ein guter Nährboden für demokratische Vorstellungen gewesen wäre. Viele der höchsten Ränge arbeiteten mit und für Hitler aus ihren eigenen, größtenteils noch in der Monarchie geprägten Vorstellungen heraus. Nationalismus war kein Exklusivrecht der Nazis. Hitler, der »größte Feldherr aller Zeiten«, wurde vor allem im Heer oft als »der böhmische Gefreite« bezeichnet. Aber er hatte die Macht, und er war an diese Macht gekommen, weil die Demokratie ihn gelassen hatte. Der Diktator war in den Augen der höchsten Führungsstäbe also ein Beweis dafür, dass Demokratie nichts Gutes war.

Irgendwo in diesem Nebel fand nun ein politischer Kampf statt. Kein großer Krieg, das sicher nicht. Aber was begonnen hatte, als der Versuch, sich von Parasiten in der Militäradministration zu befreien, zog Kreise. Und ausgerechnet zu diesem Zeitpunkt fielen in Telefongesprächen zwei Namen: Jens Lauer und Georg Buhn.

Eine Frage der Ehre …

Das Geleit lief weiter. Die Notwendigkeiten des Krieges ließen den deutschen Frachtern genauso wenig Gelegenheit wie den in den Geleitzügen fahrenden englischen Schiffen, wenn es darum ging, Überlebende aufzunehmen. Wenn man von wenigen Ausnahmen absah. Anders sah es aber für die Kriegsschiffe aus.

Der Salamander konnte sich nicht beteiligen, denn seine Maschinenanlage setzte kurz nach dem Gefecht aus. Die Besatzung des Schiffes kämpfte immer noch darum, den Hilfskreuzer zu retten. Aber selbst wenn sie nicht mit dem eigenen Schiff beschäftigt gewesen wären, der Salamander hätte keine Boote aussetzen können, um zu helfen. Das Schiff hatte keine Boote mehr. Die schweren Granaten hatten die empfindlichen Nussschalen regelrecht zerfetzt, ihre Überreste als Splitter über das Deck gejagt.

Wiltshire kenterte etwa zwanzig Minuten nach dem letzten Schuss. Mit lautem Zischen erstickte die See die lodernden Flammen. Für Minuten trieb der Rumpf kieloben, nicht weit von den Rettungsbooten auf der See. Dann folgte der Kreuzer HMS Goosefoot in die Tiefe.

Es blieb den U-Booten überlassen, um die Schiffbrüchigen zu kreisen, Schwimmer aufzunehmen und zu den Flößen zurückzubringen und zu helfen, die Rettungsflöße zusammenzulaschen. Und es war höchste Zeit. Denn je mehr der Ölteppich abtrieb, der aus den Bunkern der Schiffe aufgetrieben war, desto mehr der dreieckigen Flossen zeigten sich an der Wasseroberfläche. Vereinzelt hörte man Schreie in der Dunkelheit, aber genauso oft gingen die Räuber des Meeres leer aus.

Auf dem Vordeck von U-68 hockten etwa vierzig oder fünfzig Seeleute. So genau vermochte das in der Dunkelheit niemand zu sagen. Mit der kleinsten Fahrt, die möglich war, tuckerte das große Boot auf die Rettungsflöße zu, um die Männer bei ihren Kameraden abzusetzen. Denn natürlich war es für das U-Boot gar nicht möglich, viele Überlebende an Bord zu nehmen.

Auf der Brücke des Salamander blitzte der Signalscheinwerfer auf. »Kommandant und zweiter Offizier gefallen, einundsiebzig Tote und Verletzte. Können Schiff über Wasser halten, Feuer unter Kontrolle.«

Der Alte starrte wie benommen zu dem immer noch brennenden Hilfskreuzer. »Unter Kontrolle, sagt er?« Unwillkürlich nahm er die Mütze ab. Einundsiebzig. Vogel war also gefallen. Von Hassel räusperte sich. »Fragen Sie ihn, wie lange er braucht, um wieder Fahrt zu machen!«

Henke, einer der Funker, hob die Vartalampe und morste die Nachricht zum Hilfskreuzer. Aber von Hassel wurde schon wieder abgelenkt, als einer der Ausgucks den Arm ausstreckte. »Da schwimmt noch einer, Backbord voraus!«

Von Hassel spähte in die Richtung. Eine kleine rote Lampe, die immer wieder von den leichten Wellen verdeckt wurde. Er nickte dem WO zu. »Rudi, bringen Sie das Boot an ihn ran, wir fischen ihn auch noch.« Einer mehr, mein Gott! Sie schienen überall zu sein. So ein Kreuzer hatte über sechshundert Mann Besatzung, wenn er seinem Vorkriegs-Jane's glauben durfte. Er hatte keine Vorstellung davon, wie viele aus dem Schiff hinausgekommen waren, wie viele hier schwammen und auf den Rettungsflößen hockten. Dreihundert? Vierhundert? Oder vielleicht sechshundert? Die See schien übersät mit den Flößen voller schmutziger, blutender Männer.

»Von Salamander: Mindestens acht Stunden für die Maschinenanlage.« Henke gab die Meldung nur zögernd weiter.

Von Hassel sog scharf die Luft ein. Acht Stunden? Acht Stunden, das war unmöglich. Acht Stunden bedeuteten, dass die Tommies bis dahin lange hier wären. Es bedeutete, dass sie keine andere Wahl hatten, als das Schiff aufzugeben. Er spürte die Verzweiflung in sich aufsteigen. »Sagen Sie ihm, er hat maximal zwei Stunden!«

Ein anderer Scheinwerfer blitzte in der Dunkelheit auf. »Haben noch mehr Rettungsflöße gefunden! U-122.«

Der Kommandant verzog das Gesicht. Noch mehr Rettungsflöße? Hentrich stand ziemlich weit ab, das mussten die Überlebenden der gesunkenen Korvette sein. »Er soll sie zu den anderen schleppen.« Dann beugte er sich selbst über das Sprachrohr zur Zentrale. »Wie sieht es mit Wasser und etwas zu essen aus?«

Leutnant Wellenberg war beinahe sofort am Sprachrohr. »Wasser wird schon ausgegeben. Es wird eng, aber …«

Von Hassel kannte die »Aber« der Situation. »Geben Sie den Männern die Cognac-Buddel aus meiner Kammer. Jeder nur einen Schluck.«

»Jawohl, Herr Kap'tän!« Es schien, als grinse Wellenberg. »Die Männer«. Das waren nicht etwa ihre eigenen Männer, sondern jetzt und in diesem Augenblick waren das die Engländer, die dort durchnässt und erschöpft auf dem Vordeck hockten. Und ihre eigenen Männer? Die plünderten rücksichtslos ihr weniges Privatzeug, um noch ein paar Klamotten für die Tommies zu finden. Aber auch das gehörte zu den Besonderheiten des Seekrieges. Noch eine Stunde zuvor hatten sie alle nach Kräften versucht, sich gegenseitig umzubringen.

Rückert, der immer noch am Horchgerät saß, versteifte sich. »Schnelldrehende Schrauben, Turbinenantrieb!«

Wellenberg fuhr herum. »Was?«

»Ein Schiff, beinahe aus Norden!«

Der Leutnant schluckte. »Das kommt direkt von unserem Geleit.«

»Scheint so, aber der kommt näher. Unser Geleitzug ist etwas mehr als fünfzehn Meilen weg.« Rückert zögerte. »Der läuft hohe Fahrt.«

Der IIWO wandte sich zum Sprachrohr. »Herr Kap'tän? GHG meldet ein Schiff, kommt von Norden auf, hohe Fahrt, Turbinenantrieb.« Er zögerte. »Weniger als fünfzehn Meilen!«

»Danke!« Die Stimme des Alten klang tonlos. Er blickte in die Dunkelheit. Ein Schiff mit Turbinenantrieb, ein großes Schiff. Wenn die Westmark das Geleit verlassen hatte, würde er Schiller, dem Kommandanten, persönlich den Allerwertesten aufreißen. Seine Augen versuchten, die Nacht zu durchdringen, aber welches Schiff das auch immer war, es war perfekt abgedunkelt.

Von Hassel musste seine Geduld noch ein paar Minuten zügeln, und dann war es der andere, der den ersten Schritt tat. In einigen Meilen Entfernung blitzte ein neuer Scheinwerfer auf. Nicht im typischen schnellen Stakkato der Kriegsschiffe, eher langsam und gemütlich, wie man das bei der Handelsmarine so im Blut hatte. »Salamander, Salamander, hier ist Cap Trafalgar. Benötigen Sie Beistand?«

Heinz-Georg von Hassel zog eine Grimasse. »Was denkt der sich, einfach das Geleit zu verlassen? Was zum Teufel ...« Aber dann griente er. »Ach was. Henke, machen Sie rüber: Schön Sie zu sehen!« Er runzelte die Stirn. »Und dann erklären Sie ihm die Situation. Nicht, dass er mit voller Fahrt durch die Flöße rauscht.« Er lehnte sich gegen den UZO-Sockel. Die Cap Trafalgar! Das große Passagierschiff war stark und schnell. Schnell genug, wieder zum Geleit aufzuschließen. Er blickte auf das ferne Blinken des Scheinwerfers. Vielleicht war sie sogar stark genug, das mit dem Salamander im Schlepp zu tun.

Es dauerte Stunden, die Männer von den Flößen an Bord zu holen, obwohl das Passagierschiff über genügend Boote verfügte. Und dann dauerte es noch einmal zwei Stunden, den Hilfskreuzer in Schlepp zu nehmen. Nachdem die Schlepptrosse zum zweiten Mal gebrochen war, war von Hassel, der ebenfalls auf den Liner übergesetzt hatte, schon bereit, den Befehl zu geben, das Schiff zu versenken. Aber Brehme, der Kapitän der Cap Trafalgar, und Schwiering, der Erste des Hilfskreuzers, überzeugten ihn, einen weiteren Versuch zu wagen.

Als das große Passagierschiff langsam Fahrt aufnahm, stand im Osten bereits ein erster heller Schimmer am Horizont. Die Trosse hob sich aus dem Wasser, und je mehr Zug auf den Hanf kam, desto mehr Wasser wurde aus den Kardeelen gedrückt. Tausende und Abertausende von Fasern nahmen die Kräfte auf, die hier wirkten, und was für Kräfte waren das! Tausende von Tonnen immer noch brennenden Stahls gegen Zehntausende von Pferdestärken. Irgendetwas musste einfach nachgeben. Atemlos starrte von Hassel auf die schwere Schlepptrosse, bereit, in Deckung zu springen, sollte sie brechen. Ein Quietschen, ein Geräusch, wie er es noch nie von einer Trosse gehört hatte, kam aus dem Seil. Noch immer schien der Hanf nicht ganz gespannt zu sein, aber der Korvettenkapitän wusste, der Eindruck täuschte. Auch wenn die Trosse in einem Bogen durchhing, es war Zug drauf. Nur wiegt eine Trosse von beinahe vier Zoll und einer Meile Länge ein paar Tonnen.

»Er bewegt sich!«

Einer der Männer hatte es zuerst entdeckt. Aber der Ruf ging von Mund zu Mund. »Er bewegt sich!«

Von Hassel blinzelte. Tatsächlich, langsam, beinahe widerwillig, kam der Rumpf des Hilfskreuzers herum. Jubelrufe erklangen auf dem Achterdeck des Liners. Unten, tief in den Maschinenräumen des Schiffes, steigerten die Ingenieure die Drehzahl nach den Anweisungen von der Brücke. Vergessen waren alle Fahrtstufen, dieses Mal ging es nicht um »Kleine Fahrt« oder »Halbe Fahrt!« Beinahe mit den Fingerspitzen steuerten sie die großen Maschinen aus. Zehn Umdrehungen mehr, das bedeutete über den Daumen gepeilt vielleicht einen halben Knoten mehr.

Zwei Decks tiefer, im Schiffskrankenhaus, hob der Arzt kurz den Kopf, als er das sanfte Vibrieren spürte. Sie nahmen also Fahrt auf. Aber dann beugte er sich wieder über den Körper des

Mannes auf seinem Tisch. Irgendwo musste der Splitter stecken. Er hatte den Weg durch die Bauchhöhle verfolgt, irgendwo musste das Ding ja sein. Vorsichtig sondierte er weiter. Er operierte seit Stunden, und er wusste, dass noch Stunden vor ihm lagen. Die Zeiten, in denen er lediglich ein paar Pillen gegen Seekrankheit hatte ausgeben müssen, lagen lange, unendlich lange zurück. Endlich! Die Sonde stieß gegen etwas Hartes. »Da haben wir das Mistding ja.«

Oben auf der Brücke lehnte sich Heinz-Georg von Hassel gegen die Reling der Brückennock. Sein Blick war über die sauberen, gepflegten Decks gerichtet, über die Markierungen des Shuffleboard, über das abgedeckte obere Schwimmbecken. Aber er sah es nicht. Was er sah, war die weite Karibik. Sie waren erfolgreich gewesen, hatten eine Korvette und sogar einen Kreuzer versenkt. Und sie hatten selbst kein Schiff verloren, noch immer war der Geleitzug völlig intakt. Er hätte Triumph fühlen sollen, aber er tat es nicht. Zu deutlich sah er immer noch den sinkenden Kreuzer und die Schiffbrüchigen vor sich. In diesem Augenblick schmeckte der Sieg bitter. Und von Hassel wusste, dass die Tommies nun alles in Bewegung setzen würden, um sie zu kriegen. Bisher war alles ein taktisches Problem gewesen. Nun würden die Tommies die Sache persönlich nehmen. Diese ganze verdammte Schnapsidee war zu einer Frage der Ehre geworden.

Keith Frazier öffnete langsam die Augen. Eine weiß gestrichene Wand, ein Bullauge, eine weiche Decke, ein Kopfkissen unter seinem Kopf. Es roch frisch, irgendwie sauber.

So langsam kehrte sein Geist zurück. Er griff unter die Decke und stellte erschrocken fest, dass er keine Kleidung mehr trug. An seinem Oberschenkel ertastete er das frische saubere Gefühl von Verbänden. Wo zum Teufel war er?

Gervase Willby, Signalgast auf HMS Goosefoot bis zu ihrem Untergang, öffnete leise die Tür und schlüpfte zurück in die

Kammer. Oder Kabine, wie die Jerries das nannten. Er warf einen kurzen Blick auf die Gestalt im Bett und ließ sich wieder in den Sessel sinken. Er griff nach dem Buch, das aufgeschlagen neben dem Sessel auf einem kleinen Tisch lag. Verrückt, dass die Jerries »Krieg und Frieden« auf Englisch herumfuhren. Er warf einen Blick auf die Seite, aber dann blinzelte er. Etwas war anders. Er wandte den Kopf und erwiderte den fragenden Blick der Augen aus dem Bett. Für endlose Augenblicke starrten sie einander an.

»Wo zum Teufel bin ich?« Die Stimme des Kommandanten war eine Mischung aus Krächzen und Flüstern. »Wo bin ich?«

Willby zuckte mit den Schultern. »Die Jerries haben uns gefischt, Sir!«

»Die Jerries?« Man sah Fraziers Gesicht die Mühe an, sich zu konzentrieren. »Also gefangen?«

Der junge Seemann nickte. »Ich hole den Ersten, Sir. Er wird Ihnen alles erklären.«

Der Kommandant nickte schwach. Aber in seinem Kopf begannen die Gedanken erneut, sich aneinander zu reihen. Gefangen! Sie musste auf einem der Schiffe im deutschen Geleitzug sein!

In plötzlichem Begreifen sah er sich um. Ein deutsches Schiff. Er schloss die Augen. Das konnte ja wohl alles nicht wahr sein! Wenn die Navy die Burschen erwischen würde, dann würden sie das Schicksal der Jerries teilen. Und erwischen würde die Navy sie.

Kurz vor Mittag holten die U-Boote und der Schleppzug aus Cap Trafalgar und Salamander das Geleit wieder ein. Zufrieden beobachtete von Hassel die ordentlichen Kolonnen. Berger und Assmann wirbelten mit ihren Booten entlang der Seiten des Geleites vorwärts und rückwärts. Vorne, an der Spitze, lief die unverkennbare Form der Westmark. Nordwestkurs. Weg vom freien Atlantik, näher an die US-Küste heran. Darauf sollten die Tommies erstmal kommen. In der folgenden Nacht lag

Fort Lauderdale bereits etwas mehr als vierhundert Meilen an Backbord.

Das Gefecht in der Karibik machte die Runde. Als nach Stunden immer noch keine Antwort auf die Funkrufe nach Goosefoot und Wiltshire erfolgten, ahnte man in der britischen Admiralität bereits, dass etwas ganz anders gelaufen war, als man sich vorgestellt hatte. Die Bestätigung kam am nächsten Nachmittag, als HMS Sorceress und Brambleberry das Gebiet des Gefechts erreichten und sich vor ihren Augen Wrackteile und verlassene Rettungsflöße über ein weites Seegebiet ausbreiteten. Die Nachricht von ihrem Fund schlug in der Admiralität im fernen London ein wie eine Bombe. Die Deutschen hatten es also geschafft, einen Kreuzer zu versenken! An die Korvette, die das gleiche Schicksal erlitten hatte, dachte in diesen Stunden schon keiner mehr. Verluste von Korvetten waren zu alltäglich geworden.

In den Morgennachrichten verkündete ein Radiosprecher der BBC mit Grabesstimme: »Die Admiralität bedauert, den Verlust von HMS Wiltshire und HMS Goosefoot bekanntgeben zu müssen. Die Angehörigen sind benachrichtigt.« Nur eine kurze Nachricht, die nichts für alle bedeutete und alles für diejenigen, die Angehörige auf einem der beiden Schiffe hatten.

Was in der Nachricht auch nicht erwähnt wurde, war die fieberhafte Aktivität, die mittlerweile ausgebrochen war. Bereits während der Nacht waren Funksprüche in alle Richtungen gesendet worden. Die Deutschen waren entkommen und steuerten nun den Atlantik an, dessen war man sich sicher. Hatte nicht die letzte Funkmeldung der Goosefoot gelautet, dass die Jerries Nordostkurs liefen? Dieses Mal würden sie nicht entkommen. Die Navy würde die Rechnung ausgleichen. Von Gibraltar im Süden bis Scapa Flow im Norden gingen Schiffe ankerauf. Alte Schiffe, Berühmtheiten wie Warspite und Malaya, die schon einmal gegen die Deutschen vor Jütland ihre Geschütze hatten sprechen lassen. Flugzeugträger, die allgegenwärtig schienen wie die Ark Royal, die Furious der Force H in Gibraltar und die alte Argus aus Scapa mit ihrem Zerstörergeleit. Und Kreuzer, die ihre Namen bereits in das Buch dieses Krieges geschrieben hatten und es noch öfter tun würden – Devonshire, Dorsetshire, Norfolk, Suffolk, die französische Spartiate, Ajax und ihre Schwester Achilles, die Liste schien kein Ende zu nehmen. Man dachte sogar darüber nach, Schiffe aus dem Golf und dem Pazifik durch den Suezkanal in den Nordatlantik zu verlegen. Es war der 3. November, und die Admiralität war auf Blut aus. Es war eine Frage der Ehre.

… *und eine Frage der Verzweiflung*

Zwei Tage lang geschah gar nichts. Die Deutschen schienen wie von der See verschluckt zu sein, aber noch waren die Träger auch nicht in Position, die weiten Seegebiete abzusuchen. Für zwei lange Tage bekam kein Brite auf See einen Deutschen zu Gesicht. Und als endlich ein Jerry auftauchte, geschah es dort, wo ihn niemand erwartete.

Der 5. November im Nordatlantik nahe der Position 52°41'N-32°17'W war ein Tag wie jeder andere um diese Jahreszeit. Nicht stürmisch, nicht freundlich. Eben normales Herbstwetter in einem der unfreundlichsten Seegebiete der Welt. Aber trotz aller Aufregung, die herrschte, der Krieg ging weiter, und der Krieg erforderte Material aller Art. Material, das von Geleitzügen über den Atlantik transportiert wurde. Geleitzügen wie HX84, der von Halifax aus nach England lief.

Noch immer waren Geleitfahrzeuge knapp, und noch immer wurden die wertvollen Konvois erst an einem Treffpunkt von den Korvetten, seltener von Zerstörern in Empfang genommen, wenn sie sich dem Ziel ihrer Reise näherten. Die U-Boote operierten nicht so tief im Atlantik, und warum sollten sie auch? Die steigenden Versenkungszahlen bewiesen ja ihren Erfolg.

Für HX84 bedeutete das auf diesem Teil der Reise, dass die siebenunddreißig Frachter nur ein einziges Schiff als Geleit hatten. Dessen Aufgabe sollte es vor allem sein, einen Schutz gegen einen der umgebauten Frachter zu bieten, die von den Jerries als Raider verwendet wurden. Und für diese Aufgabe wurde HMS Jervis Bay von der Admiralität als durchaus ausreichend erachtet, hatte man den ältlichen 4000-Tonnen-Liner doch mit acht 6-Zoll-Geschützen ausgerüstet und ihm eine Navy Crew gegeben. Natürlich, ein paar Kanonen machten aus einem Passagierschiff noch kein richtiges Kriegsschiff. Genauso wie den deutschen Handelsstörern mangelte es auch der Jervis Bay an Panzerung, Geschwindigkeit und vor allem dem komplizierten Aufbau im Inneren, der auch bei schweren Gefechtsschäden das Schiff noch schwimmfähig hält. Jervis Bay war eine Notlösung, wie so vieles in diesem Krieg. Aber eine Notlösung, die sich bewährt hatte, ganz einfach, weil sie es musste.

Am späten Nachmittag erschien zuerst eine dünne Rauchfahne, dann eine Brücke über der Kimm. Captain Edward Fegen, RN, und keiner seiner Männer hatten lange Zweifel, was die Natur dieses Schiffes anging. Es war ein Glücksfall, dass die Sichtverhältnisse an diesem Tag gut waren und der Gegner schnell erkannt werden konnte. Es war ein Glücksfall für die Handelsschiffe, die Beute, auf die der Jerry eigentlich aus war.

Signalflaggen flitzten an der Gaffel der Jervis Bay empor, während der ältliche Hilfskreuzer bereits die Gefechtsflaggen setzte und mit erhöhter Fahrt geradewegs auf einen Gegner zudrehte, der alles hatte, was Jervis Bay fehlte. Während sich der Geleitzug zerstreute, konnte Fegen nur hoffen, den Gegner lange genug hinzuhalten, um den Frachtern die Flucht in die nahende Dunkelheit der Nacht zu ermöglichen. Eine Stunde, nur eine Stunde mussten sie durchhalten. Aber selbst eine Stunde erschien unter diesen Bedingungen als aussichtslos.

Die ersten Salven der Deutschen ließen den Horizont aufleuchten. Sechs 11-Zoll-Granaten pro Salve rasten mit dem Heulen von tausend Teufeln durch die Luft. Für die alten Geschütze der Jervis Bay war die Entfernung jenseits aller Hoffnung, obwohl sie feuerten, so schnell ihre Bedienungen sie nachladen konnten. Für die Feuerleitgeräte des Panzerschiffes Admiral Scheer war die Entfernung mehr eine einfache Schießübung.

Captain Fegen verlor seinen Arm bei einem Brückentreffer und wurde kurze Zeit später beim Einschlag einer weiteren

Granate getötet. Die meisten Offiziere wurden von Splittern getötet. Das Schiff stand kurze Zeit nach Beginn des ungleichen Gefechtes von einem Ende zum anderen in Flammen. Aber immer noch hielt Jervis Bay auf ihren überlegenen Gegner zu, stand wie ein brennendes qualmendes Fanal zwischen dem Panzerschiff und seiner Beute. Später sollte ein Augenzeuge von einem Handelsschiff aussagen, »es habe dem Angriff einer Bulldogge auf einen Bär geglichen. Die schmissen alles außer den Kesseln nach den Jerries.«

Trotz aller Tapferkeit, es gab keine Chance. Jervis Bay kam der Admiral Scheer zu keinem Zeitpunkt nahe genug, um überhaupt auf einen Treffer hoffen zu können. Alle Schüsse aus den 6-Zoll-Kanonen des Hilfskreuzers fielen kurz. Und Hilfe gab es im Umkreis von zweitausend Seemeilen nicht. Jervis Bay schaffte die erhoffte Stunde bis zur völligen Dunkelheit nicht. Siebenundzwanzig Minuten hielt ein Schiff, das für den Frieden, nicht für den Krieg geschaffen war, einem Kriegsschiff stand, dessen Schwester vor dem La Plata einen schweren Kreuzer zu Schrott verarbeitet hatte. Einem Schiff, das von den Deutschen euphemistisch als schwerer Kreuzer klassifiziert wurde, aber dessen 28-cm-Geschütze es eindeutig als Westentaschenschlachtschiff auswiesen, eine Kampfmaschine, dessen AO Ziele in über dreißig Kilometern Entfernung mit Granaten belegen konnte, von denen jede einzelne in der Lage war, einem Schiff das Kreuz zu brechen. Siebenundzwanzig Minuten nach Beginn des Gefechts blieb der Besatzung nichts anderes mehr übrig, als das sinkende Schiff zu verlassen. Beinahe zweihundert Männer blieben auf See, lediglich fünfundsechzig konnten später durch ein schwedisches Frachtschiff gerettet werden.

Die Zeit wurde knapp, denn das Opfer der Jervis Bay hatte den Gegner lange genug beschäftigt, um den Handelsschiffen Zeit zu geben, sich zu zerstreuen. Was die Admiral Scheer vor sich hatte, war kein Geleitzug mehr, sondern einzelne Schiffe, die sich mit jeder Minute über ein größeres Seegebiet verteilten. Dem Panzerschiff blieb nichts anderes übrig, als die Frachter Schiff um Schiff zu jagen. Maidan, Trewellard und Kenbeame Head versanken unter den Granaten der Mittelartillerie im Atlantik. Aber das vierte Schiff, die Beaverford, ein bewaffneter Dampfer von über zehntausend Tonnen, dachte nicht daran, einfach so aufzugeben. Erst nach einem stundenlangen Katz- und Mausspiel in der Dunkelheit sank Beaverford um halb elf in der Nacht. Nur ein weiteres Opfer, und das war eher Pech, sollte das Panzerschiff in dieser Nacht noch finden. Der Dampfer Fresno City sank als letztes Schiff von HX84 an diesem Tag. Aber einunddreißig andere Dampfer entkamen und brachten ihre kostbare Fracht nach England, während das Panzerschiff sich in den Weiten der See absetzte.

Die Nachricht schlug Wellen. Das Schicksal der Jervis Bay, eines Passagierschiffes, das sich einem Panzerschiff entgegenstellte, um seinen Schützlingen die Flucht zu ermöglichen, heizte die öffentliche Meinung auf. England war nicht auf den Krieg vorbereitet gewesen. Und an diesem Tag, mehr als ein Jahr später, war England eigentlich immer noch nicht kriegsbereit. Das Jahr 1940, das sich nun langsam dem Ende näherte, war ein Jahr der Katastrophen. Alles kulminierte jetzt im Verlust der Jervis Bay. Der Hilfskreuzer war kein besonderes Schiff, noch war er der Erste gewesen, der verloren gegangen war. Andere Schiffe, berühmtere und wertvollere, lagen bereits auf dem Grund der Meere. Aber es war seine Geschichte, die das alte Schiff über Nacht bekannt machte. Die Jervis Bay wurde zu einem Symbol für die Versäumnisse einer Politik, die bis zum 1. September 1939 noch daran geglaubt hatte, alles am diplomatischen Verhandlungstisch erreichen zu können. Und sie wurde zum Symbol einer Bevölkerung, die lange auf Frieden gehofft hatte und nun, als die Wahrheit für alle offen zu Tage lag, nach Maßnahmen schrie, Maßnahmen, die Zeit brauchten.

Bereits am 17. November wurde Captain Fegen posthum mit dem Viktoriakreuz ausgezeichnet, der höchsten Auszeichnung, die das Vereinte Königreich zu vergeben hatte. Aber auch das reichte nicht, den Volkszorn zu dämpfen. Doch nicht immer ist Zorn etwas Schlechtes. Für England, dem noch viel schlimmere Zeiten bevorstehen sollten, wurde Jervis Bay zu einem Symbol der Tapferkeit.

Und für die Admiralität und die Politik? Man hatte ein Panzerschiff, das irgendwo im Atlantik jagte, ein Schiff, das stark genug war, um die eigenen Geleitzüge zu Schrott zu verwandeln. Erfahrene Seeoffiziere erkannten schnell, dass HX84 trotz aller Tapferkeit Fegens und seiner Männer nur Glück gehabt hatte. Wäre das Panzerschiff zwei Stunden früher auf den Geleitzug gestoßen, hätte es ein Massaker gegeben.

Schon als die Spee im Südatlantik operiert hatte, hatte man eine Flotte gebraucht, um sie zu suchen. Eine Flotte, die man jetzt nicht frei hatte. Erst recht nicht zwei Flotten, denn da kroch ja immer noch dieser deutsche Geleitzug irgendwo herum. Zwischen den letzten bekannten Positionen der Admiral Scheer und des Geleits lagen mehr als fünftausend Seemeilen. Genug Schiffe hatte man nicht, also musste man sich für ein Ziel entscheiden, und das Panzerschiff war einwandfrei die größere Gefahr. Es war keine Frage der Ehre mehr, einen Geleitzug und ein zum Raider umgebautes Frachtschiff zur Strecke zu bringen. Nicht, wenn die eigenen Geleitzüge tödlich bedroht waren. Dann zählte Ehre gar nichts mehr, dann war alles nur noch eine Frage der Verzweiflung.

Die Politik war solchen Fragen gegenüber blind. Abgesehen von Churchill selbst, der immer noch gegen Widerstände hartgesottener Appeasement-Verfechter in seiner eigenen Regierung kämpfte, hatten die wenigsten der Kabinettsmitglieder eine Vorstellung von einem Panzerschiff, die über das Bild eines großen Schiffes mit wehenden Flaggen und großen Kanonen hinausging. Erst einen Monat zuvor war man im Unterhaus damit gescheitert, zusätzliche Mittel für die Entwicklung von Dieselmotoren für Schnellboote freizugeben. Die Vorstellung, junge Männer auf schwimmenden Bomben in mörderische

Nahgefechte im Kanal zu schicken, hatte nicht verhindern können, dass viele Parlamentarier dafür stimmten, das Geld zu sparen.

Churchill, zum letzten Mal in seiner Zeit als Kriegspremier, sah sich innerhalb des Kabinetts und beider Häuser nach wie vor einer Opposition gegenüber. Er hatte das Volk gewonnen mit seinen beiden Reden über »Blut, Schweiß und Tränen« und der Aufforderung, notfalls auch »auf den Stränden zu kämpfen«. Aber die Berufspolitiker, die schon vor Jahren nicht auf ihn gehört hatten, als er vor Hitler warnte, hatten sich als hartnäckiger erwiesen.

Die Jervis Bay änderte auch das. Nachdem die Nachricht am 6. November erstmalig durch die Presse gegangen war, konnte kein Politiker mehr für Verhandlungen mit Deutschland eintreten. Kein Politiker mehr konnte laut über weitere Appeasements nachdenken. Was jetzt gefragt war, war die Rache an einem Gegner, der den Atlantik unsicher machte. Und Churchill war bereit, die entsprechenden Anweisungen zu geben.

Verschiedene Gründe, aber das gleiche Ziel. Wieder rasten Funksprüche aus Antennen, wieder empfingen Schiffe neue Befehle. Die bereits ausgelaufenen Einheiten, die nach dem deutschen Geleit suchen sollten, richteten ihren Kurs nach Norden. Auch das war eine Folge der politischen Verzweiflung dieses Jahres.

Und wieder Gegenverkehr

Sieben Knoten! Und so geht es seit Tagen!« Kupinska spie die Zahl beinahe aus. »Bei diesem Schneckentempo kommen wir ja nie nach Hause. Ick glob, ich wer verrückt!«

Dörfler betrachtete den Berliner mit gelangweilter Distanz. »Wenns'd fertig bist mit Verrücktwer'n, dann spui mer a Kart'n aus!«

Der junge Mischka simulierte gespannte Aufmerksamkeit. Seit Tagen, oder waren es nun schon Wochen, versuchten die Älteren ihn in die Geheimnisse des Skatspiels einzuführen. Nicht, dass das Spiel wirklich so kompliziert gewesen wäre. Aber nach einer endlosen Reihe von Tagen langweilte ihn das Spiel ganz einfach. In jeder Minute der Freiwache hatte er die ölverschmierten Karten in der Hand gehabt. Andererseits, es gab sowieso nichts anderes zu tun, als Wache zu gehen oder Karten zu klopfen.

Kupinska versuchte es mit dem Pikass, sachlich richtig, weil er die Farbe kurz und hoch hatte. Aber gegen Dörflers Flöte war kein Kraut gewachsen. Mit breitem Grinsen stach der Bayer die wertvolle Karte ab. Mischka verdrehte die Augen. »Schon wieder?« Er schüttelte den Kopf. »Du hast ein unverschämtes Glück. Machen wir überhaupt einen Stich?«

Alois studierte demonstrativ seine Karten und zuckte mit den Schultern. »Ko sei! Kummt drauf o, wia's verteilt is.«

Der junge Seemann blickte in sein Blatt und warf ein kleines Pik ab. »Dann wollen wir mal sehen!«

Aber sie würden es nicht sehen. Alarmklingeln rasten durch das Boot, und aus dem Lautsprecher kam die Stimme des Brückenmaaten: »Geschützbedienung an Deck, Geschützbedienung an Deck!«

Mit einem wüsten Fluch schmiss Dörfler die Karten auf die Back und rappelte sich von seinem Stammplatz zwischen den Torpedorohren auf. »Los, Tripper, beweg dein' verdammt'n Oarsch!«

Männer rasten auf ihre Stationen. Bootsmann Volkerts schlug das Luk im Vordeck auf und bemannte mit seinen Leuten das Geschütz. Gerade einmal eine halbe Minute nach dem Alarm wurde schon die erste Granate aus dem Luk gereicht und in den Verschluss geschoben.

Der Alte ließ das Glas sinken und wandte sich an Wellenberg, der die Wache hatte. »Frachter, sieht nach Ami aus!«

»Was meinen Sie, kann er den Geleitzug sehen?«

Von Hassel blickte kurz nach achteraus. Ein ganzer Wald von Dampferfahnen stand am Horizont. Dabei stand U-68 bereits ein Dutzend Meilen vor dem Geleit, um ab und zu rund zu horchen. »Wenn nicht, ist er blind.« Er studierte den fernen Frachter. »Fragen Sie mal unten nach, ob er funkt.«

Leutnant Wellenberg beugte sich über das Sprachrohr und fragte in der Zentrale an. Es dauerte ein paar Herzschläge lang, bis die Antwort kam. »Nicht auf der Dampferwelle und nicht auf der Notrufwelle.«

Von Hassel verzog das Gesicht. Der Amerikaner konnte also auf jeder anderen Welle funken, und natürlich gab es keine Möglichkeit, das zu überprüfen. Aber die 600 und 900 Meter* waren die wahrscheinlichsten Wellen. Wenn er da nicht funkte, dann sanken seine Chancen, gehört zu werden, rapide. Der Alte betrachtete den Dampfer mit neu erwachtem Misstrauen. Es sei denn, der Kapitän dort drüben wusste etwas, das er nicht wusste. Wie immer. Aber er musste seine Entscheidung treffen. Der Ami hatte das Geleit gesehen. Amerika war neutral, auch

* Die 600-Meter-Welle war die international vereinbarte Dampferwelle, die 900-Meter-Welle war für Notrufe vorgesehen.

wenn es eine einseitige Neutralität war. Versenken kam nicht in Frage. Das Seerecht hätte ihm zwar die Möglichkeit einer Kontrolle eingeräumt, aber das war witzlos. Der Bug des anderen Schiffes war nach Süden gerichtet, auf diesem Kurs kam er von einem US-Hafen und wollte in die Karibik oder nach Florida.

Ein Gedanke gab den nächsten. Aus der Grimasse wurde ein Grinsen. »IIWO! Große Fahrt, bringen Sie uns mal näher an den Burschen heran.« Er ließ den Frachter nicht aus den Augen. »Vartalampe auf den Turm!«

»Jawohl, Herr Kap'tän!« Wellenberg gab die entsprechenden Befehle. Dann sah er den Kommandanten fragend an. »Darf ich fragen, was Sie vorhaben?«

Von Hassel zuckte mit den Schultern. »Er hat den Geleitzug so oder so entdeckt. Also müssen wir das Beste daraus machen.« Er warf einen Blick nach achtern zum Geleit. Noch immer waren die Rümpfe der Schiffe hinter dem Horizont verborgen. »Wir haben über vierhundert Gefangene auf der Cap Trafalgar und knapp zweihundertfünfzig auf der Westmark. Und wir tun uns schwer, die alle zu bewachen.«

»Sie wollen die Männer an den Frachter abgeben?«

Der Alte nickte. »Wenn ich ihn dazu überreden kann. Über sechshundert, das ist eine Menge. Er müsste schnellstens einen Hafen anlaufen, selbst wenn wir ihm Proviant mitgeben. Er wird nicht begeistert sein.«

»Kompensation!« Der ehemalige Rechtsanwalt runzelte die Stirn. »Die Gefangenen sind größtenteils Engländer. Er müsste sich wegen einer Kompensation an die englische Botschaft wenden.«

Von Hassel sah ihn überrascht an. »Sie meinen, die Engländer würden ihn bezahlen?«

»Eigentlich müssten sie.« Wellenberg zuckte mit den Schultern. »Sie wissen, wie die Tommies sein können, wenn es um internationales Recht geht.«

Der Alte dachte über diesen Einwand nach. »Das ist ja gar nicht die Frage, Herr Wellenberg.« Er warf einen Blick zu dem

Frachter, der immer näher kam. »Die Frage ist doch, ob er das weiß?« Von Hassel fuhr sich mit der Hand durch den wuchernden Bart. »Sie übernehmen, ich muss mal nach unten.« Er grinste breit. »Ich habe gehört, die Amerikaner lieben die Show?«

Eine dreiviertel Stunde später lag das Boot ohne Fahrt ein Stück entfernt von dem ebenfalls gestoppten Frachter. »Bereithalten zu einer Untersuchung!« Wellenberg wartete, bis der Funker Olm die Nachricht rübergemorst hatte.

Unten auf dem Vordeck gab es Pfiffe und erstaunte Rufe. Verdutzt spähte der IIWO über den Wellenabweiser. *Was zum …* Genauso verständnislos wie die Männer der Geschützbedienung starrte er auf die Seeleute, die aus dem vorderen Luk geklettert kamen – rasiert und in zweiter Geige! Wellenbergs Augen wurden noch größer, als der Kommandant erschien, die weiße Mütze verwegen auf dem Kopf, den Binder genau vorschriftsmäßig gebunden. Sein Gesicht glühte beinahe von der schnellen Rasur. Aber auf den Lippen lag ein spöttisches Lächeln. Er blickte hoch zum Turm und tippte kurz an die Mütze. »Was glauben Sie, machen wir einen guten Eindruck?«

Wellenberg konnte nur schwach aus seinem Bart grinsen. »Bestimmt, Herr Kap'tän!« *Was zur Hölle hat der Alte nun wieder im Sinn?* Er riss die Augen auf, als er begriff. Der Kommandant wollte selbst zu dem Ami fahren!

»Schön!« Von Hassel sah sich um. »Dann setzt mal unser Boot aus.«

Das Boot von U-68, war, wie auch alle anderen U-Boote, nichts anderes als ein kleines Schlauchboot, das eigentlich dazu gedacht war, bei Seeversorgung Hilfsdienste zu leisten. Niemand hatte jemals wirklich ernsthaft daran gedacht, mit U-Booten Krieg nach Prisenordnung zu führen. Aber es kam immer wieder vor.

Endlich war das kleine Boot klar, und die Männer paddelten hinüber. Die Amerikaner hatten ein Seefallreep ausgebracht.

Von Hassel stürmte die Planke empor und verhielt auf dem Deck. Genau nach Vorschrift grüßte er zur Flagge hin, bevor er sich umwandte. Hinter ihm kamen die anderen Männer über das Fallreep nach oben.

Ein Offizier legte die Hand an die Mütze. »Jack Branson, Sir. Zweiter Offizier der Newport Beach.« In seinem Gesicht verzog sich keine Miene. »Verzeihen Sie, dass ich Sie nicht an Bord willkommen heiße!«

Von Hassel lauschte dem seltsamen Akzent nach. »Commander von Hassel!« Sein Englisch klang eher britisch, als er auf diese seltsame Begrüßung anwortete. »Es ist Krieg, Mr. Branson. Lassen Sie uns einfach einen Blick in die Papiere werfen, und ich würde gerne Ihren Kapitän sprechen.«

»Der Captain erwartet Sie auf der Brücke.« Branson machte eine einladende Geste. »Folgen Sie mir!«

Während von Hassel dem Offizier folgte, lächelte er. »Ich nehme an, einen Engländer hätten Sie eher willkommen geheißen?«

»Wieso?« Branson wandte sich erstaunt um. »Ach so?« Er griente freudlos. »Unsere Regierung sympathisiert mit den Engländern. Aber für uns Seeleute ist der ganze Krieg nur ein fürchterliches Ärgernis, das unseren Job nicht gerade einfacher macht.« Er deutete auf das U-Boot, das nur ein paar Kabellängen entfernt lag. »Eure verdammten Nazi-Röhren versenken auch amerikanische Schiffe, wenn wir nach England fahren.«

Von Hassel zuckte mit den Schultern. »Es ist Krieg. Diese Schiffe bringen Kriegsmaterial zum Feind.« Er wich dem Blick des anderen nicht aus. »Sollten Sie nach Deutschland fahren, dann wird die Royal Navy auch nicht freundlicher mit Ihnen umgehen.«

»Stimmt!« Branson nickte. »Sollen Mr. Hitler und Mr. Churchill also ihren Krieg führen und uns in Ruhe lassen.« Mit diesen Worten hatten sie die Brücke erreicht. »Captain Henderson, Commander von Hassel!«

Der kahlköpfige Captain reichte ihm die Hand, aber trotz

der freundlichen Geste war seine Stimme eher ein Knurren. »Lassen Sie uns damit fertig werden, damit wir weiter unseren Geschäften nachgehen können!« Er reichte von Hassel eine dünne Mappe. »Die Schiffspapiere, Ladezertifikate und so weiter.«

Der Korvettenkapitän nickte. »Danke!« Er blätterte kurz durch die Unterlagen. »Newport Beach, auf dem Weg nach Charlestown mit viertausend Tonnen Stückgut.« Seine Augen glitten über die langen Listen. »Maschinenteile?«

»Ja, alles Mögliche!« Captain Henderson zuckte mit den Schultern. »Meistens landwirtschaftliche Geräte.«

Von Hassel dachte nach. Ein paar der angeblichen Maschinenteile kamen ihm seltsam vor, aber die Empfänger waren alles amerikanische Unternehmen in Charlestown. Natürlich würde irgendjemand diese Teile zusammensetzen und an die Tommies verscherbeln. Aber eine Handhabe hatte er nicht. Nur konnte er sich kaum ein landwirtschaftliches Gerät vorstellen, das Zwanzigzylindermotoren verwendete. Mit einem vernehmlichen Schlag schloss er die Mappe und zwang sich zu einem Lächeln. »Captain Henderson, vielleicht kann ich Ihnen ein kleines Zusatzgeschäft vorschlagen?«

Der Captain wurde misstrauisch. »Was für ein Geschäft?«

»Ich habe da ein paar Gefangene, die ich gerne abgeben würde.« Er ließ die Worte wirken. »Ein paar Gefangene *mehr!*«

»Und Sie wollen, dass ich die übernehme?« Henderson runzelte die Stirn. »Mein Land ist in diesem Krieg neutral, Commander von Hassel.«

Von Hassel nickte. »Es sind größtenteils Engländer. Ich bin sicher, das jede englische Botschaft mit Freuden bereit sein wird, Ihre Auslagen zu erstatten.« Er lächelte flüchtig. »Oder das, was Sie als Ihre Auslagen anführen.«

»Wie viele?«

Eine direkte Frage. Eine, auf die Henderson eine offene Antwort erwartete. Von Hassel hob die Hände. »Na ja, … sagen wir sechshundert … oder sechshundertfünfzig?«

Henderson sah ihn mit offenem Mund an. Offensichtlich brachte er keinen Ton heraus.

»Selbstverständlich müssten wir Ihnen auch zusätzlichen Proviant überlassen, und Sie müssten den nächsten Hafen ansteuern.« Der Korvettenkapitän nutzte die Sprachlosigkeit des Captains aus, um fortzufahren. »Alles natürlich wieder Punkte auf der Liste Ihrer Auslagen, nicht wahr?«

»Sechshundertfünfzig?« Der Mund Hendersons klappte wieder zu. »Wo soll ich die denn alle unterbringen?«

»An Deck, eine andere Wahl haben Sie nicht.« Von Hassel blickte aus den großen Brückenfenstern. »Sie können in weniger als drei Tagen die Küste erreichen. Die Wetteraussichten sind gut. Ich bin glücklich, weil ich die Leute los bin. Die Engländer sind glücklich, weil sie die Leute zurückhaben, und die Leute sind glücklich, weil sie nicht in Gefangenschaft gehen. Und wenn Sie Ihr Geld von den Engländern bekommen, darauf wette ich, sind Sie auch nicht unglücklich.«

Henderson schüttelte den Kopf. »Sechshundertfünfzig.« Er schüttelte ungläubig den Kopf. »Es gab Funksprüche, dass die Deutschen einen Kreuzer in der Karibik versenkt haben. Das müssen Sie gewesen sein?«

Von Hassel winkte ab. »Kreuzer, Korvetten, Frachter, alles Mögliche.«

»Dann scheint der Krieg für Euch Krauts ja nicht allzu schlecht zu laufen?« Henderson sah ihn lauernd an.

Der Kommandant zuckte erneut mit den Schultern. »Wie Krieg so ist, selbst wenn es gut läuft, ist es ein abscheuliches Geschäft.« Er grinste. »Aber für die Engländer ist es im Augenblick keine gute Zeit.«

Der Captain blickte durch die Brückenfenster auf die See. Die Dampferfahnen waren wieder etwas näher gekommen. Schnell wandte er sich wieder von Hassel zu.

Der Alte lächelte wissend. »Ich bin mir der Dampfer durchaus bewusst.«

»Es muss ein Geleitzug sein, bei einem Geleitzug sind

Kriegsschiffe.« Der Captain sah ihn unsicher an. »Die müssen uns schon ausgemacht haben. Die Limeys werden auf Ihren Skalp aus sein. Ich würde an Ihrer Stelle nicht so ruhig hier rumstehen.«

Von Hassel blickte aus den Brückenfenstern. »Würde ich auch nicht … wenn es Engländer wären.« Er lächelte nachdenklich. »Sie haben nicht wirklich geglaubt, ich habe sechshundertfünfzig Gefangene in mein Boot gequetscht?«

Henderson blinzelte. »Ich weiß gar nicht, was ich gedacht habe.« Er zuckte mit den Schultern. »In den englischen Zeitungen steht, dass Sie überhaupt keine Gefangenen machen.«

»Sie können sich ja selbst überzeugen.«

Henderson dachte nach. Endlich hob er den Kopf. »Verdammt, ich mache es. Wenn wir die Boys in Booten gefunden hätten, würden wir sie ja auch aufnehmen.« Er griente. »Aber ich brauche Proviant.«

»Kriegen Sie!«

Die Übergabe der Gefangenen von der Cap Trafalgar und der Westmark dauerte Stunden, obwohl sie die Boote des Passagierdampfers zur Verfügung hatten. Von Hassel war sich des Risikos bewusst. Natürlich würde Henderson funken, sowie er außer Sicht war und sie außer Reichweite normaler Patrouillenflugzeuge. Aber mochte der Himmel wissen, was die Amis in ihrem Arsenal hatten. Doch alles ging gut, ein weiteres Mal. Gefangene und Proviant wurden von den Booten zur wartenden Newport Beach gebracht. Die Seeleute auf dem amerikanischen Dampfer standen zum Teil einfach an der Reling und schossen Bilder, bis Henderson sie an die Arbeit scheuchte. Im Mittelpunkt des Interesses stand natürlich der zerschossene Hilfskreuzer, der in der Zwischenzeit wieder aus eigener Kraft lief. Die Brände waren gelöscht, aber noch immer zeugten große geschwärzte Bereiche von der Wildheit des Gefechts.

Keith Frazier wurde, wie viele andere Verwundete auch, auf einer Trage transportiert. Noch immer war er vom schnellen

Gang der Ereignisse überrascht. Der Arzt hatte sich sogar die Zeit genommen, ihm ein paar Notizen in die Hand zu drücken. »Für die amerikanischen Kollegen, zur weiteren Behandlung!« Sein Englisch hatte einen harten Akzent, mit dem rollenden R klang es beinahe ein bisschen schottisch. Aber gut organisiert waren sie, diese Jerries!

Für Minuten stand seine Trage auf dem Bootsdeck des großen Liners, während sie auf die nächsten Boote warteten. Die deutschen Seeleute unterhielten sich leise. Er verzog das Gesicht. Abgesehen von der Sprache hätte es auch jedes andere Schiff jeder anderen Nation sein können. Es war nie gut, den Feind zu nahe an sich heranzulassen. Er wurde dann so unheimlich menschlich.

Frazier wandte den Kopf, als ein Schatten über ihn fiel. Graue Augen sahen ihn nachdenklich an. Eine weiße Mütze, drei Streifen. Lieutenant-Commander Frazier grüßte flüchtig.

»Sie sind der Kommandant der Korvette?«

Was nun? Wollen die Jerries mich jetzt behalten? »HMS Goosefoot, ja.«

»Gutes Schiff, Commander!« Von Hassel lächelte. »Und eine tapfere Besatzung!« Er legte kurz die Hand an die Mütze. »Gute Besserung!« Abrupt wandte er sich ab.

Frazier sah ihm hinterher. Ein Commander? Sicher nicht der Kommandant des Hilfskreuzers. Einer der U-Boot-Kommandanten wahrscheinlich. Er dachte an das, was der Deutsche gesagt hatte. Ein gutes Schiff, eine tapfere Besatzung. Frazier lächelte traurig. Old Boy, du hast überhaupt keine Ahnung.

Die dritte Etappe

Kurz nachdem der amerikanische Frachter hinter der Kimm verschwunden war, blinkte die Vartalampe wieder auf. Westmark bestätigte, und Augenblicke später flogen Signalflaggen an der Rah empor und entfalteten sich im Wind. Einmal mehr verfluchte Heinz-Georg von Hassel den Umstand, dass sein U-Boot keinen hohen Mast hatte, mit dem er selber Kurssignale an das Geleit geben konnte.

Eines nach dem anderen schwenkten die Schiffe auf den neuen Kurs ein. Nordost, zwei Tage früher als geplant, aber die Begegnung mit der Newport Beach ließ ihnen keine andere Wahl. Und tatsächlich empfing U-68 bereits eine Stunde später einen Funkspruch des Dampfers, in dem Henderson das deutsche Geleit und mindestens ein U-Boot auf Nordkurs meldete. Es würde nicht lange dauern, bis auch die Engländer Bescheid wussten. Die Jagd würde wieder losgehen, aber das war eine Sache der Jäger. Das Wild konnte immer nur weiter flüchten.

Doch für die Jäger rissen die schlechten Nachrichten nicht ab. Vor der australischen Küste wurden Frachter durch Minen versenkt, das Werk des Hilfskreuzers Pinguin und seines Beuteschiffes, des Hilfsminenlegers Passat. Im Südatlantik häufte sich die Anzahl der verschwundenen Schiffe, bis ein gejagter Frachter mit seiner letzten Funkmeldung die endgültige Bestätigung lieferte, dass auch hier ein deutscher Raider operierte. Es war die Atlantis, die dort sämtliche Schifffahrtslinien unsicher machte. Am 12. November, dem Tag, als U-68 die Newport Beach traf, versenkte Admiral Scheer nahe den Bermudas ein Schiff. Und in den britischen Häfen trafen nach und nach die entkommenen Frachter des HX84 ein, und die Augenzeugenberichte heizten die Stimmung in den Medien ein weiteres Mal an. Als Aufklärungsflüge und Agentenmeldungen auch noch den Verdacht bestärkten, dass ein weiterer schwerer Kreuzer für eine Atlantikunternehmung ausrüstete, waren die britischen Kreuzer auf alle Weltmeere verteilt. So dünn verteilt, dass kaum eine Chance bestand, die Deutschen zu finden. Und wenn, dann nur mit Glück und mit dem hohen Risiko, ausgerechnet einen zu erwischen, der einem das eigene Schiff aus dem Wasser blies. Ohne dass es einem der deutschen Kommandanten bewusst gewesen wäre, hatte für eine kurze Zeit die Kriegsmarine die Initiative im Seekrieg gewonnen.

Tagelang hielten die Schiffe stur ihren Kurs. Immer noch weit südlich der englischen Geleitzugrouten, aber immer dem Großkreis folgend. Sieben Knoten, die Geschwindigkeit des langsamsten Schiffes bestimmte die Geschwindigkeit des Geleits. Es waren im Grunde langweilige Tage, außer auf dem Salamander, wo die Besatzung immer noch hämmerte, schweißte und schraubte. Die Maschinen des Hilfskreuzers liefen. Die meisten Abteilungen hatten auch wieder Strom. Und nun, da keine Gefangenen mehr an Bord waren, benutzte die Besatzung die Gefangenenräume als Wohndeck anstelle der eigenen ausgebrannten Quartiere.

Die Brücke war immer noch eine Ruine. Der Wachhabende musste ein jedes Ruderkommando an den Rudermaschinenraum achtern weitergeben lassen, bevor das Schiff eine Kursänderung durchführen konnte. Aber der Leitende war optimistisch, irgendwann auch die Brückensteuerung »wieder hinzukriegen«.

Je länger das Geleit in See war, desto mehr litten die Nerven. Eigentlich hätte langsam vorsichtiger Optimismus aufkommen müssen, aber gerade das Gegenteil war der Fall. Je länger sie der Feind unbehelligt ließ, desto sicherer wurden sie, dass das dicke Ende noch kommen würde, dass die Tommies schon noch kommen würden. Aber die Gefahr lauerte ganz woanders. Und sie wartete.

Das Wasser hatte wieder seine gewohnte graue Farbe, und der normale Seegang lag eher bei fünf bis sechs statt bei eins bis zwo in der Karibik. Verschwunden waren die kurzen Hosen und die weit geöffneten Hemden. Auf den Türmen der U-Boote trugen die Männer wieder Lederpäckchen und Ölzeug. Verschwunden war auch der Eindruck des gemütlichen Dahingleitens der Schiffe. Hart stießen die Rümpfe in die Wellen, immer wieder spritzte hier und da Gischt an einem Bug empor. Sie waren wieder im Nordatlantik, und das Wetter wurde zusehends schlechter, auch wenn sie noch keinen Sturm hatten. Aber der Nordatlantik war ihnen allen vertraut. Den U-Boot-Fahrern, die hier ihr Jagdgebiet hatten, wie auch den Handelsschiffsbesatzungen. Denn bevor man von Deutschland aus per Schiff irgendwohin kam, musste man hier durch. Sicher, die Schiffe hatten im sonnigen Südamerika festgelegen, und das Atlantikwetter war für die Besatzungen nun eine harsche Umstellung. Doch es war nichts, das sie nicht gekannt hätten, weder der tagelang mit Wolken bedeckte Himmel, noch der kurze kabbelige Seegang. Es war nur eine Weile her. Wieder begannen die Leiden der Seekranken, wieder wurde es schwieriger, in den engen, ständig schwankenden Röhren Schlaf zu finden. Und wieder verwandelte sich das Innere der Boote noch ein bisschen mehr in eine klamme, kalte, schimmlige Höhle. Sie waren wieder zurück im Nordatlantik, in ihrem Jagdgebiet.

Obermaat Rückert schrieb eifrig die Funksprüche mit. »Geleitzug in AK…«, »Geleitzug in AL…« Die Liste schien kein Ende zu nehmen. »Wie viele Geleite haben die Tommies eigentlich unterwegs?«

Olm blickte kurz auf die Sprüche. »'Ne Menge.« Er griff nach den Notizen. »Ich bring die schon mal zum Alten.«

»Mach das!« Rückert konzentrierte sich wieder auf die Funksprüche.

Olm machte sich auf den Weg. Der Kommandant lag in seinem Kabuff auf der Koje und las. Selten genug. Als der Funker gegen den Türrahmen klopfte und den Vorhang zur Seite schob, blickte er neugierig auf. »Was gibt's?«

»Funksprüche, Herr Kap'tän.«

Von Hassel musterte den Stapel in Olms rechter Hand. »Eine Menge, so wie es aussieht.«

»Da kommt noch mehr.« Der Funker reichte ihm die Notizen. »Ich glaube, da braut sich was zusammen. Mehrere Boote haben Kontakt mit Geleitzügen.«

»Na!« Der Alte klappte das Buch zu und schwang die Beine von der Koje. »Da machen wir uns mal keine Sorgen drum, das ist nicht unser Bier.« Er blätterte durch die Funksprüche. »Unsere einzige Aufgabe ist jetzt, ganz gemütlich nach Hause zu schippern.«

Olm zuckte. »Trotzdem, mit Verlaub, ein gutes Gefühl, die anderen Boote irgendwo in der Nähe zu haben. Nur falls die Tommies doch noch mit den dicken Brocken ankommen.«

»Das …« Von Hassel verstummte. Aufmerksam las er mehrere der Sprüche nochmal durch. Dann erhob er sich. »Mal sehen, wie das auf der Karte aussieht.« Gefolgt von Olm ging er in die Zentrale und trat an den Kartentisch. »Wo ist der Steuermann?«

»Noch auf Wache, Herr Kap'tän!«

Von Hassel murmelte etwas, dann blickte er auf die Uhr. Die Ablösung stand kurz bevor. »Also schön, fangen wir mal ohne ihn an. Olm!«

Der Funker sah ihn erstaunt an. »Herr Kap'tän?«

»Halten Sie mal. Und dann einen nach dem anderen.« Von Hassel griff nach Kurslineal und Bleistift.

»Kesselmann, Geleit in AK5921, Ostkurs, sechs Knoten.«

»Sehr hübsch!« Der Kommandant suchte die Position auf der Planquadratkarte. »Der ist gerade mal sechzig Meilen vor uns.«

Olm blätterte weiter. »Mohr hat ein Geleit mit Tankern in

AL4733 mit Westkurs. Ohne Geschwindigkeit.« Wieder raschelte Papier. »Und Klatt hat einen auf Westkurs in AK4651. Neun Knoten.« Der Funker runzelte die Stirn. »Dann haben ein paar Boote in der letzten Nacht ein Geleit in AK2712 angegriffen und setzen jetzt nach.«

Von Hassel zeichnete alle Positionen ein und studierte das Bild. »Sieht so aus, als seien wir genau zwischen zwei Tommygeleitzügen. Einer ist etwas langsamer als wir, und der andere ist eine ganze Ecke schneller und hinter uns, etwas nach Norden versetzt.« Er runzelte die Stirn. »Wann hat Klatt das ostgehende Geleit gemeldet?«

»Schon vor vier Stunden, wir haben es auf der Wiederholungsfrequenz bekommen.«

Der Kommandant entspannte sich etwas. »Dann muss er noch mindestens achtzig Meilen hinter uns sein.« Nachdenklich nahm er ein paar Entfernungen aus der Karte. »AK2712 ist nördlich. Wahrscheinlich wäre es nicht die beste Idee, nach Norden auszuweichen. Wenn der BdU Rudel auf eines der beiden anderen Geleite ansetzt, dann werden die wahrscheinlich noch weiter nach Norden halten.« Er sah auf und griente. »In ein Tommygeleit reinzulaufen, ist genau das, was wir jetzt nicht brauchen.« Ruhig schrieb er eine kurze Notiz ins Befehlsbuch. Dann sah er Olm an. »Wenn weitere Sprüche kommen, bringen Sie sie sofort in mein Kabuff. Vor allem, wenn Boote auf diese Geleite angesetzt werden.« Gemessenen Schrittes ging er in seine Kammer zurück, aber in seinem Kopf liefen immer noch die Berechnungen ab. Er würde etwas unternehmen müssen. In sechzig Stunden würden sie das vor ihnen laufende Geleit eingeholt haben. In etwas mehr als vierzig Stunden, falls es nicht zackte, würde der hinter ihnen laufende Konvoi zu ihnen aufgeschlossen haben oder wenigstens nahe genug sein, um sie auszumachen. Überhaupt, neun Knoten, das war sehr schnell für ein normales Geleit.

In den nächsten Stunden empfingen die Funker noch mehr Funksprüche. Im Atlantik schien mal wieder einiges los zu sein.

In rasender Folge spuckte das Hauptquartier des BdU, in der Zwischenzeit ins französische Kernevel umgezogen, Befehle aus. Eine ganze Reihe von Booten wurde auf die beiden ostgehenden Geleitzüge angesetzt. Im Laufe der Nacht erschienen zum ersten Mal die Rudelbezeichnungen »Raubritter« und »Mordbrenner« im Funkverkehr. Aber nicht alle Funksprüche wurden empfangen, und so blieb es etwas unklar, welches Boot auf welcher Position stand und auf welches Geleit operierte. Klar war nur, dass die dritte Etappe ihrer langen Reise nicht mehr durch ruhige, friedfertige Gewässer führte.

Geleitzugschlacht

Torpedo im Wasser!« Rückert, der Funker, brüllte seine Meldung in die Zentrale. Es bestand kein Grund mehr, leise zu sein. »Eins-eins-fünf Grad! Mittlere Entfernung!«

Der Alte fuhr auf dem Absatz herum. »Das ist Hentrichs Seite!« Er schüttelte den Kopf. »Bugrohre fluten! Rudi, wir wenden! Am Geleit zurück!«

Der IWO nickte knapp. »Hart Steuerbord, beide AK!«

Rückert streckte wieder den Kopf aus dem Schapp. »Geleit dreht nach Backbord!«

»Danke!« Von Hassel verzog das Gesicht. *Schmale Silhouette bieten, weg von dem unsichtbaren Gegner!* »Ganz nach Lehrbuch! Sieht so aus, als habe Salamander aufgepasst.« Mit zwei langen Schritten war er durch das Schott. »Was macht der HSK?«

»Ich kann ihn nicht aus dem Durcheinander herausfischen, Herr Kap'tän!« Der Funkmaat drehte das Handrad des GHG vorsichtig weiter. »Irgendwo an der Backbordseite, das erste Schiff der Backbordkolonne …« Der Funker schien mehr zu sich selbst zu sprechen als zu seinem Kommandanten.

»Suchen Sie ihn. Nicht, dass der auf die Idee kommt, hier rumzuballern!« Heinz-Georg von Hassel schob die Mütze weiter nach hinten. »Ich bin dann wieder in der Zentrale.« Nachdenklich stieg er über das Süll.

Rudi Schneider sah ihn fragend an. »Sehrohrtiefe, Herr Kap'tän?«

»Ja, aber sutje!« Die Augen des Kommandanten suchten den LI, der hinter den Tiefenrudergängern stand. »Er hat Hentrich überlistet. Aber vielleicht hat er uns noch nicht mitbekommen.«

»Oder er wartet auf uns!« Der IWO zuckte mit den Schultern. »Er hat immer noch seine Heckrohre.«

Ein neues Geräusch unterbrach ihre Unterhaltung. Ein scharfer Ton, mehr als würde ein Stück Stoff zerrissen als eine richtige Explosion. Aber sie kannten den Ton. Schneider zog eine Grimasse. »Da hat es einen erwischt!«

Stille senkte sich über die Zentrale. Da hat es einen erwischt. Oft genug hatte diese Feststellung Jubel ausgelöst. Nur dieses Mal nicht. Weil die Rollen vertauscht waren, weil es dieses Mal einer ihrer Schützlinge war, der die tödlichen Aale abbekommen hatte.

Der Alte riss sich zusammen. »Achten Sie auf Ihren Kurs, IWO!« Er gab dem Methusalem einen Wink. »LI, auf Sehrohrtiefe! Mal sehen, ob wir dem Bastard eins verpassen können.« *Hat er gefunkt oder nicht?* Das war die alles entscheidende Frage.

Ein deutsches U-Boot hätte gefunkt, hätte sich an das Geleit gehängt und versucht, ein ganzes Rudel an die Beute zu führen. Die Tommies arbeiteten alleine. Die Rudeltaktik war für sie nicht anwendbar, eben weil es keine deutschen Atlantikgeleite gab.

Außer diesem!

»Ich habe Salamander gefunden! Der Kreuzer enttarnt, ich kann das Rumpeln hören.«

Von Hassel blinzelte. »Wo steht er?«

»In Zwo-Eins-Vier, dreht immer noch!«

»Er wird sich seitlich vom Geleit absetzen.« Der Kommandant runzelte die Stirn. »Um seine Artillerie einzusetzen, muss er dem Boot die Breitseite zukehren.«

Leutnant Wellenberg, der IIWO, beobachtete die Szene von der Apfelkiste hinter dem Christbaum aus. Ein Déjà-vu. Wie oft schon hatten der Kommandant und der IWO ihre Gedanken so zusammengesetzt wie ein Puzzlespiel. Die Stimmen klangen ausdruckslos, ein wenig zu beiläufig, um glaubwürdig zu sein.

»Da wird der Tommy nicht widerstehen können. Nicht, wenn er in seinem Spargel sieht, was er da vor sich hat.« Schneider warf einen Seitenblick auf die Karte.

Von Hassel leistete sich ein schmales Lächeln. »Und den Spargel wird er ausfahren, schon um zu sehen, was der Bursche treibt, der sich da seitlich absetzt.«

»Und weil er neugierig ist, was er getroffen hat.« Die Stimme des IWO klang regelrecht gelangweilt. Dabei hallte in diesem Augenblick bereits das Brechen von Schotten durch das Wasser. Der getroffene Frachter soff ab wie ein Stein.

Aber der Kommandant strich ihn aus seinen Überlegungen. Das Schiff war bedeutungslos geworden, in dem Moment, in dem es die Aale trafen. »Er wird sich beeilen müssen.«

»Dreißig Meter gehen durch!«

Der Alte stülpte sich die Mütze wieder vorschriftsmäßig auf den Kopf. »Dann wollen wir mal, ich gehe nach oben.« Mit entschlossenen Bewegungen stieg er die Leiter in den Turm empor. U-68 hatte drei Sehrohre, aber das Angriffssehrohr im Turm war es, das ihm jetzt die besten Chancen bot, den Briten zu entdecken. Ein U-Boot. Nur das Sehrohr würde aus dem Wasser ragen, und das bei Nacht. *Was zum Teufel hat den Tommy dazu bewegt, anzugreifen?* Der Gedanke stand glasklar vor von Hassels Augen. Das war gegen jede Logik, und Dinge, die gegen die Logik waren, machten ihn nervös. *Woran hat er erkannt, dass es kein britisches Geleit ist, das er hier vor sich hat?* Weil seine Instinkte ihm sagten, dass diese Dinge genauso gut auf eine Falle hindeuten konnten. Aber wo sollte diese Falle sein?

Ein dumpfes Grollen an der Oberfläche traf das Boot. Er stutzte kurz. Das mussten die Fünfzehner des HSK sein. Hatte er Kontakt? Oder schoss er einfach blind, um das Sehrohr des Tommybootes zu beschädigen? Und wo war Hentrich?

»Die Frachter drehen ab … nach Backbord, so wie es sich anhört.« Rückerts Stimme klang vor Aufregung heiser.

»Können Sie ausmachen, auf was der Salamander feuert?«

»Keine Chance, Herr Kap'tän!« Trotzdem drehte der Funkmaat das Handrad in die Richtung. »Ich höre nur Aufschläge ins Wasser.«

Der LI räusperte sich, aber da spürte von Hassel auch bereits die vertraute Nickbewegung. Mit ein paar schnellen Schritten war er die Leiter hoch und im Turm. Der Spargel fuhr mit einem leisen Zischen aus.

Dunkelheit, immerhin hatten sie Nacht. Dunkelheit, das war es, was er erwartete. Aber was er durch das Periskop sah, war ein orange-rot erleuchtetes Höllenszenario. Er drehte den Spargel herum.

Einer der Frachter, es musste Nummer 23 sein, war in zwei Teile zerbrochen, aber Vor- und Achterschiff hielten sich noch hartnäckig an der Oberfläche. Von Hassel erinnerte sich an die brechenden Schotten.

Aber hinter Nummer 23 brannte ein Schiff, ein viel größeres Schiff. Aus den Aufbauten der Cap Trafalgar schlugen hohe Flammen und erleuchteten alle Schiffe rund herum. Der Alte spürte den Kloß in der Kehle. Der große Passagierdampfer war erledigt. Unter anderen Bedingungen hätte man ihn vielleicht in Schlepp nehmen können, so, wie er den Salamander abgeschleppt hatte. Aber hier, während das U-Boot noch auf weitere Opfer lauerte, blieb den anderen Schiffen nichts anderes übrig, als wegzudrehen von dem Jäger und ihr Heil in der Flucht zu suchen.

Leise fluchend drehte von Hassel das Sehrohr im Kreis. Aber nirgendwo konnte er ein anderes Sehrohr ausmachen, nirgendwo die verräterische flache Form eines U-Bootes an der Oberfläche entdecken. Wo steckte der verdammte Tommy?

An der Backbordseite des Geleits blitzte es wieder auf, als der Hilfskreuzer erneut feuerte. Es donnerte in der Ferne, als die Granaten in die See schlugen. Aus dem Augenwinkel sah der Kommandant eine Wassersäule aus der See brechen.

»Noch mehr Torpedos!« Rückerts Ruf von unten klang ungläubig. »Zwo, vier, sechs … mindestens zehn!«

»Peilungen!« Von Hassel brüllte durch das Luk. »Ich brauche Peilungen!«

»Eins-Eins-Null, Null-Vier-Drei, Eins-Vier-Null, ...«

Mehr als ein Boot! Mehr als ein Boot! Mehr als ein Boot! Die Erkenntnis wiederholte sich in von Hassels Kopf wie ein Trommelwirbel. *Mehr als ein Boot! Ein Rudel!*

Unten in der Zentrale hörte er Rudi Schneider fluchen. Auch der IWO hatte es begriffen. »Verdammt, das sind unsere eigenen!« Es klang, als sei der sonst so hartgesottene Oberleutnant den Tränen nahe. »Das sind unsere eigenen!«

Der Alte rutschte an den Leiterholmen hinunter. »LI, auftauchen! Machen Sie Lärm!« Er sah, dass der Methusalem ihn verständnislos und ungläubig anstarrte. »Lärm, verdammt nochmal!«

Leutnant Wellenberg startete durch wie ein Sprinter bei den Olympischen Spielen und verschwand durchs Schott nach vorne. Aber von Hassel ignorierte ihn. Immer noch brüllte er den LI an. »Auftauchen, anblasen!«

»Zellen eins bis acht, anblasen! Vorne unten fünfzehn, hinten unten fünfzehn!« Man hörte der Stimme des LI an, dass er nicht verstanden hatte. Aber er tat, was der Kommandant ihm befohlen hatte. Das helle Zischen der Pressluft würde sich unter Wasser fortpflanzen. Vielleicht würde es sich weit genug fortpflanzen, um an die empfindlichen Ohren eines GHG zu gelangen.

Wieder hörten sie Torpedoeinschläge. Wieder kreischte Stahl auf, bevor er riss, bevor Schotten brachen. Neue Opfer, neue Verluste.

»Der Bootsmann soll seine Leute bereit machen. Geschütz besetzen und Leuchtgranaten feuern!« Der Alte sah sich um. »Direkt über uns, die sollen uns erkennen, verdammt noch mal!« Männer rannten durch das Boot. Von irgendwo kam die Meldung »Turmluk frei!« Von Hassel kletterte die Leiter hoch und schlug den Deckel auf. Die Luft war heiß, roch nach brennendem Öl, nach verschmorender Farbe. Nur drei Kabel an Steuerbord trieb die brennende Cap Trafalgar steuerlos im Atlantik. Von Hassel schluckte. Nummer 23, die Wappen von Wismar, sank in einem Wirbel aus Wrackteilen und auslaufendem Öl. Die Artur Ehrmann hatte schwere Schlagseite.

Einer nach dem anderen drängten sich die Männer der Wache nach oben. Aber keiner achtete auf seinen Sektor. Sprachlos starrten sie alle auf das unglaubliche Schauspiel. Ein Schauspiel, das sie kannten, ein Schauspiel, das sie selbst mehrfach initiiert hatten, vor Afrika, im Kanal, im Atlantik, gar nicht weit von ihrer gegenwärtigen Position. Brennende Schiffe, schreiende Männer im Wasser und dazwischen immer wieder das gnadenlose Einschlagen der Torpedos, die Bordwände aufrissen, Maschinenräume fluteten, den Frachtern den Kiel brachen.

Es war ein Massaker. Genau die Art von Massaker, die sie selbst in Geleitzügen veranstalteten. Nur war es das falsche Geleit. Es waren doch ihre eigenen Schiffe! Ihre eigenen, die hier abgeschlachtet wurden.

Endlich bollerte die Zehnzentimeter auf dem Vordeck los. Gleißend hell erschien das Magnesiumlicht über dem Schlachtfeld. Fliehende Schiffe, sinkende Schiffe, brennende Schiffe. Von Hassel erkannte ein paar Boote, die von einem der Frachter absetzten. Das Schiff hing bereits mit schwerer Schlagseite im Wasser – Nummer 7, die Suez. Ein anderes Schiff trieb bereits kieloben, aber noch immer hockten auf dem gekenterten Rumpf ein paar Männer und warteten auf Rettung.

Der Kommandant sah vieles, viele Details, die er nie so zu sehen erwartet hätte. Aber eines sah er nicht: U-Boote. Das einzige Boot, das er ausmachen konnte, war Bergers Boot, das mit AK am Geleit entlanglief und blind in die Nacht morste. Aber keine Antwort kam zurück.

Von Hassel schluckte hart. Sechzig Meilen zum vorauslaufenden Geleit. Aber vielleicht war ihre Position falsch gewesen, vielleicht auch die, die der Kommandant des Fühlungshalters gemeldet hatte. Tage, ohne einen Stern zu sehen, Tage, in denen nur gekoppelt wurde, da kamen schon ein paar Abweichungen zusammen. Es war alles so klar, so grausam klar, jetzt im Nachhinein.

Es musste die Gruppe »Mordbrenner« gewesen sein. Wie passend. Aber sie hatten nicht gewusst, dass hier ein deutsches Geleit herumschlich. Sie hatten Schrauben im Horchgerät gehört, einen Geleitzug erfasst. Und als sie näher kamen, hatten sie nur dunkle Schatten gesehen, wie er auch, wenn er seine Torpedos losmachte.

Ein Geleitzug, Schiffe, was sollte es auch anderes sein als ein britisches Geleit? Er beugte sich über das Sprachrohr. »Die Funker sollen einen Spruch absetzen. Offen. Deutsches Geleit auf Position … werde von U-Booten angegriffen!«

Unten im Funkraum lauschten Olm und Henke dem Durcheinander im Äther. Die torpedierten Schiffe funkten, riefen um Hilfe. Unverkennbar piepste der Rhythmus des SOS, des Save our Souls, aus dem kleinen Lautsprecher. Aber auch anderswo funkten Schiffe auf der Notrufwelle, mit der gleichen Berechtigung, denn auch sie waren torpediert worden, auch sie sanken.

Ein Einzelfahrer war von einem U-Boot erwischt worden und funkte nun unablässig Name, Position und dass er schnell sinke. Die Position lag gut fünfzig Meilen weiter im Süden. Im Osten hatten ein paar Boote offenbar doch das vorauslaufende britische Geleit gefunden, und auch hier schrien die getroffenen Dampfer um Hilfe. Es war eine Nacht voll Mord und Totschlag auf See. Eine ganz gewöhnliche Nacht in diesem Krieg. Dass die Boote ein paar eigene Schiffe getroffen hatten, ahnte noch keiner.

Henke setzte den offenen Funkspruch mehrfach ab, ohne eine Bestätigung zu erhalten. Erst drei Stunden später, und der Angriff hatte da schon geendet, kam er zur Befehlsstelle in Kernevel durch. Und alles, was er erhielt, war eine kurze Bestätigung, dass der Spruch empfangen worden war. Erst um fünf Uhr morgens fingen sie einen Funkspruch an die Boote der Gruppe Mordbrenner auf. »Auf Geleit Klatt operieren! Nicht nachsetzen!« Und ein paar Minuten später folgte die Anweisung an U-68. »U-68, keine Schäden melden*, Bericht nach Einlaufen!«

Oben auf dem Turm nahm von Hassel diese beiden Funksprüche unbewegten Gesichts entgegen. Dann wandte er sich wieder dem Rettungswerk zu.

Rudi Schneider stand neben seinem Kommandanten, obwohl es eigentlich Leutnant Wellenberg war, der die Wache hatte. Aber Wellenberg stand mit den Männern des Bootsmannes auf dem Vorschiff und half, Männer aus der See zu fischen.

Als die Sonne über dem Nordatlantik aufging, hatte auch die Cap Trafalgar ihren langen Kampf verloren. Der große Liner sank auf ebenem Kiel langsam in die Tiefe, bis sich die Wogen über ihm schlossen. Aber andere Schiffe standen schon bereit, die Schiffbrüchigen aufzunehmen. Jeder kannte die Befehle, jeder wusste, dass er weiterfahren musste, ohne sich umzuwenden.

Der IWO räusperte sich. »Eigentlich müssten wir sie weiter treiben.«

»Der Löwe hat die Boote zu einem anderen Geleit beordert.« Die Stimme des Kommandanten klang unendlich abgespannt und müde. »Ich denke, man will die Sache vertuschen.«

»Zehn Schiffe? Zehn versenkte Schiffe vertuschen?« Rudi Schneider schnappte nach Luft. »Wir haben ein Drittel des Geleitzuges verloren. Nicht an die Tommies, an unsere Boote.«

---

* Ein Verfahren, das auch angewendet wurde, wenn die deutsche Luftwaffe mal wieder versehentlich die eigene Marine erwischt hatte.

»Unsere Boote wussten gar nicht, dass es uns gibt.« Von Hassel blickte auf. »Wissen Sie, was ich glaube, Rudi?« Er sah seinen IWO ruhig an. »Niemand hat wirklich damit gerechnet, dass wir bis hierher kommen.«

Oberleutnant Schneider sah seinen Vorgesetzten verdutzt an. »Aber wieso ...« Er schloss den Mund wieder und rechnete kurz. »Natürlich, fünf Tage noch, keine tausend Meilen mehr. Also Brest?«

»Brest oder Lorient. Im Norden wird jetzt die Hölle los sein.« Von Hassels Stimme klang plötzlich hart. »Bringen wir sie heim, bevor wir noch mehr Kameraden treffen.«

Heimkehr

Schneeflocken rieselten vom Himmel, und Oberleutnant Schneider schlug den Kragen des Wachmantels hoch. *Verdammtes Sauwetter!* Aber was wollte man machen, es war schließlich Ende November, und die warme Karibik lag viele tausend Meilen zurück.

Noch immer erinnerte er sich an das Einlaufen in Brest. Die britischen Flieger hatten sie einen Tag vor dem Einlaufen doch noch entdeckt, aber das Wetter wurde rapide schlechter. Für die Flieger wahrscheinlich zu schlecht, denn sie kamen nicht zurück. Weder die englischen, um sie zu versenken, noch die deutschen, um sie zu schützen. Am frühen Morgen des sechsten Tages liefen sie ein.

Wieder erinnerte er sich an die Bilder, als die großen Schiffe langsam das Spalier der U-Boote passierten, die sie über all diese Meilen geleitet hatten. Die Westmark, die nur knapp einem Torpedo entgangen war, die Reichenfels, die ihre Schwester Grobenfels im Schlepp hatte. Der Frachter hing wie betrunken nach Steuerbord, und in seiner Bordwand klaffte ein großes Einschlagloch. Ein kleiner Frachter namens Annelore, dessen halbes Deck mit den Booten der gesunkenen Cap Trafalgar vollgestellt war. Die Annelore war es gewesen, die am Vormittag nach dem U-Boot-Angriff die Schiffbrüchigen von den überladenen U-Booten übernommen hatte. Zusammen mit den Männern, die sie selbst gerettet hatte, hatte der alte Dampfer mehr als dreihundert Menschen an Bord. Die letzten beiden Tage hatte es auf dem ganzen Schiff nur noch Zwieback gegeben. Und er erinnerte sich an den Salamander, der in den Hafen lief, als letztes Schiff des Geleits hinter seinen Schutzbefohlenen her. Ein zerschlagenes Schiff, und Schneider zweifelte, dass man damit noch etwas anderes tun konnte, als es abzubrechen. Die Brücke und große Teile der Aufbauten waren ausgebrannte Ruinen, und Persenning deckte die Einschläge der schweren Kaliber im Rumpf ab. Als das Schiff an ihnen vorbeilief, hing die Flagge auf Halbmast, aber die Männer an der Reling winkten.

Er grinste nachdenklich. Und dann hatte es noch das beinahe schon übliche Wunder gegeben. Zwei Tage vor Brest holten sie ein allein fahrendes Schiff ein. Es war die alte Bahia Blanca, die immer noch stur mit vier Knoten über den Ozean dampfte. Seit der Begegnung mit dem britischen Kreuzer, der ihnen eine gute Reise gewünscht hatte, hatten sie nur ein einziges Schiff und das auch nur auf große Entfernung zu Gesicht bekommen, und das war ausgerechnet Admiral Scheer gewesen, die den alten Dampfer gegen den dunkleren Westhimmel gar nicht entdeckt hatte. Der Dampfer, den keiner beim Geleit gewollt hatte, weil er zu alt, zu langsam, zu zerbrechlich sei, war am Ende doch mit den anderen zusammen eingelaufen. Kein Kreuzer hatte auf ihn geschossen, kein U-Boot hatte einen Aal auf das Schiff losgemacht. Nicht einmal die so wachsamen Flieger hatten ihn gesichtet.

Zischend und qualmend zog die Lokomotive den Zug in den Bahnhof. Schneider erwachte aus seinen Erinnerungen. Mit einer beiläufigen Geste wischte er die Flocken von seinen Schultern. Schnee von gestern, wie wahr!

Der Kommandant stieg aus einem der Waggons, und wieder einmal wunderte sich Rudi Schneider, wie fremd ihm der Mann vorkam, so ganz ohne Lederpäckchen und Rauschebart. In Uniform, die Mütze vorschriftsmäßig auf dem Kopf, hätte er jeder beliebige Seeoffizier sein können. Der IWO griente, denn das galt wahrscheinlich auch umgekehrt. Er trat auf den Kommandanten zu und legte die Hand an die Mütze. »Einen schönen guten Tag, Herr Kap'tan! Wie war die Reise?«

Von Hassel tippte mehr an den Rand seiner Mütze, als dass

er wirklich einen Gruß erwiderte. »Ich hatte nicht erwartet, dass Sie mich hier abholen«

Der Oberleutnant grinste. »Die Neugier, nichts als die pure Neugier, Herr Kap'tän!« Die beiden Männer fielen in Schritt. »Außerdem habe ich einen Wagen organisiert, der uns zum Stützpunkt bringt. Wie war es beim Admiral?«

Heinz-Georg von Hassel, gerade zurück von der Berichterstattung beim Löwen im Sardinenschlösschen, verzog sein Gesicht nachdenklich. »Der Admiral ist zufrieden. Zwanzig Schiffe, das war mehr, als seine Planer erhofft hatten. Also wird es als großer Erfolg verbucht.«

»Wie? Als Erfolg?«

»Sie haben richtig gehört.« Von Hassel grinste. »Ein Gutes hat die Sache. Wellenberg, der Methusalem und Sie bekommen ein EKI und alle ihre Männer ein EKII.« Er wandte den Kopf und lächelte. »Gratuliere!«

»Danke!« Schneider blinzelte. »Und Sie selbst?«

Der Korvettenkapitän zögerte. »Ritterkreuz, Vogel bekommt auch eines posthum.«

»Das Ritterkreuz?« Schneider blieb abrupt stehen. »Das Ritterkreuz!«

Von Hassel wandte sich um. »Das Ritterkreuz. Nun kommen Sie, die Leute schauen schon!« Er wartete, bis Schneider wieder mit ihm in Schritt fiel. »Das Ritterkreuz, Sie haben richtig gehört. Außerdem hat mir der BdU eine Beförderung angeboten.«

»Wurde auch Zeit! Verzeihung, Herr Kap'tän!« Aber trotz des reumütigen Tons grinste Schneider breit.

Sie hatten den Bahnhofsausgang erreicht, und der Oberleutnant steuerte auf einen großen Renault zu. Von Hassel blinzelte verdutzt. »Wo haben Sie denn den her?«

»Beutefahrzeug, gehört jetzt zum Fuhrpark des Stützpunktes.« Schneider ließ die Schlüssel klappern. »Ich habe ihn mir nur geliehen.«

»Hübsches Auto!« Der Korvettenkapitän betrachtete die elegante Form neugierig, obwohl er wusste, dass Schneider hinter ihm vor Ungeduld zappelte. Nicht, weil er es eilig hatte. Einfach nur, weil er es wissen wollte. Von Hassel lächelte nachdenklich. »Fregattenkapitän und eine Flottille.« Er sah die Mischung aus Freude und Begreifen im Gesicht seines IWO. Langsam schüttelte er den Kopf. »Ich habe um Bedenkzeit gebeten.«

»Bedenkzeit?« Rudi Schneider verstand gar nichts mehr.

Aber Heinz-Georg von Hassel nickte nur. »Vielleicht bin ich einfach noch nicht ausgebrannt genug für einen Schreibtisch.«

»Falls Sie annehmen, Herr Kap'tän ...« Der Oberleutnant räusperte sich. »Nicht, dass Sie mich falsch verstehen, aber Sie werden einen guten A3 brauchen.«

Von Hassel grinste. »Dann muss ich den Methusalem auch gleich mitnehmen – als A4.« Er schüttelte den Kopf. »Und das geht nicht, denn den werden Sie noch brauchen.«

»Ich?«

»Sie!« Von Hassel zuckte mit den Schultern. »Ich habe mir erlaubt, das Thema des nächsten Kommandanten der Seekuh anzusprechen.«

»Und was hat der Admiral gemeint?«

Von Hassel grinste bei der Erinnerung erneut. »Dass ich das Boot nicht immer Seekuh nennen soll.«

Alois Dörfler stieg mit steifen Beinen aus dem Zug. Zwei verdammte Tage. Er fühlte sich müde und zerschlagen, und irgendwo in seinem Gesicht war eine Schramme, weil er auf die Schnapsidee gekommen war, sich in der Zugtoilette den Bart abzurasieren. Damisches Geruckel, damisches! Er hätte ja in Ruhe auf der Bootsstube heiß duschen und dann wie jeder andere den Zug am nächsten Morgen nehmen können. Aber nein, er war ja wie von Furien gehetzt zum Bahnhof gerannt.

»Alois!« Er sah sich suchend um. Eine junge Frau kam auf ihn zugelaufen. »Alois!«

Er breitete die Arme aus. »Ingrid!«

Nach der ersten stürmischen Begrüßung rümpfte sie die Nase. »Du riechst!«

»U-Boot!«

Energisch hakte sie ihn unter. »Komm nach Hause, Alois! Da gibt's erst mal ein heißes Bad!«

»Oh, a hoaßes Bad klingt gut!« Er griff nach seiner Tasche. »Wia hast's überhaupt g'wusst, dass I kumm?«

»Gewusst?« Sie lächelte. »Gar nichts hab ich gewusst. Seit Wochen habe ich jeden Tag auf die Züge aus Frankreich gewartet.« Das Lächeln verschwand, während sie sein müdes Gesicht betrachtete. »Es war schlimm dieses Mal?«

Schlimm? Dörfler zuckte mit den Schultern. »Ned schlimmer als sonst auch. Nur a bisserl mehr Zustand.«

Der neue Kommandeur der Marineschule presste den Hörer etwas fester gegen das Ohr. Die Verbindung war mal wieder lausig. Aber immerhin war er durchgekommen und hatte nicht auf die Funkstelle zurückgreifen müssen. »Wir sollten etwas wegen der beiden Jungs unternehmen. Lauer und Buhn.«

»Was ist mit den beiden? Das sind die beiden, die das ins Rollen gebracht haben?« Die Stimme am anderen Ende klang plötzlich scharf.

Der Kapitän zur See sah sich in seinem großen Dienstzimmer um. Noch immer trug alles den Stempel von Artok. Irgendwie zu groß, und wenn nicht zu groß für Artok, dann zumindest für ihn. Er spürte den starren Blick eines Hirschkopfs, der mitsamt seinem ausladenden Geweih an der Wand hing, auf sich ruhen. Wütend starrte er zurück. Und das Vieh würde als Erstes rausfliegen! Nur mit Mühe konzentrierte er sich wieder auf sein Telefongespräch.

»Zwei Kerle von der Gestapo waren hier und wollten ihre Personalakten sehen.«

»Polizei?«

Der Kapitän seufzte. »SS, Reichssicherheitshauptamt. Aber da blickt ja keiner mehr durch.«

Für einen Augenblick herrschte Schweigen, dann fragte die Stimme aus dem fernen Berlin nach. »Und was haben Sie getan?«

»Es handelte sich um militärische Unterlagen, die der Geheimhaltung unterliegen.« Der neue Kommandeur warf dem Hirsch an der Wand einen bösen Blick zu. »Ich habe die beiden Herren rausgeschmissen. Aber sie werden wiederkommen.«

»Anzunehmen.« Die Stimme am anderen Ende der Leitung zögerte kurz. Aber als der Mann weitersprach, klang seine Stimme klar und fest wie immer. »Also gut, setzen Sie die beiden in Marsch nach Brest. Wenn es nicht anders geht, kriegen sie Fähnrichsklappen und dann ab auf ein Boot. Das kann ich regeln. Bis in den Atlantik reichen die Fänge der Gestapo doch noch nicht.«

»Einverstanden!« Der Kapitän seufzte. Der Atlantik mochte lebensgefährlich sein, aber im Augenblick war er für Lauer und Buhn sicherer als die Heimat. »Ich leite alles Erforderliche in die Wege, Herr Admiral!«

»Danke!« Wieder zögerte die Stimme des Admirals, als brauche sie einen Augenblick zum Nachdenken. »Ich frage mich nur, wie hoch das alles geht.« Er lachte trocken. »Aber zerbrechen Sie sich darüber nicht den Kopf.«

»Da verlasse ich mich ganz auf Sie, Herr Admiral.«

Konteradmiral Canaris gab ein Geräusch von sich, das wohl ein Lachen darstellen sollte. »Wissen Sie, manchmal glaube ich, es fehlt Himmlers Laufburschen einfach an Raffinesse.«

Glossar

Aal = Spitzname für Torpedo
Abtakeln = versenken oder auch verschrotten
Achteraus = nach hinten
Achterausfeger = Bewacher in einer Position hinter dem Geleit, der die Funktion hat, Fühlung haltende U-Boote abzudrängen und Angriffe von achtern zu verhindern.
Achtern = hinten
Achterschiff = Schiffsheck, Hinterteil des Schiffes
Achterspring = Festmacherleine, die vom Vorschiff aus zur Pier in Höhe des Achterschiffes führt.
Adju = kurz für Adjutant
Affenfaust = ein sehr dicker, sehr runder Knoten am Ende eines Seils. Durch das Gewicht des Knotens wird es möglich, das Seilende zu werfen. Heute verwendet man allerdings eher kleine Sandsäcke zu diesem Zweck oder bisweilen auch mal einen Schraubenschlüssel. Die Affenfaust findet man heute nur noch bei alten, sehr erfahrenen Seeleuten oder als Zierknoten.
Agru-Front = Ausbildungsgruppe in der Ostsee. Dort übten die neuen Besatzungen den Einsatz gegen Geleitzüge. Auch die Rudeltaktik wurde dort spätestens ab 1937 geübt.
AK = Äußerste Kraft! Das ist tatsächlich mehr als »volle Fahrt«, da volle Fahrt immer noch einen Blick auf die Sicherheitsventile beinhaltet. »Dreimal Wahnsinnige« bedeutet das Gleiche, nur kümmert sich dann keiner mehr um Drehzahlbegrenzung, Druck oder derartige Messwerte.
Ankerauf gehen = Auslaufen, den Anker lichten (oder schlippen)
Ankertauminen = Minen, die an einem Ankertau hängen, um nicht abzutreiben (also die Standardmine des Zweiten Weltkrieges)
Ankerwinsch = eine Winsch, um den Anker hochzuziehen
AO = Artillerieoffizier, der für Geschützdrill bzw. im Gefecht für Zielerfassung und -bekämpfung zuständig ist. Auf sehr großen Kriegsschiffen gab es mehrere AOs, also 1AO, 2AO usw.
Arsenal = Arsenal mit Ausrüstungs- und Ersatzteilen. Depot für verschiedene Artikel
ASDIC = heute Aktivsonar. U-Boot-Ortungsgerät, das einen Schallimpuls aussendet und aus der Zeit, bis das Echo zurückkommt, den Abstand errechnet.
ASTO = Admiralstabsoffizier

ATo = pressluftgetriebener Torpedo. Hinterließ eine Blasenbahn, war aber schneller als der ETo und konnte weitere Strecken laufen.
Aufgeriggt = aufgerichtet, angeschlagen. Etwas auf- oder angebaut haben. Meistens im Zusammenhang mit Seilen, Netzen oder Segeln
Aufklaren = a) Wetterbesserung, b) aufräumen
Auspfeifen = Befehle können auch durch Pfeifsignale aus der sogenannten Bootsmaatenpfeife gegeben werden. Häufig geschieht das über die Schiffslautsprecheranlegen. Zuerst kommt das Pfeifsignal und danach folgt der Klartext in gesprochener Form.
Außenmole = der Wellenbrecher, der meistens außen einem Hafen vorgelagert ist
Back = a) Vorschiff, b) Tisch
Backbord = in Fahrtrichtung links
Backen und Banken = Essen (je nach Tageszeit Frühstück, Mittagessen, Abendessen oder ein Mittelwächter). Befehl, die Arbeit zu beenden und zum Essen zu gehen.
Backschafter = Essensholer. In den O-Messen oder F-Messen größerer Schiffe auch ein zu diesem Dienst abgeteilter Mannschaftsdienstgrad
Ballast = Gewicht, um die Schiffslage zu kontrollieren. In Ballast laufen: ohne Ladung unterwegs sein, d. h. der Ballast ist das einzige Gewicht, das das Schiff ins Wasser drückt.
Ballastkiel = in die Rumpfform integrierter Kiel mit eingebauten Ballastgewichten zur Verbesserung der Schiffslage im Wasser.
Battle of Jutland = Englische Bezeichnung der Skagerrakschlacht im Ersten Weltkrieg
B-Dienst = deutsche Funkaufklärung. Die meisten alliierten Geleitzüge wurden durch die Deutschen entdeckt, weil ihr Funkverkehr eingepeilt wurde. Zu den Aufgaben gehörten neben dem Einpeilen auch Versuche der Entschlüsselung, eine Lageanalyse auf der Basis von Funksprüchen und die Abgleichung mit geheimdienstlichen Informationen. Die Quintessenz aus all dem wurde als »B-Dienst-Bericht« auch den U-Booten mitgeteilt, allerdings selten vollständig.
BDM = Bund Deutscher Mädel; Abteilung der Hitlerjugend, der junge Mädchen zwischen 10 und 18 Jahren angehörten. Im Jargon auch »Bubi drück mich«
BdU = Befehlshaber der U-Boote = Admiral Dönitz
Besteck = Astronomische Standortermittlung. Die Sonnen- oder Sternenhöhe wird zu einer genau definierten Zeit genommen, um daraus die Position zu berechnen. Natürlich kann ein Besteck nur genommen werden, wenn Sonne oder Sterne sichtbar sind. In anderen Zeiten musste man auf die sogenannte Koppelnavigation zurückgreifen, die allerdings sehr ungenau war, handelte es sich im Grunde genommen doch nur um eine Schätzung.

Bestreichen = ein Ziel mit Artilleriefeuer eindecken, besonders oft im Zusammenhang mit Schnellfeuer und Maschinengewehr verwendet.
Bf 109 = Messerschmitt Bf 109, ein einsitziges deutsches Jagdflugzeug. Wurde übrigens noch bis etwa 1952 z. B. in der Tschechoslowakei und Polen weitergebaut.
Bilge = Hohlraum unter den Stahlplatten. Hier sammelt sich alles Wasser, das ins Boot eindringt. Deswegen muss die Bilge ab und zu gelenzt (leer gepumpt) werden. In den meisten U-Booten in drei Abschnitte unterteilt, also nicht durchgängig.
Bofors = Flakgeschütz schwedischer Herstellung, Kaliber 40 mm. Die weiterentwickelten Modelle werden unter diesem Namen immer noch verwendet (z. B. bei der Bundesmarine), u. a. auch in der Zwillingsversion »Breda«.
Bootsmann = a) Feldwebelrang, b) Funktion: Der für alles Seemännische zuständige Unteroffizer, meist ein Bootsmann, Oberbootsmann oder Hauptbootsmann im Rang.
Brassfahrt = volle Fahrt. Der Begriff wird weniger intern (z. B. als Kommando für die Maschinen) als vielmehr extern gebraucht, um einen Eindruck wiederzugeben. Z. B. kann ein Zerstörer mit oder in Brassfahrt aufkommen.
Brimborium = mit allem Drum und Dran
Brückennock = die seitlichen Anbauten der Brücke, von denen aus der wachhabende Offizier eine bessere Übersicht hat
Brückenreling = Geländer an der Brücke (meistens im rückwärtigen Teil, da von vorne die Wellen kommen und man deswegen dort lieber eine massive Stahlwandung hat)
Bug = der vordere Teil eines Schiffsrumpfes
Bunts = von »Flaggentuch«. Spitzname für englische Seeleute im Signaldienst.
BzB = Bord zu Bord, z. B. BzB-Verständigung bei Flugzeugen
C-Deck = das Deck zwischen dem B-Deck und dem D-Deck, falls vorhanden.
C-Rohr = Standardformat von Feuerlöschschläuchen, gilt auch an Land.
Christbaum = a) in den U-Booten der baumartige Aufbau mit den Ventilen und Schnellauslässen für Trimm- und Tauchzellen, b) Leuchtbomben zur Zielmarkierung bei Bombenangriffen, c) gestaffelt geschossene Leuchtgranaten in Nachtgefechten zur Zielbeleuchtung, d) übermäßig dekorierter Soldat (ohne Lametta = statt der Orden wurden kleine Anstecknadeln getragen; mit Lametta = die vollständigen Orden wurden getragen).
Coup de Grace = Gnadenstoß
Crew = a) Besatzung, b) Jahrgang in der Offiziersausbildung. Crew ’36 bezeichnete z. B. die Offiziere, die 1936 ihr Patent erhalten haben.

Davits = hakenförmige Auslegerkräne, in denen die Rettungsboote hängen.
Der Dicke = Bezeichnung für Hermann Göring, den Luftwaffenbefehlshaber. In der Marine auch gerne als Hermann Meier bezeichnet
Detachieren = ein Schiff oder einen Teilverband für eine bestimmte Aufgabe abordnen
Dez = Winkel von zehn Grad. Vier Dez an Steuerbord sind also vierzig Grad rechts von der Kurslinie des Bootes. Natürlich nur als ungefähre Richtungsangabe.
Ducht = a) quer verlaufende Bank oder Sitzbrett auf einem Ruderboot, b) auf der Ducht liegen (Jargon für »schlafen«)
Durchpendeln = Nachdem der Leitende das Boot auf Sehrohrtiefe gebracht hat, lässt er es eine leichte Nickbewegung mit den Tiefenrudern vollführen. Dadurch können eventuell in den Zellen gefangene Luftblasen entweichen.
Dwarslinie = Formation von Schiffen, bei denen die Schiffe auf gleichen Kursen, aber parallel versetzten Kurslinien laufen
Edelwild = Schiffe von besonderer Wichtigkeit für die Alliierten, aber keine regulären Kriegsschiffe. Edelwild waren vor allem Tanker, Passagierschiffe, die meistens als Truppentransporter fuhren, und Kühlfrachter wegen ihrer Wichtigkeit für die Nahrungsmittelversorgung Englands.
Einbaum = Spitzname für die kleinen Küsten-U-Boote des Typs II
EK I = Eisernes Kreuz Erster Klasse (Deutscher Orden)
EK II = Eisernes Kreuz Zweiter Klasse (Deutscher Orden)
E-Messer = Entfernungsmesser
ENIGMA = Chiffrier- oder Schlüsselmaschine in Form einer Schreibmaschine. Die Enigma erzeugte mit jeder Einstellung für einen Text eine andere Verschlüsselung. Auch wurde der gleiche Buchstabe nicht einfach immer gleich umgesetzt, sondern je nach seiner Position im Text unterschiedlich, was die Entschlüsselung durch die Engländer sehr schwierig machte, aber nicht unmöglich, wie uns die Geschichte zeigte.
ES = Erkennungssignal. Oft Leuchtraketen bzw. -patronen einer bestimmten Farbe, wobei der Farbcode sich von Tag zu Tag änderte. Wer also am Mittwoch grüne Sterne schoss, war ein Freund – wer am Donnerstag grüne Sterne schoss, bekam eine Bombe, weil dann das ES vielleicht weiß und rot war. Neben den ES mit Leuchtraketen gab es auch ES, die gemorst werden konnten, um z. B. die Identität des Gegenübers festzustellen.
Escort Group Chef (engl. auch Escort Group Commander) = Chef, Kommandeur, befehlshabender Offizier einer Escort Group
ETo = elektrisch angetriebener Torpedo
Fahrtmess = Fahrtmessanlage. Geschwindigkeitsmessung eines Schiffes. Liefert allerdings nur die Geschwindigkeit durch das Wasser, nicht die über Grund.

FdU = Führer der U-Boote. Dienstbezeichnung Dönitz' vor und zu Beginn des Krieges. Ab 17. Oktober 1939 dann BdU.

Fender = meistens luftgefüllter Gummibehälter, dicke Taumatten oder im einfachsten Fall alte Autoreifen, die als Polster verwendet werden, um Beschädigungen zu vermeiden, wenn der Schiffskörper gegen etwas Hartes (anderes Schiff, Pier) gedrückt wird.

Fertigungschargen = eine bestimmte Fertigungsserie. Kein spezieller Marinebegriff, sondern eher ein Begriff aus der Fertigungstechnik.

Fischlast = siehe auch »Last«. In diesem Fall eine Last, in der Fische gelagert wurden.

Flach = flache Stelle im Wasser, also eine Untiefe

Flach runden = um das Flach herumfahren

F-Messe = Feldwebelmesse (Auch wenn die Feldwebel bei der Marine Bootsleute sind, der generische Term ist Feldwebel.)

Freiwächter = Seeleute, die gerade nicht auf Wache sind

FT = Funktelegramm

Fühlungshalter = U-Boot, dass den Kontakt zu einem Geleitzug hält und ständig Positionsmeldungen und Peilzeichen gibt, um andere Boote an das Geleit heranzuführen, also einen Rudelangriff durchzuführen

Funkgast = Funker im Mannschaftsdienstgrad

Funkmeister = Bootsmann einer Funkverwendung, also Funkmeister, Oberfunkmeister etc.

Funkschapp = sehr kleiner Funkraum

G7a = siehe ATo

G7e = siehe ETo

Gabel = eine Salve von Artillerieeinschlägen, die das Ziel eingabelt, bei der also Einschläge vor und hinter dem Ziel zu sehen sind.

Gaffel = Quersteg am Mast. Z.B., um Signalflaggen daran aufzuhängen.

Gammelpäckchen = gammelnde, d.h. unbeschäftigte Seeleute (siehe auch »Päckchen«)

Gefechtsrudergänger = Ein besonders zuverlässiger, erfahrener Seemann, der in Gefechten oder anderen kritischen Situationen am Ruder steht.

Geige = Matrosenanzug der Mannschaftsdienstgrade. Die »erste Geige« bezeichnete den Ausgehanzug, die »zweite Geige« wurde meist für die Wache verwendet. Die »dritte Geige« war während des Krieges kein Matrosenanzug, sondern der normale Bordanzug mit Schiffchen als Kopfbedeckung.

Gelatinebubis = Bezeichnung für die Piloten der Luftwaffe, die in den Augen der Marine durch ein gewisses Übermaß an Eitelkeit auffielen

GHG = Gruppenhorchgerät. Drehbares Horchgerät mit verschiedenen Gruppen von Druckdosen, mit welchem man Richtungen feststellen konnte

Gneisenau = deutscher Schlachtkreuzer

Gräting = a) auf den alten Großseglern Gitterrost, dessen Öffnungen der Lüftung der unteren Decks dienen, b) moderner Gitterrost auf einem Stahldeck, um das Ausrutschen zu verhindern

Großer Krieg = Bezeichnung für den Ersten Weltkrieg. Kam erst etwas aus der Mode, als man begriff, dass man es mit einem neuen, noch größeren Weltkrieg zu tun hatte. Aber 1940 hatten das auch in der U-Boot-Waffe noch relativ wenige Männer begriffen.

Großkreis = Wenn man auf einer Kugel herumfährt, ist die kürzeste Verbindung zwischen zwei Punkten keine gerade Linie, sondern ein Bogen. Das macht sich natürlich nur bei großen Entferungen bemerkbar, wie z. B. einer Atlantiküberquerung. Der Kurs eines Fahrzeuges beschreibt also auf der Karte einen Bogen (Teil eines Kreises um die Erde). Das sind die Großkreise. Auf einem Großkreis zu fahren, segeln, fliegen (auch jedes moderne Passagierflugzeug folgt dem Großkreis) bedeutet einfach nur, diesen Bogen zu fahren, der in Wirklichkeit kürzer als die scheinbar gerade Linie ist.

Gürtelpanzer = Panzer, der sich über den seitlichen Rumpf eines Kriegsschiffes zog. Wie ein Gürtel aus Panzerstahl eben, wobei der Ausdruck für die Schiffe im Zweiten Weltkrieg vielfach bereits veraltet war, da der Gürtelpanzer zumeist bereits in die Struktur integriert worden war. Bei älteren Schiffen (z. B. den County-Class-Kreuzern) aber in Nahaufnahmen von außen noch als Gürtel zu erkennen.

Habacht = Achtungstellung von Soldaten. Hände an der Hosennaht, gerade aufgerichtet, Schultern zurück

Halskrankheit = die Gier, sich das Ritterkreuz zu verdienen. Da das Ritterkreuz am Hals getragen wurde und manche Kommandanten zumindest in den Augen ihrer Besatzungen einen geradezu krankhaften Ehrgeiz zeigten, sich diesen höchsten aller Orden durch besondere Heldentaten zu verdienen, wurde der Begriff »Halskrankheit« zu einer geläufigen Redensart. Ebenso sprach man beruhigt davon, dass ein ehrgeiziger Kommandant die Halskrankheit überstanden hatte, wenn ihm endlich der begehrte Orden verliehen worden war. Tatsächlich waren die U-Boot-Kommandanten die größte Gruppe der Empfänger dieser begehrten Auszeichnung (über sechshundert der insgesamt 7318 Ritterkreuze wurden an die U-Boot-Waffe verliehen).

Hartruderlage = Ruderstellung, bei der sich das Ruder am äußersten linken oder rechten Anschlag befindet.

Haubo = Hauptbootsmann (Hauptfeldwebel), meist in der Dienststellung eines Kompaniefeldwebels, also der berüchtigte Spieß

Hecksee = See am Heck. Im Zusammenhang mit Fahrtänderungen meist die hinter dem Heck aufsteigenden Wellen

Heißgeschirre = Geschirr (Ketten, Taljen und die dazugehorigen Blöcke und Befestigungen), um Lasten zu »heißen«, also anzuheben oder abzulassen.

Heizer = Pauschalbezeichnung für alle Schiffstechniker der verschiedenen Fachrichtungen. Natürlich gab es auf einem Schiff im Zweiten Weltkrieg nichts mehr zu heizen, aber der Begriff hat sich erhalten und führte zu so widersinnigen Bezeichnungen wie »E-Maschinen-Heizer«.

Hexanit = Sprengstoff. Sehr populär im Zweiten Weltkrieg

Hexogen = in deutschen Torpedos verwendeter Sprengstoff

Home fleet = Teil der britischen Flotte, der die Heimatgewässer schützt. Im Gegensatz zu den sog. »Forces« auf Auslandsstationen, also Force H auf Gibraltar, Force I in Singapur usw.

Houlder Brothers = Englische Reederei, in der deutschen Marine vor allem deswegen bekannt, weil die Houlder Brothers die Eigner der Duquesa waren, eines Kühlschiffes, das nach Aufbringung im Südatlantik über Monate hinweg als Versorgungslager für Hilfskreuzer genutzt wurde.

HSK = Handelsstörkreuzer

Humber = a) Delta der Ouse und des Trent. b) Britische Automobilmarke, bekannt für ihre großen Limousinen (1970 von Chrysler vereinnahmt)

Hunts = britische Geleitzerstörer. Die Schiffe waren technisch ein totaler Reinfall, da sie nicht über die notwendige Stabilität verfügten, um sich auf dem Atlantik zu halten. Deswegen übernahmen die Hunts Geleitaufgaben nur in Küstengewässern, während die eigentlich für Küstengewässer konstruierten Korvetten hinaus auf den Atlantik fuhren.

Hurricane = britisches Jagdflugzeug, entwickelt und gebaut von Hawker. Galt bereits zu Kriegsbeginn als leicht veraltet, war aber de facto der Standardjäger, der nicht nur über Dünkirchen der Luftwaffe die Luftherrschaft abrang, sondern ihr auch die Niederlage in der Luftschlacht um England zufügte.

Indianer = Feindjäger. Ein »Indianer in drei Uhr« ist also ein Feindjäger, der von ziemlich genau rechts kommt. Er hat trotzdem keine Vorfahrt.

IIWO = gesprochen Zwo-Weh-Oh; der zweite Wachoffizier

IWO = gesprochen Eins-We-Oh; der erste Wachoffizier

IO = Erster Offizier eines Kriegsschiffes

Jane's = bis heute bekanntestes Nachschlagewerk für Schiffe. »Jane's Fighting Ships« ist speziell für Kriegsschiffe. Viele deutsche Kommandanten führten dieses Nachschlagewerk ergänzend zu den offiziellen Unterlagen mit sich.

Jerries = Bezeichnung für Deutsche im Zweiten Weltkrieg

Ju-52 = deutsches dreimotoriges Transportflugzeug. Auch bekannt als Tante Ju. Berühmt für seine Zuverlässigkeit und die unverkennbare »Wellblechtechnologie«.

Ju-87 = deutscher Sturzkampfbomber, der berühmte Stuka. Zur Unterstützung der psychologischen Wirkung waren an den Fahrwerksbeinen Sirenen montiert, die den typischen heulenden Ton während des Sturzfluges erzeugten, ein Ton, den die Soldaten am Boden und die Seeleute auf den angegriffenen Schiffen nie wieder vergessen sollten. Trotzdem war die Wirksamkeit gerade gegen Schiffe eher gering.

Kabbelig = unruhig (in Bezug auf die See). Bezeichnet mehr einen etwas unruhigen Seegang als echte Brecher, ist also ein eher schwacher Ausdruck.

Kalaika = Durcheinander, Chaos, Aufregung

Kaleu, Kaleun = Abkürzungen für Kapitänleutnant. Kaleu ist die moderne Form.

Kardeel (pl. Kardeele) = Seile bestehen aus Tausenden von zusammengeflochtenen Fasern, Taue aus Dutzenden von Seilen. Die Seile in einem Tau sind die Kardeele.

Kettenhund = Feldjäger, Militärpolizei

Kiel = a) unterster Schiffsspant in Längsrichtung, b) Schiffslage in Längsrichtung (z. B. auf ebenem Kiel liegen), c) unter dem Rumpf montierte zusätzliche Ballasteinrichtungen (z. B. Ballastkiel oder Schlingerkiel), d) wichtigster Ostseestützpunkt der deutschen Marine, die Stadt Kiel

Kiellinie = Schiffe fahren Kiellinie, wenn sie genau hintereinander fahren.

Kimm = Horizont, die Linie eines Horizontes, Grenze einer Peilung

Klappbuchs = Lichtsignalgerät, auf U-Booten auch »Varta-Lampe«

Klapphose = die Hose der »ersten Geige« (siehe unter »Geige«), die sich praktischerweise einfach nach vorne aufklappen ließ

Klarieren = Etwas klarmachen. Im engeren Sinne: Ladung beim Zoll deklarieren

Klar zum = klar zum Anlegen, klar zum Kurswechsel. Meldung, dass eine Tätigkeit vorbereitet ist und die benötigten Männer nur noch auf den Befehl warten. »Klar zum« ohne weitere Angabe bedeutet in diesem Zusammenhang »gemustert und bereit«, aber es ist noch nicht klar, wofür eigentlich. Manchmal auch als Kurzform gebraucht.

Koffer = a) seemännisch: alles was groß und schwer ist,
b) artilleristisch/Slang: schwere Granate. Da aber eine großkalibrige Granate groß und schwer ist, ist sie auch seemännisch ein Koffer.

Kolcher = abwertend für ein eher kleines Schiff. Ein alter Fischdampfer wäre also eher ein Kolcher als ein Zossen. Ein alter Trampdampfer wäre eher ein Zossen. Aber die Grenzen sind fließend.

Kombüse = Küche auf einem Schiff

Kommandant = Kapitän eines Kriegsschiffes. Der Begriff Kapitän wird nur in der zivilen Schifffahrt und innerhalb aller Marinen als militärische Rangbezeichnung verwendet.

Kommandant fährt weiter! = diktierter Eintrag im Schiffstagebuch. Im Nachhinein kennzeichnet dieser Eintrag besondere Situationen wie Angriffe, Verfolgungsmanöver o. Ä. Wie alle Einträge im Schiffstagebuch auch von seefahrtsrechtlicher Bedeutung.

Korvette = kleines Eskortenfahrzeug mit schwacher Artilleriebewaffnung, nur zur U-Boot-Abwehr geeignet. Eigentlich waren die britischen Korvetten der Flower-Klasse nur für Küstengewässer geplant. Aber als der Krieg ausbrach, wurden sie auch im Atlantik eingesetzt. Die Beschreibung, dass diese Schiffe »bereits auf einer nassen Wiese rollten«, trifft es recht gut.

Krängung = Neigung zur Seite (im Gegensatz zum Rollen ein nicht temporärer Zustand). Also Schlagseite (eher unbeabsichtigt als Folge eines Schadens) oder als Trimmung (absichtlich, um weiter unten Teile des Unterwasserschiffes z. B. von Bewuchs zu reinigen).

Kreuzsee = Wellen, die sich quer zum regulären Seegang bewegen, deren Kurs sich also mit anderen Wellen kreuzen kann. Heute bezeichnet man diese Wellen auch oft als »Monsterwellen« oder »Freakwaves«, wobei die Kreuzsee noch eine vergleichsweise harmlose Form ist.

KTB = Kriegstagebuch

Kugelschott = a) druckfeste Querwand zwischen den Abteilungen des Bootes, b) das Schott (der Durchgang) durch eben diese druckfeste Querwand

Kujambelwasser = Limonade aus eigener Herstellung

Kye = der bei den britischen Seeleuten sehr beliebte dicke Kakao, vorzugsweise mit mehr oder weniger großen Beimischungen von Rum

Last = Lagerraum

Läufer = jemand, der läuft, z. B., um Meldungen zu überbringen.

Lenzen = abpumpen oder auch ausschöpfen von Wasser. Wenn der Raum »lenz« ist, dann befindet sich kein Wasser mehr darin. Auch ein Bierglas kann, seemännisch betrachtet »lenz« sein, und natürlich können auch Schnapsflaschen »gelenzt« werden.

LI = Leitender Ingenieur. (1I, 2I, 3I: Erster, Zweiter, Dritter Ingenieur)

Limeys = Spitzname der Amerikaner für die Briten

Log = a) Messgerät zur Bestimmung der Geschwindigkeit eines Schiffs, b) kurz für Logbuch

Löwe = Spitzname für Admiral Dönitz. Mit seinem Umzug nach Kernevel (Frankreich) hielt der Begriff auch Einzug in die englische Propaganda. Dönitz wurde »The Lion of Kernevel« genannt.

Meldeläufer = siehe Läufer

M-Offizier = Funkspruch mit doppelter Verschlüsselung. Der zweite Entschlüsselungsvorgang musste von einem Offizier mit anderen Einstellungen der Schlüsselmaschine ENIGMA durchgeführt werden.

Malhalla = eine Menge oder auch ein großer Schiffsverband

Mannloch = a) der Durchgang durch das Kugelschott der deutschen U-Boote, b) enger Durchgang, meistens auch vertikal.

Manometer = Druckmesser

Marinerees nach Backbord = siehe Rees nach Backbord

Meier, Hermann = abwertende Bezeichnung für Hermann Göring, den Oberbefehlshaber der Luftwaffe. Siehe auch »Schlipssoldaten«.

Meier, Firma = abwertende Bezeichnung für die Luftwaffe als Ganzes

Mennige = rötliche Rostschutzfarbe, wie sie z. B. auch für ältere Autos, Gartenzäune und Metallteile an Parkbänken verwendet wird. Normalerweise befindet sich darüber ein Anstrich in beliebiger Farbe. Aber da man bei Schiffen das Unterwasserschiff ohnehin nicht sieht, wird dort meist auf diesen Farbanstrich verzichtet, weswegen Schiffe fast immer unter der Wasserlinie rot sind.

Messe = Wohnraum, auf großen Schiffen auch Speiseraum der Offiziere

Mittelwächter = Zwischenmahlzeit. Auf allen Schiffen (und Booten) gibt es neben den regulären, auch an Land bekannten Mahlzeiten wie Frühstück, Mittag- und Abendessen die Mittelwächter. So nennt man die Mahlzeiten um Mitternacht (also vor der Mittelwache) und um vier Uhr morgens.

Mittschiffs = in der Mitte des Schiffes, also irgendwo zwischen Back und Achterschiff

MGB = Motor Gun Boat. Ein britisches Schnellboot, dessen Bewaffnung aus einer großen Zahl von Schnellfeuergeschützen besteht, um den MTB, den Motor Torpedo Boats den notwendigen Feuerrückhalt zu geben.

Mixer = ursprünglich der Torpedomixer, also ein Fachmann für die Torpedofeuerleitung. Der Begriff dehnte sich während des Krieges mehr und mehr auf andere Fachrichtungen aus, vorzugsweise alles, was irgendwie mit Schaltungen zu tun hatte. So entstand neben dem Begriff des Torpedomixers vor allem der des E-Mixers, auf modernen Schiffen auch abgekürzt Emi.

MTB = Motor Torpedo Boot. Ein Schnellboot mit Torpedos und zusätzlicher leichter Artillerie (Maschinenwaffen).

Mug = Becher, Kaffeepott, Trinkgefäß. Alles mit einem Henkel und einem halben Liter oder mehr Fassungsvermögen

Munbunker = Bunker, in dem Munition gelagert wird

Netzabweiser = Sägeartige Konstruktion am Bug der U-Boote, die verhindern sollte, dass das U-Boot in eventuellen U-Abwehrnetzen hängen blieb. Diente bei einigen Typen gleichzeitig auch als Befestigungspunkt für die Langwellenantenne.

Niedergang = Treppe, die ein Deck mit einem anderen Deck verbindet. Allerdings ist auch eine Treppe nach oben ein »Niedergang«.

NO = siehe Steuermann

Nock = a) auf alten Seglern das Ende einer Rah, b) offene Ausbuchtungen der Brücke auf beiden Seiten. Nocken erlauben z. B. bei komplizierten An- und Ablegemanövern einen besseren Überblick an der gefährdeten Schiffsseite.

ObdM = Oberbefehlshaber der Marine. Zur Zeit von Dünkirchen Großadmiral Erich Raeder.
Obermaat = Stabsunteroffizier der Marine
OKM = Oberkommando der Marine
O-Messe = Offiziersmesse
Päckchen = alles, was entweder eingepackt war oder im weitesten Sinne zum Einpacken diente. Als U-Boot-Päckchen bezeichnete man das Lederzeug, den Bordanzug der U-Boot-Fahrer in nördlichen Gewässern. »Gammelpäckchen« waren beispielsweise die U-Boot-Fahrer selbst, die eingepackt in ihr U-Boot auf den langen Patrouillen vor sich hin »gammelten«. Auch das Liegen mehrerer U-Boote an einer Pier oder längsseits eines Schiffes wird als »Liegen im Päckchen« bezeichnet.
Panzerspreng = Granate oder Mine gegen gepanzerte Ziele (um einen Panzer zu sprengen). Normalerweise 50 Prozent Sprengstoffanteil und Kopfzünder bei Granaten.
Papenberg = Glasröhre, in der die Tauchtiefe angezeigt wurde. Zusätzlich gab es einen weiteren Tiefenmesser mit Skala, aber der Papenberg war zentral angebracht und wegen seiner technischen Primitivität meistens zuverlässiger. Der Nachteil war, dass bei Erschütterungen häufig die Glasröhre zerbrach und Wasser machte.
Persenning = Öltuch (oder heutzutage Plastikplane) zum Abdecken von großen Luks. Im weiteren Sinne auch wasserdichtes Tuch, also Ölhaut
Petty Officers = Oberbegriff für alle Unteroffiziere in den englischsprachigen Marinen
Pick = Abneigung. »Einen Pick auf jemanden haben« bedeutet, diesen mit Vorliebe zu schikanieren
Pocket battle ships = dt. Westentaschenschlachtschiff. Gemeint sind die Panzerschiffe Lützow, Admiral Scheer und Admiral Graf Spee. Die Schiffe hatten etwa die Größe eines schweren Kreuzers (15 000 BRT), trugen aber nicht die übliche Kreuzerbewaffnung aus 20,3 cm (Achtzoll Washington Cruiser) sondern 28-cm-Geschütze (11 Zoll), also ein Schlachtschiffkaliber als Hauptbewaffnung. Da die Schiffe auch schwerer gepanzert waren als die britischen schweren Kreuzer, ähnelten sie aus britischer Sicht eher einem kleinen Schlachtschiff, während die Deutschen sie Anfang des Krieges als schwere Kreuzer neu klassifizierten.
Poller = a) pilzförmiger Metallsockel, über den man das Auge einer Trosse legen kann, um ein Schiff festzumachen, b) Kopf, z. B. in »Zieh den Poller ein, Kerl!«
Pompom = Vierpfündergeschütz (Automatik) britischer Produktion. Bei den Seeleuten als Pompom bezeichnet wegen seines typischen Feuerrhythmus und dem gedämpften Abschussknall, der sich anhörte wie »pom«. So ähnlich wie die Ratschbumm oder die Ackack.
Pönen = anstreichen

Prisenoffizier = Ein Offizier, der eine Prise, also ein aufgebrachtes Schiff, kommandiert. Z. B., um es zusammen mit einer Prisenbesatzung in einen eigenen Hafen zu bringen.

Prisenordnung = Teil des internationalen Seerechtes, das die Kontrolle und Wegnahme von Handelsschiffen in See regelte. Demzufolge waren allein fahrende unbewaffnete Schiffe anzuhalten und zu kontrollieren. Neutrale Schiffe konnten weggenommen werden, wenn Bannware an Bord entdeckt wurde. Das Fahren im Geleit, die Anwesenheit von Kriegsschiffen der gleichen Krieg führenden Nation oder ihrer Verbündeten oder die Bewaffnung von Handelsschiffen machten ein solches Anhalten und Kontrollieren unnötig.

Puffz = Unteroffizier mit Portepé, also Feldwebel- bzw. Bootsmannsränge (Plural = Puffze)

Puffz-Messe = Messe der Puffze

Purren = jemanden oder etwas aus etwas herausziehen (mit dem deutlichen Beigeschmack des Zerrens). Z. B. Seeleute aus der Koje oder Hängematte zerren.

Pützen = Plural von »Pütz« (Eimer, Wischeimer)

Quartermaster = Gefechtsrudergänger auf englischen Kriegsschiffen. Ein älterer Unteroffizier, dessen Aufgabenbereich im Hafen eher dem einem Spießes ähnelt. Auf See wird der Quartermaster ans Ruder geholt, wenn es ins Gefecht geht oder schwierige Manöver anstehen.

Quarzen = rauchen, qualmen, schmöken

Radar = Technik, mittels hochfrequenten elektromagnetischen Impulsen ein Ziel anzustrahlen und aus der Laufzeit der Reflektionen den Abstand zu berechnen.

R.A.F. = Royal Air Force, britische Luftwaffe

Rafferspruch = ein Funkspruch, der zu einem Kurzsignal zusammengerafft wurde.

Rah = Generischer Term für alles, was quer am Mast hängt, sei es die Rah (pl. Rahen) eines Segelschiffes, an der ein Segel aufgezogen wird oder die Signalrah (Gaffel), an der Signalflaggen aufgezogen werden.

Rahnock = das äußere Ende einer Rah (Querstange am Mast für das Rahsegel). Wichtig nur noch, da es sprichwörtlich als unzivilisiert galt, Alkohol zu trinken, bevor die Sonne über der Rahnock stand.

Raider = Handelsstörkreuzer

Rawalpindi = britischer Hilfskreuzer (umgebautes Passagierschiff), der nach einem Gefecht mit den deutschen Schlachtkreuzern Scharnhorst und Gneisenau am 23. November 1939 sank. Dem Kommandanten der Rawalpindi wurde posthum das Viktoriakreuz verliehen.

Reede = Freies Wasser vor einem Hafen, in dem Schiffe sicher vor Anker liegen können.

Rees nach Backbord = gemütlich quatschen (auch Klönschnack genannt)

RN = Royal Navy, britische Marine
RNLI = Royal National Lifeboat Institution, britische Seenotrettungsgesellschaft
RNR = Royal Navy Reserve. Britische Marinereservisten. Im Gegensatz zu RN (Royal Navy, Berufsmarine, Friedensmarine) und RNVR (Royal Navy Voluntary Reserve, Kriegsfreiwillige)
Rollen = Schiffsbewegung um die Längsachse, d.h. wenn sich das Schiff durch den Seegang mal auf die eine, mal auf die andere Seite legt.
RRRR = Kurzzeichen britischer Schiffe im Funkverkehr, um einen Angriff durch einen Handelsstörer anzuzeigen. Vergleiche SSSS.
Rudergänger = Der Mann am Ruder
Salvasan = erstes wirksames Mittel gegen den Tripper
Sanmaat = Sanitätsmaat, also ein Sanitäter auf einem Kriegsschiff im Unteroffiziersrang
Schäkeln = Mit einem Schäkel (Metallhaken mit Federklappe) etwas festmachen (auch anschäkeln), bzw diesen Haken wieder lösen (abschäkeln)
Schanzkleid = Erhöhung der Bordwand über das frei liegende Schiffsdeck hinaus
Schapp = Schrank, Kabuff oder ein Raum, der nicht wesentlich größer ist.
Kartenschapp: Schrank mit Seekarten. Funkschapp: Der etwa schrankgroße Raum mit Funkern drin. Ausnahme von der Regel: Der Schrank, in dem Schnaps gelagert wird, ist immer eine Schnapslast, kein Schnapsschapp.
Scharnhorst = deutscher Schlachtkreuzer
Schleichfahrt = Schleichfahrt bedeutete nicht nur, sehr langsam zu fahren (knapp einen Knoten, je nach Typ), sondern vor allem auch, alle unnötigen Geräte abzustellen, sich möglichst wenig im Boot zu bewegen und zu schweigen. Denn natürlich konnte nicht nur das Geräusch der E-Maschinen, sondern auch ein Lüfter oder eine Lenzpumpe gehört werden.
Schlicktown = Spitzname für Wilhelmshaven
Schlippen = Eine Leine oder Kette (vorzugsweise Ankerkette) wird nicht sauber eingeholt, sondern einfach auslaufen gelassen. Sprich, der Anker wird nicht hochgezogen, sondern die Kette wird einfach ins Meer laufen gelassen oder der Einfachheit halber gleich gekappt (was bei einer richtigen Ankerkette aber schwieriger ist, als sie einfach abrollen zu lassen).
Schlipssoldaten = meistens im Zusammenhang mit »Hermann Meier« genannt. Gemeint waren die Soldaten der Luftwaffe, wegen der Krawatte, die innerhalb der Luftwaffe als regulärer Bestandteil der Uniform getragen wurde. »Hermann Meier« war eine spöttische Bezeichnung für Hermann Göring, den Oberbefehlshaber, der im Rundfunk von sich gab »... wenn auch nur ein britischer Bomber das Reichsgebiet erreicht, will ich Meier heißen ...«, worauf er nach dem ersten Nachtangriff auf Berlin am 2.10.1939 besonders innerhalb der Marine wirklich nur noch Meier genannt wurde.

Schnellentlüfter = Luftauslassöffnung mit großem Querschnitt, die es einer großen Menge Luft erlaubt, in kurzer Zeit zu entweichen. Wichtig bei Schnelltauchmanövern, da sich die Tauchzellen ja nicht schneller mit Wasser füllen können, als die Luft raus kann.
Schott = Trennwand, in engerem Sinne auch der verschließbare Durchgang durch eben solch eine Trennwand
Schrapnell = Splitterladung einer Granate oder eines Sprengsatzes
Schwell = auch Dünung. Die Grundbewegung der See. Entweder als Überbleibsel von Stürmen, oder (besonders im Sommer) ausgelöst durch tagelangen Wind aus der gleichen Richtung, der eine ruhige gleichmäßige Wasserbewegung erzeugt (also physikalisch eine Schwingung).
Schwenksterne = Infanteriemanöver während der infanteristischen Grundausbildung. Die Soldaten bilden eine Sternformation. Dann schwenkt der ganze Stern im Kreis (daher der Name). Um aber die Position im Stern zu halten, müssen die Soldaten an den außeren Enden der »Zacken« ständig im Laufschritt bleiben. Besonders übel ist deswegen das ganze Manöver am Hang. Weil man, wenn man an der Außenseite ist, mit sechzig Kilo Gepäck im Laufschritt den Hang hinaufrasen darf.
Seekuh = Spitzname für die großen Fernkampfboote des Typs IX. Nicht zu verwechseln mit den »Milchkühen«, den Versorgungs-U-Booten des Typs XIV.
Seelöwe = Operation Seelöwe, die Planung zur Invasion Englands durch die deutsche Wehrmacht
S-Gerät = die deutsche Version des ASDIC
Shuffleboard = Decksspiel auf Kreuzfahrten, in der Zwischenzeit außer Mode
Signalgast = Signäler im Mannschaftsdienstgrad
Signäler = Soldat im Signalbetrieb. Der Signalbetrieb umfasst den Umgang mit Morselampen und Scheinwerfern, Flaggen und Sichtzeichen, also die gesamte Kommunikation von Schiff zu Schiff, die nicht auf Funk basiert.
Skipper = Schiffsführer. Auch Spitzname für einen Kommandanten in den englischsprachigen Marinen (vergleichbar mit dem Alten in der deutschen Marine)
Sloop = englische Bezeichnung für die Vorkriegskorvetten, manchmal auch für die Korvetten der Kriegsbaureihen. Ein kleines, relativ langsames Kriegsschiff, das ausschließlich als Eskorte und gegen U-Boote eingesetzt wurde.
Smut = Schiffskoch
Snorkel = a) Schnorchel (z.B. auf einem U-Boot oder auch beim Tauchen), b) Dosenwürstchen auf englischen Schiffen
Spannungsmesser = Voltmeter
Spargel = Spitzname für alle Sehrohre
Sparks = von engl. »Funken«. Spitzname für englische Funker

Spatenpauli = Bezeichnung für das Heer und dessen Soldaten
Speigatt = Loch in der Bordwand, durch das übergekommenes Seewasser wieder vom Deck abfließen kann. Da es deren mehrere gibt, spricht man meist von Speigatten (Pl.).
Sperrbrecher = ein großes, meist mit leeren Fässern oder auch Kork beladenes Schiff, das vorausfährt, um Minen zur Explosion zu bringen. In späteren Kriegsphasen zusätzlich mit einem Magnetfeldgenerator ausgerüstet, um Magnetminen zu zünden.
Spitfire = britischer Jäger des Zweiten Weltkrieges, entwickelt von Supermarine. Galt insbesondere in den frühen Phasen des Krieges als das beste Jagdflugzeug der Welt (zusammen mit der japanischen Zero). Machte aber zur Zeit von Dünkirchen und in der späteren Luftschlacht um England, was die Stückzahlen betrifft, nur etwa ein Drittel der britischen Jagdflugzeuge aus.
Spring = Vor- bzw. Achterspring. Eine Leine, die entweder vom Bug des Schiffes nach achtern hin vertäut ist oder vom Heck hin nach vorne.
SSSS = Kurzzeichen britischer Schiffe, um einen Angriff durch ein U-Boot anzuzeigen.
Stauen = etwas verladen oder unterbringen. Päckchen werden gestaut.
Stampede = durchgehende Rinderherde. Im weiteren Sinne alles, was an eine größere Masse Beteiligter erinnert, die irgendwohin ausbrechen oder durchgehen. Beispiele: ein fliehender Geleitzug, aber auch das allseits beliebte Stampedetauchen vor Hurghada.
Stampfen = Schiffsbewegung um die Querachse, d. h., wenn der Bug im Seegang hoch- bzw. runtergeht.
Stauferfett = dickes Schmierfett, wie man es z. B. vom Auto her kennt
Stelling = transportabler Steg, der von einem Kai auf ein Schiff, von Schiff zu Schiff oder auch im extremen Fall von einem Schiff ins Nichts führen kann. Die berühmte Planke, über die Piraten ihre Opfer schickten, zählte ebenfalls zum Oberbegriff der Stelling.
Steuerbord = in Fahrtrichtung rechts
Steuermann = a) der für die Navigation verantwortliche Unteroffizier. Ein Offizier mit gleicher Aufgabe würde als NO (Navigationsoffizier, gesprochen Enno) bezeichnet werden, b) ein Bootsmann einer Navigationsverwendung, also Steuermann, Obersteuermann etc.
Stoker = Heizer. In der deutschen Marine wird mit dem Ausdruck gelegentlich auch die Gesamtheit aller Schiffstechniker bezeichnet.
Stoppelhopser = Bezeichnung für das Heer und dessen Soldaten
Stopfbuchsen = Konische Dichtungen in einem Metallring. Die hier erwähnten Stopfbuchsen sind die an den Tiefenrudern. An diesen Stellen muss ja die Ruderachse durch die druckfeste Hülle nach außen geleitet werden und trotzdem beweglich bleiben. Andererseits muss das Ganze auch unter hohem Druck noch dicht sein. Die Stopfbuchsen stellten also

die konstruktiv schwächsten Stellen des U-Bootes dar, vor allem, wenn sie undicht wurden.

Stuka = siehe Ju-87

Stützruder = das Gegensteuern nach einem Kurswechsel, um den immer noch vorhandenen Drehimpuls abzustoppen.

Subbie = Jargon in den englischsprachigen Marinen für einen Sublieutenant (deutscher Rang: Leutnant).

Südwester = wasserdichte Kopfbedeckung aus Ölzeug oder Gummi. Wird in der Seefahrt, aber auch von beinahe allen Küstenbewohnern bei schlechtem Wetter verwendet.

Süll = hervorstehende Einfassung (Schwelle) von verschließbaren Durchgängen in einem Schiff, die verhindern soll, dass Wasser durch die Tür schwappt.

Taljen = kurze Heißleinen, die an einer Rolle angeschlagen sind

Tankerfackel = das explosionsartige Aufflammen getroffener Tanker nach einem Torpedotreffer. Eine solche Tankerfackel konnte mehrere Hundert Meter hoch sein und war vor allem bei Nacht über viele Seemeilen hinweg sichtbar.

Tannoy = Schiffslautsprecher. Die Schiffe der Royal Navy waren mit Schiffslautsprechern der Firma Tannoy ausgestattet, und der Name des Unternehmens wurde zu einem Alias für diese Lautsprecher.

Tante Ju = siehe Ju-52

Tommy = Bezeichnung der Deutschen für die Engländer

Tonnage = die Größe eines Schiffes in Bruttoregistertonnen. Die Registertonne ist ein Raummaß von 2,83 Kubikmetern.

Torpedomixer = siehe Mixer

Torpedovorhaltrechner = mechanische Rechenmaschine, die aus den Angaben über Gegnerkurs, Abstand und Geschwindigkeit den Vorhalt berechnete, mit dem ein Torpedo zu schießen war. Die Engländer bezeichneten ihre Variante als »Obstmaschine«.

Trawler = Schleppnetzfischer

Tribal = Flottenzerstörer

Trigger = Abzug

Trimmen = Gewicht, meist in Form von Wasserballast, so im Boot verteilen, dass dieses bei Null-Lage aller Ruder auf ebenem Kiel liegt. Speziell für ein U-Boot kommt zusätzlich noch hinzu, dass es auch in aufgetauchtem Zustand nicht weit genug aus dem Wasser ragen soll. Beim Trimmen wird also die Lage eines Fahrzeuges im Wasser verändert.

Trosse = sehr dickes Tau, z. B. zum Abschleppen von Schiffen

Trossschiff = Versorgungsschiff im Tross der Kriegsschiffe (d. h. nachfolgend). Im Amerikanischen wird der Begriff »Fleet Train« verwendet, den die Engländer aber erst ab 1943 langsam übernahmen. Im engeren Sinne ein Versorgungsschiff mit Ausrüstung zur Versorgung anderer Schiffe in See.

Übersegler = großformatige Übersichtskarte
U-Boot-Päckchen = siehe Päckchen
Union Jack = reguläre britische Flagge, wie in der Handelsschifffahrt verwendet, im Gegensatz zur weißen Kriegsflagge
UZO = U-Boot-Zieloptik. Eine schwere, in einem wasser- und druckfesten Gehäuse eingebaute Zieloptik, die auf einen Sockel auf dem Turm aufgesteckt werden konnte und so das Zielen auch vom Turm statt von der Zentrale mithilfe des Sehrohres ermöglichte.
Vartalampe = siehe Klappbuchs
Vertäut = angebunden, befestigt
Vierpfünder = kleinere Kanone. Der englische Vierpfünder entsprach ungefähr der Flak 7,5 cm, jedoch mit höherem Geschossgewicht.
VO = Auch SVO (Schiffs-)Versorgungsoffizier. Der für die Ausrüstung mit Verbrauchsgütern zuständige Offizier. Schwerpunkt ist natürlich hier der Proviant.
Vorkastell = Hoher Aufbau auf dem Vorschiff, auf dem sich dann die Back befindet. Der Begriff stammt noch aus den Zeiten der alten Karavellen und Karacken, die auf dem Vorschiff einen mehr oder weniger quadratischen Aufbau hatten, der Bogenschützen und später Musketieren Schutz bot, die von dort auf die Besatzungen anderer Schiffe schossen. Ähnelte etwas einem alten quadratischen Festungsturm, daher der Begriff Kastell.
Vorlich = Nach vorne. »Vorlicher als querab« bedeutet zum Beispiel, auf einer Seite, aber nach vorne versetzt.
Vorpiek = Raum unter dem Vorkastell
Vorreiber = ein- oder zweiarmiger Hebel zum wasserdichten Verriegeln von Schotten und Luken.
Vorspring = Leine, die von achtern nach vorne an der Pier vertäut wird.
Wabo = Wasserbombe
Wallgang = Gang zwischen innerer und äußerer Schiffshaut. Der Raum, in dem sich nach dem Willen der Konstrukteure Explosionsdruck von Treffern, die den Panzer durchschlugen, totlaufen sollte. Zweihüllentanker haben ebenfalls einen Wallgang.
Walrus = auch »Tanzende Fledermaus« (Dancing Bat) genannt. Wasserflugzeug, das auf großen Kriegsschiffen als Bordflugzeug mitgeführt wurde. In erster Linie beeindruckte die Maschine durch große Reichweite und Stabilität. Das Flugzeug wurde übrigens vom gleichen Konstrukteur wie die optisch sehr viel beeindruckenderen Jäger Spitfire und Seafire geschaffen.
Warrant Officer = Militärangehörige im Rang eines Unteroffiziers mit Portepé
Wellenabweiser = eine Art Kragung an der vorderen Brüstung des Turmes, die verhindern sollte, dass Wellen in den Turm schlugen. Große Brecher

konnten durch den Wellenabweiser nicht nur nicht aufgehalten werden, sondern auch an ihm entlang seitlich besser in den Turm einfluten.

Werftgrandis = Werftarbeiter

Winschen = a) elektrische Winden, b) etwas mit einer elektrischen Winde einholen, c) manchmal auch ähnlich wie »heißen«, nur dass nicht etwas nach oben gezogen oder nach unten abgelassen wird, sondern die Bewegung mehr in der Horizontalen stattfindet

Wintergarten = das kleine Deck hinter dem Turm, auf dem sich die Zwozentimeter befand

WO = Wachoffizier. Neben IWO und IIWO fuhr meist der Steuermann als dritter WO.

Wölfe = so nannten sich die deutschen U-Boot-Fahrer selbst. Der ursprüngliche Propagandabegriff, abgeleitet von Dönitz' Rudelstrategie, den Wolfsrudeln, wurde zunächst halb scherzhaft verwendet, aber dann schnell von den U-Boot-Fahrern übernommen.

Wren = britische Marinehelferin

Wuling = Durcheinander. Im Gegensatz zu »Zustand« mehr ein physisches Durcheinander, während »Zustand« mehr einen logischen oder auch geistigen Zustand bezeichnet.

Zeche = auch »Zeche Elend« genannt. Abfällige Bezeichnung des seemännischen Personals für den oder die Maschinenräume eines Schiffes.

Zehn-Fünf = Decksgeschütz vom Kaliber 10,5 cm, wie es auf den großen Booten eingesetzt wurde

Zentralemaat = In der Zentrale Dienst tuender Unteroffizier, dessen Aufgabe es z. B. ist, die neue Wache zu wecken, Durchsagen zu machen oder auch nur die Versorgung mit Kaffee sicherzustellen. Sein Pendant auf Überwasserschiffen ist der Brückenmaat.

Zossen = abfälliger Ausdruck für ein Schiff

Zwozentimeter = Flakgeschütz im Wintergarten

Zustand = Durcheinander

Zweierstroppschiffe = Schiffe mit einem Wachrhythmus aus zwei Wachen (also vier Stunden Wache, vier Stunden Freiwache) im Gegensatz zu Dreierstroppschiffen (Vier Stunden Wache, acht Stunden Freiwache) oder sogar Viererstroppschiffen (also vier Stunden Wache, zwölf Stunden Freiwache). Freiwache sollte aber nicht mit Freizeit verwechselt werden. In dieser Zeit müssen von der Freiwache auch die anderen anfallenden Arbeiten erledigt werden.

Zwischendeckstelegraf = auch Buschtrommel oder Gerüchteküche. Jener geheimnisvolle Mechanismus, der dazu führt, dass alle Bescheid wissen, obwohl offiziell alles noch ein Geheimnis ist.

Weltbild Buchverlag –Originalausgaben–

Steinerne Furt, 86167 Augsburg

Projektleitung: Almut Seikel
Redaktion: Dr. Thomas Rosky
Umschlaggestaltung: Andrea Göttler
Umschlagillustration: Oleg Korzh
Satz: avak Publikationsdesign, München
Gesetzt aus der Adobe Garamond 11/12,5 pt
Druck und Bindung: CPI Moravia Books s.r.o., Pohorelice

Gedruckt auf chlorfrei gebleichtem Papier

Printed in the EU

ISBN 978-3-86800-078-8